青年学者文库

公共政策效果评价研究

徐爱好　王晓霞　著

天津出版传媒集团

天津人民出版社

图书在版编目（ＣＩＰ）数据

公共政策效果评价研究 / 徐爱好，王晓霞著. —— 天
津：天津人民出版社，2020.9
（青年学者文库）
ISBN 978-7-201-16481-6

Ⅰ．①公… Ⅱ．①徐… ②王… Ⅲ．①公共政策－项
目评价 Ⅳ．①D035-01

中国版本图书馆 CIP 数据核字(2020)第 191862 号

公共政策效果评价研究
GONGGONG ZHENGCE XIAOGUO PINGJIA YANJIU

出　　版	天津人民出版社	
出 版 人	刘　庆	
地　　址	天津市和平区西康路 35 号康岳大厦	
邮政编码	300051	
邮购电话	（022）23332469	
电子信箱	reader@ tjrmcbs. com	

策划编辑	王　康	
责任编辑	郑　玥	
装帧设计	王　烨	

印　　刷	天津新华印务有限公司	
经　　销	新华书店	
开　　本	710 毫米×1000 毫米　1/16	
印　　张	19.5	
插　　页	2	
字　　数	300 千字	
版次印次	2020 年 9 月第 1 版　2020 年 9 月第 1 次印刷	
定　　价	89.00 元	

前　言

公共政策效果评价对建设法治政府和服务型政府,推进国家治理体系和治理能力现代化具有重要现实意义。我国已将公共政策评估纳入行政决策流程,作为公共政策出台和实施的前置条件。科学合理的公共政策评估,不仅能对公共政策的制定起到诊断和导向作用,而且能对公共政策的执行效果进行监测和反馈,促使公共政策不断得到完善和改进,确保公共政策得到有效落实。在某种意义上讲,公共政策评估已经成为一个政策或项目是否继续、是否调整、是否消除的先决条件。做好公共政策评估的工作,有利于政府合理配置资源,提升行政效率,监测公共服务质量。随着经济社会发展,社会公众的利益诉求是多元的,公共政策目标也日趋多元化,不仅要实现公共资源配置,社会公正、公平等目标,还要达到回应社会、使社会公众满意等要求。本书以城乡居民基本医疗保险制度构建中出台的一系列政策为研究对象,利用政策评估方法,其中公共政策供给决定政策质量和执行效果是评估的重中之重。探讨城乡居民基本医疗保险强化政策供给过程、体系结构、目标、机制和政策影响进行评估,总结城乡居民基本医疗保险制度构建过程中的成功经验,发现制度运行中存在的不足之处。

　　基本医疗保险制度是医疗保险体系的基础,特别是城乡居民基本医疗保险制度对提高居民医疗保障水平具有重要意义。一直以来,我国基本医疗保险体系主要由城镇职工基本医疗保险、城镇居民基本医疗保险和新型农村合作医疗三个部分构成。长期以来,三大制度按照户籍(城乡)、就业(劳动者与居民)、行业性质(公务员与普通劳动者)等标准划分,相互封闭,分割运行。医疗保险呈现"碎片化"的特征,待遇水平和保障力度在城乡、区域、不同群体之间存在着明显的差异。城镇居民基本医疗保险和新型农村合作医疗保险两项制度整合,有利于打破城乡二元结构,提高医疗保险基金抗风险能力,促进城乡医疗保险更加平稳运行。提高基本医疗保险统筹层次成为医疗保险制度改革的必然选择。整合基本医疗保险,应首先从新型农村合作医疗保险和城镇居民基本医疗保险开始,因为这两类基本医疗保险的筹资来源和水平相对接近。基本医疗保险的整合,对于居民、医疗服务供方和医保基金等医疗体系各方而言都利大于弊。新型农村合作医疗保险和城镇居民基本医疗保险的整合,有利于优化医疗保险缴费和报销水平,可以充分发挥社会医疗保险的收入再分配作用,提升基本医疗保险的公平性;有利于降低异地就医的成本,释放患者对更优质医疗服务的需求,从而提升医疗服务供方市场的自由竞争,倒逼供方提升服务的质量,调整服务的价格,优化市场的资源配置,提升整体效率;有利于淘汰冗余的部门和人员,降低基金的管理费用,提升基金的管理效率;有利于降低医疗保险基金风险,提升医疗保险基金使用效率。

　　我国城乡居民医保整合发展历程大致经过试点(2007—2013 年)和推广发展(2014 年至今)两个阶段。2007 年以来,国家开始出台一系列政策文件推进城乡居民基本医疗保险制度改革。自 2010 年起,天津、上海、浙江等地纷纷开始城乡居民基本医疗保险制度试点工作,使我国基本医疗保险改革迈出了关键一步。各省市积极出台整合办法进行落实,城乡居民医保整合工作整体进展良好:探索缴费与居民收入相挂钩的缴费机制;清退了重复参保人员;医保基金抗风险能力提升;提高了农村居民医疗保障水平;定点医疗机构统一管理;理顺了城乡居民医保管理体制。2014 年底,全国有 20 多个地区完成城镇居民医疗保险和新型农村合作医疗保险制度整合试点工作,城乡居民基本医疗保险制度构建取得重大阶段性进展。但是整合后依然存在省市间统筹进度不一,部分地区分档缴费损害公平,居民医疗保险基金支出增长过快,城乡居民医保与职工医保间衔接不畅通,参保患者实际医疗保障水平偏低等问题。城乡居民基本医疗保险政策效果究竟如何亟待评估和检验。

公共政策评估并不是简单地收集信息和证据,还需要嵌入一定的评估价值标准。因此,在读博期间,笔者在总结正义论、新公共服务、公共财政、福利经济学等理论观点和总结国内外医疗保险制度建设研究成果基础上,利用评估指标体系、系统动力学、博弈论、政策文本分析等评估方法对该段时间内的政策效果进行了实证分析和理论探讨,对政府政策的产出和结果等问题进行测量和评价,试图发现当前城乡居民基本医疗保险制度存在的具体问题及其根本原因。通过公共政策评估促进政策学习、提高政策质量、提升政府管理水平及公共治理能力。同时,制度的构建是一个持续不断的优化过程。基本医疗保险政策目标的实现,需要以政府为核心的公共部门设计、选择和运用适配的政策工具。每一章中的政策评估方法的运用也将为学者们对现行政策效果进行评估提供借鉴。

在地方试点基础上,2016 年国务院正式出台《关于整合城乡居民基本医疗保险制度的意见》(以下简称《意见》),着力解决城乡居民因医保制度分割产生的待遇不均衡、政策不协调和基金共济能力弱等突出问题。《意见》要求推进城镇居民医保和新农合制度整合,统一部门管理、筹资政策、覆盖范围、保障待遇、医保目录等,逐步在全国范围内建立起统一的城乡居民医保制度。截至 2016 年 10 月,天津、上海、浙江等 30 个地区对城乡居民医保并轨作出部署或已全面实现整合。2018 年,国家正式组建医疗保障局,统一管理职工医保、城乡居民医保、新农合和医疗救助,全国性医保整合迈出了关键一步。《关于做好 2019 年城乡居民基本医疗保障工作的通知》(医保发〔2019〕30 号)明确要求,城镇居民医保和新农合未完全整合的地区在 2019 年底前由两项制度并轨运行完全过渡到城乡统一。截至 2019 年 5 月,全国已有 24 个地区完成城乡居民医保整合工作,其余 7 个省份城镇居民医保和新农合仍是独立运行。

　　未来,城乡居民基本医疗保险制度整合是全民医保覆盖的必由之路。而制度整合过程中,除了制度设计的挑战,充足且有质量的医疗服务供方是关键环节。整合后的基本医疗保险,缴费和报销水平、医保支付方式、医保基金管理方式等是否真正让参保者满意也是政府部门关心的事情。结合近两年来对城乡居民基本医疗保险制度的观察和研究,应用民意调查、座谈、调查问卷等方式,笔者对城乡居民基本医疗保险制度满意度和医疗保险经办机构进行了深度分析,致力于总结政策成功的经验,发现政策失败的原因。最后,根据研究结果,从制度顶层设计、完善制度筹资机制和补偿机制、构建医疗保障水平考核机制、基金预警机制等角度提出相应对策建议。

目录 CONTENTS

第一章　绪论

公共政策事关公众福祉,而科学的效果评价是公共政策过程的关键环节。通过科学的效果评价,才能正确判断一项公共政策是否达到了预期目标,并以此来决定该项政策是延续、调整还是终止。科学的效果评价是对公共政策全面的考察和分析,是总结经验和教训,为以后政策制定和执行提供良好基础的重要渠道。

近几年,党和国家领导人非常重视决策的科学性和决策的实施效果。在现实中,有不少抱着良好初衷的公共政策,由于少了点"效果导向",往往横生枝节,甚至好心办坏事,不仅造成了"决策浪费",更侵蚀到政府公信。习近平多次强调,做工作要注意"时度效",最终要看效果。① 同时,党的十八大报告提出:"坚持科学决策、民主决策、依法决策,健全决策机制和程序,发挥思想库作用。"2014 年,习近平在中央全面深化改革领导小组第六次会议上进一步强调:"我们进行治国理政,必须善于集中各方面智慧、凝聚最广泛力量……要从推动科学决策、民主决策,推进国家治理体系和治理能力现代

---

① 《聚焦公共政策:科学决策要有"效果意识"》,《人民日报》,2016 年 8 月 14 日。

化。"同年4月，习近平在考察新疆时指出："政策要围绕合民意、惠民生来制定，我来看你们，就是验证党的政策有没有深入人心、发挥作用。"2018年，习近平在《调查研究的过程就是科学决策的过程》一文中指出："通过深入基层、深入实际、深入群众，我们可以了解群众在想什么、盼什么、最需要我们党委、政府干什么。从而，使我们的各项决策和工作部署，集中民智，体现民意，反映民情，做实一件事，赢得万人心，真正做到情为民所系，利为民所谋，权为民所用。"人民群众是社会实践的主体，党的正确政策和策略，只能来自于群众的实践经验，只能为民所用。党的十九大报告提出："增进民生福祉是发展的根本目的。"因此，如何优化公共政策的工具及政策价值排序，让公共政策更加科学有效，让政策从制定、落实到反馈、调整的全链条都充满民生温度，是非常值得省思的时代课题。①

第一节　研究背景和研究意义

医疗保障是基本的民生工程，医疗保障制度改革发展是做好民生工程的关键途径。党中央一直高度重视医疗保障工作，立足于基本国情，推动医保改革发展。2020年11月26日，中央全面深化改革委员会第十一次会议审议通过《关于深化我国医疗保障制度改革的意见》（以下简称《意见》）。《意见》提出：要加快建立覆盖全民、城乡统筹、权责清晰、保障适度、可持续的多层次医疗保障体系。"城乡统筹"特征，反映了我国社会经济发展水平的客观实际，体现了我国医保制度改革发展的脉络和时代创新，标志着新时代医保改革目标明确、路径清晰，医保制度建设发展将进入新时期。

---

① 彭飞：《让公共政策更有民生温度》，《人民日报》，2017年12月5日。

城乡医疗保险制度统筹是我国医疗保险制度改革的必然方向。改革开放以来，党和政府高度重视人民群众的医疗保障问题，不断完善医疗保障制度。20 世纪 90 年代，我国开始建立城镇职工基本医疗保险制度；2003 年，开始建立新型农村合作医疗制度；2007 年，开始建立城镇居民基本医疗保险制度。这三项医保制度在不同时期针对不同人群相继建立，在保障群众基本医疗、防止因病致贫等方面发挥了重要作用。

2007 年以来，城镇职工基本医疗保险、城镇居民基本医疗保险、新型农村合作医疗保险（简称"新农合"）和城乡居民医疗救助逐渐成为我国社会医疗保险制度的重要组成部分。但是这种体制分割、制度分设、经办分散的城乡二元结构也带来了不公平的问题。特别是城镇居民医保和"新农合"，筹资模式、缴费标准相近，享受待遇却有较大差别。灵活从业人员地区间流动频繁，重复参保问题凸显，城乡医疗保险统筹层次较低，医疗保障水平差异加大，城乡二元医疗保险制度弊端逐渐显现。

2009 年，中共中央国务院《关于深化医药卫生体制改革的意见》指出，要提高居民健康保障水平，解决医疗保险制度碎片化问题，必须提高制度统筹层次，做好城乡二元医疗保险制度内部衔接。2012 年党的十八大报告明确提出统筹推进城乡社会保障体系建设，具体包括城乡居民医疗制度和城乡居民养老保险制度。2014 年，政府工作报告中李克强总理重点指出要通过改革整合城乡居民基本医疗保险制度。可见，医疗保险整合是以制度的全面统筹为基础的，而整合确是制度发展的必然选择。在我国医疗保险制度基本全覆盖背景下，整合有助于解决我国医疗保险制度碎片化现象，有助于推动中国特色全民医疗保险体系改革发展，促进我国医疗保险统筹层次提升，促进城乡居民医疗保障水平体制机制创新、质量绩效提升。

在国家政策指引下，为使医疗保险制度取得破冰成效，从 2009 年起全国各地如天津、宁夏、成都、重庆、杭州、珠海、广州等根据当地医疗保险发展实际情况,积极探索将城镇居民医疗保险制度和"新农合"整合,开始城乡居民基本医疗保险制度逐步试点工作。2013 年 11 月,党的十八届三中全会提出整合城乡居民基本医疗保险制度。截至 2013 年底,全国实现城乡居民基本医疗保险制度整合的地区已经有 23 个之多。城乡居民基本医疗保险制度打破了户籍束缚、破除了制度间的条块分割,弥补了我国医疗保险制度缺陷。截至 2013 年底,全国城镇职工医疗保险参保人数达 2.74 亿,城乡居民医疗保险参保人数达 2.96 亿,"新农合"参保人数达 8.02 亿,居民参保率达 95%以上,全民基本医疗保险目标很大程度上已经实现。但我们也发现由于我国区域经济发展、居民收入水平不平衡,各省市城乡居民基本医疗保险政策筹资水平、筹资模式、医疗保险报销水平等存在明显不同。同时,在制度建立之初,为吸引城乡居民参保,提高制度覆盖面,同时考虑到城乡居民收入水平,制度基金筹集主要以政府补贴为主,城乡居民基本医疗保险居民自己缴纳的费用只占医疗保险基金的很小比例,而政府财政补贴却逐年提高,基本医疗保险福利性在逐渐增强。但随着参保人群逐渐增加,参保患者医疗需求提高,政府财政负担逐年加重,造成城乡居民基本医疗保险基金结余不足。

2015 年 12 月,中央全面深化改革领导小组第十九次会议审议通过《国务院关于整合城乡居民基本医疗保险制度的意见》,并就整合城乡居民医保制度政策明确提出了"六统一"的要求,即统一覆盖范围、统一筹资政策、统一保障待遇、统一医保目录、统一定点管理、统一基金管理,使保障更加公平。

2016 年是城乡居民基本医疗保险制度进入全面发展阶段,即从"有"到如何"优"的新发展阶段。这一阶段面临城乡居民基本医疗保障制度公平、可持续等问题,以及进一步提高城乡居民基本医疗保障制度保障水平,使医疗保险制度与居民收入水平相适应,与居住地经济水平相适应。这些问题受到当地政府部门领导和社会保障领域专家的关注。

表1-1 中国医疗保险制度构建相关政策汇总

序号	文件名称	文件编号	意义或内容
1	《关于建立城镇职工基本医疗保险制度的决定》	（国〔1998〕44号）	城镇职工医疗保险制度建立依据
2	《关于加快推进新型农村合作医疗试点工作的通知》	卫农卫发〔2006〕13号	新型农合合作医疗制度建立依据
3	《关于开展城镇居民基本医疗保险试点的指导意见》	（国〔2007〕20号）	城镇居民医疗保险制度建立依据
4	《中共中央国务院关于深化医药卫生体制改革的意见》	中共中央国务院（2009）	明确提出做好医保制度间衔接工作
5	《中国共产党第十八次全国代表会议报告》	2012年	整合城乡居民基本基本医疗保险制度
6	《2014年政府工作报告》	2014年	巩固全民基本医保，通过改革整合城乡居民基本医疗保险制度
7	《国务院关于整合城乡居民基本医疗保险制度的意见》	2016年（国发〔2016〕3号）	提出了"六统一"的要求

因此，在党和国家医疗保险制度整合政策思想指导下，对城乡居民基本医疗保险制度试点区域运行情况展开综合评价，对专门问题进行深入探讨，可以为下一步全国各地城乡居民基本医疗保险制度发展作好铺垫，为相关政府部门提供决策依据，同时将成为全国医疗保险制度深入改革和发展的战略需要。

基于国内外医疗保险已有的成果分析，以天津市城乡居民基本医疗保险为例，对制度运行进行综合评价，并对制度运行过程中存在的问题，如医疗保险真实保障水平、医疗保险基金结余水平、医疗保险政策工具等专门问题进行深入研究，为城乡居民基本医疗保险制度发展和完善提供政策建议。本研究主要目的有以下七点：

一是通过对天津等城市医疗保险制度综合评价，了解目前我国城乡居民基本医疗保险政策保障水平、医疗服务保障水平、制度公平性和制度可持续性如何;随着经济发展和居民收入水平提升,该制度政策引导性如何,与经济发展适应性如何,是否应该适当提高城乡居民基本医疗保险缴费水平?该制度与城镇职工医疗保险制度有哪些差异?

二是利用天津市城乡居民基本医疗保险参保个体数据,获得基本医疗保险实际保障水平,分析实际保障水平和政策保障水平差异,以及是什么因素在影响城乡居民实际保障水平的提高。

三是利用天津市城乡居民基本医疗保险缴费、费用报销及影响制度运行的其他因素,实际测算城乡居民基本医疗保险基金适度水平,考察城乡居民基本医疗保险基金基金结余是否达到了国家要求? 为达到医疗保险基金适度水平,保持基金收支平衡,个人缴费水平、医疗保险报销水平、政府补贴应处于什么状态?

四是通过博弈论模型构建不同级别医疗机构联合转诊体系,并对效果进行评价。

五是城乡居民医疗保险政策工具效能如何? 政府应出台什么样的政策工具才能提高制度效能?

六是通过城乡居民医疗保险民意调查,更深层次掌握参保农民和城镇居民对城乡居民基本医疗保险的满意程度和不满意之处,为回应参保者诉求提供基本依据。

七是通过对城乡居民基本医疗保险运行机构的调研,了解我市医疗保险机构管理和运行效率,为提高城乡居民基本医疗保险运行效率提供决策参考。

城乡居民基本医疗保险制度的发展和完善适合中国国情,对于整合我国医疗保险制度,提高医保统筹层次,提高居民医疗保障水平具有重大意义。在总结各地区医疗保险城乡统筹经验的基础上,探寻制度运行中存在的问题和政策建议。相关研究成果可以为我国医疗保险试点工作提供借鉴意义;城乡居民基本医疗保险制度尚处于不断探索阶段,其参保对象以城乡居民为主,研究过程中将其与城镇职工进行比较,区别不同群体参保缴费能力和医疗需求,使城乡居民基本医疗保险制度政策制定更加客观、真实。同时,将城乡居民基本医疗保险制度与"新农合"、城镇职工等制度展开比较,更有利于医疗保险制度发展趋势确定,为未来我国城乡居民基本医疗保险制度和城镇职工医疗保险制度整合奠定实践基础。

第二节　相关概念

一、公共政策和制度的区别

(一)制度

有关制度评价和政策评价之间的区别,长期以来学者们有很大的争议,也有很多学者对此进行了分析。学者们对制度研究最初集中于政治方面,近二三十年,制度的概念才逐渐扩展并应用到经济、社会等其他领域。学者们曾推出政治制度评价的观点:①制度反映了统治阶级意志,但制度更应该合法化;②制度实际反映了社会中不同利益群体的力量均衡情况;③制度变迁是社会共同体内新生力量意志战胜原有制度的结果。就制度的有效性而言,根据制度产生目的,学者们认为一项好的制度应该能有效促进经济发展,有效促进国家竞争力的提升,有效保障人权实现,有效促进社会普遍福利,有效促进信任合作,同时满足适应性、复杂性、自主性等特征。

在《有闲阶级》一书中,制度学派创始人凡勃伦曾对制度的概念作了详细解释,他认为制度是社会中的个体的习惯,是个体在生活过程中形成的思维习惯"①。25 年后,凡勃伦再次在其著作中强调,制度是被社会公众认可和接受的社会习俗或者社会公理。

与凡勃伦观点不同的是,康芒斯认为制度是买卖、管理、限额三种交易的运行机构,为了维持这种运行机构的运转,需要构建一定的规则。在家庭、公司、工会、国家等组织中,这种维持运行机构运转的规则被称之为制度。②同时,康芒斯强调:"如果能够制定一种运用于一切组织的制度,则制度是被社会规则规范着的个体行动。"

制度学研究学者舒尔兹认为:"制度可被认定为是一种行为规则,即规范社会、政治及经济行为的规则";新制度经济学家诺斯对制度的定义是:"制度是为规范公众的关系而人为制定的一些社会游戏规则,这种社会游戏规则受社会环境影响,会根据地区、国情而变化。"③

因此,虽然学者们对制度并没有用精确的语言进行清晰界定,但对制度的外延达成了基本认识,即制度包括规则和习惯两部分,它对公众的社会行为产生制约,同时也就决定了社会利益关系。

(二)公共政策

政策一词可能大家司空见惯,但对这一概念的解释我们需要进行一定梳理。"政"在中国古汉语中指政权、政事;"策"字的内涵是对策、计策,因此"政策"在中国古代被解释为"政治策略"的意思。关于政策一词的解释,学者们做了大量研究,在我国,政策即主要指公共政策。

美国学者伍德罗·威尔逊对公共政策的概念进行了界定,即公共政策

---

① [美]凡勃伦:《有闲阶级——关于制度的经济研究》,1978 年。
② [美]康芒斯:《制度经济学》(上册),商务印书馆,1962 年。
③ [美]道格拉斯·C.诺斯:《制度、制度变迁与经济绩效》,刘瑞华译,生活·读书·新知三联书店,1991 年。

是由拥有立法权力的政治研究人员制定的由国家公务人员具体实施的法律和政策规范①。这种概念界定认为公共政策的主体是政府部门,表现形式是法律和法规,政策执行人员是政府行政人员。美国学者弗雷德里奇认为公共政策是在一定环境下,组织、个人和政府部门有组织、有计划的活动过程②。弗雷德里奇对公共政策概念的界定表明公共政策是在一定政策环境下,利用政策规范达到某一既定目标。相同的是,上述两种政策定义都对政策主体和执行人员、政策目的进行了界定。

此外,台湾学者伍启元将公共政策定义为"政府所采取的对公私行动的指引";内地学者张金马认为公共政策是国家政府组织部门制定的指导团体和个人的行为准则③;陈振明教授认为公共政策是为了实现社会发展目标,由国家政府部门制定的指导个人或团体的具有法律效力的办法、方针、条例等④。公共政策主要通过分配社会资源以实现公共利益,它是防范和治理社会公共风险的重要手段,但自身也隐含着一系列风险,包括道德风险。公共政策具有鲜明的价值属性和道德要求,具体表现为内含公共性、前置引领性、彰显实效性等方面。公共政策的价值属性在彰显和实现过程中会遭遇道德风险,主要体现在政策的制定、执行和落实过程中,并可能"再造风险"。其中,对"制度主义"的遵循、对"程序主义"的依赖和对"绩效导向"的信仰是公共政策道德风险产生的根由。⑤

国内有的学者倾向于给出它的技术性定义。例如,张金马认为:"公共政策是党和政府用以规范、引导有关机构团体和个人的准则和指南,其表现形式有法律、规章、行政命令、政府首脑的书面或口头声明和指示以及行动

---

① 伍启元:《公共政策》,香港商务印书馆,1989 年。
② [美]卡尔·J. 弗雷德里奇:《人和政府》,麦格劳·希尔出版公司,1963 年。
③ 张金马:《政策科学导论》,人民大学出版社,1992 年。
④ 陈振明:《政策科学》,北京大学出版社,1997 年。
⑤ 张彦、李岩:《公共政策的道德风险及其治理》,《思想理论教育》,2020 年第 3 期。

计划与策略等。"陈庆云认为："公共政策是政府依据特定时期的目标,在对社会公共利益进行选择、综合、分配和落实的过程中所制定的行为准则。"而美国的政治学家戴维·伊斯顿则从较为抽象和概括的角度,认为公共政策是对全社会价值作出的权威性的分配。一般说来,行政学研究者倾向于从"政策过程"的角度来考察公共政策,认为这是一个包括政策设计—政策抉择—政策实施—政策反馈—政策评估的完整过程。

(三)二者的区别

通过前面所述,我们对公共政策和制度有了一定认识,但仍无法对二者进行很好地区分,因此我们对二者的关系进行探讨。

首先,政策和制度来源不同,可分为内生制度和外生制度两种。内生制度是指社会个体生活经验的积累、升华以有利于解决人类社会问题的方式和方法;外生制度被认为是由管理者设计产生的制度内容;政策产生的途径只有一条,即外在产生。公共政策的出台必然包含了政策主体依据特定的伦理标准来进行的价值选择。从某种意义上说,政策主体的价值选择就意味着公共政策的价值取向。公共政策倾向的认定受时空条件的限制,它是动态的。

其次,政策和制度稳定性不同。内生制度稳定性要优于外生制度;政策也具有一定的稳定性,但公共政策的稳定性受环境因素影响较多,因时间、地点、政策群体等不同而不同。受政策主体阶级倾向利益观念的影响,公共政策是多元的。制度和政策的稳定性强度依次为:内生制度—外生制度—政策。

再次,政策和制度调控范围不同。政策受环境因素影响较多,因此政策往往只存在于人类社会发展的特定阶段;但制度包括内生和外生两种途径,制度往往会持续存在于人类社会发展整个过程,具有长期性;从发展空间来看,制度覆盖的空间范围涉及公共组织、企业、行业协会、政府等,且都在其调控范畴内,但政策的覆盖范围要相对狭窄,政策的覆盖范畴一般只包括特定的社会关系和对象。

最后,政策和制度实施机制有明显差异。政策是国家统治阶级意志的真实反映,政策的实施以国家暴力强制为坚强后盾;而制度的实施一方面会依靠法律、法规等政策工具,另一方面会依托风俗、习惯等内生制度。

制度和公共政策存在本质的区别。医疗保险制度是在一定的区域范围内,依靠筹资机制、资源分配机制、基金利用机制构成的制度,是一个国家或地区医疗保障管理模式。医疗保险制度的形成是人类为了缓解个人没钱看病,因病致贫等风险,以基金形式形成的风险分担模式,体现了人类经验积累和智慧。制度发展具有稳定性,制度调控对象属于全国范围,制度实施以国家法律为基础,但同时尽最大能力尊重参保者个体意志。但是为了使医疗保险制度更好发展,政策制定者必须根据当时的经济、社会等条件,制定出一系列的公共政策组合,来维系医疗保险制度的运行和可持续,以及医保保险制度的保障质量。

因此,本书所涉及的政策效果评价,主要指利用一系列的政策评价方法,对当前促进城乡居民基本医疗保险制度更好运行所出台的一系列政策组合的实施效果进行评价,非单一政策效果,也并非对该制度的综合评价。该评价结果具有阶段性和具体性,是对当前政策的公平性、效率性、回应性等的评价。随着城乡居民基本医疗保险制度的完善,更多的政策工具将得到运用,因此同样的方法,政策实施效果可能会更加明显。

二、公共政策效果评价

公共政策评价主要是对公共政策方案的评价,对公共政策全过程的评价和对公共政策效果的评价。公共政策评价的着眼点应是政策效果,即"政策评价就是对政策的效果进行的研究"。公共政策评价应该是依据一定的标准和程序,对公共政策的效益、效率、效果及价值进行判断的一种政治行为,目的在于取得有关这些方面的信息,作为决定政策变化、政策改进和制定新政策的依据。因此,一个完整的公共政策过程,除了科学合理的政策和有效的执行外,还需要对政策实施以后的效果进行判断,以确定政策的价值并及时反馈。这种活动就是公共政策评价。有的学者将公共政策评价的基本内容划分为四部分:规范、信息、分析和建议。即确定公共政策评价得以进行的标准;收集有关评价对象的各种信息;评价者运用所收集到的各种信息和定性、定量分析方法,对政策的价值作出判断,得出结论;对未来的公共政策实践提出建议,以决定现有的公共政策是否继续实行、修改或是终结,是否要采取新的公共政策。

有的学者提出:"公共政策评估就是对政策的效果、效益、效率按照一定的标准进行价值判断的一种政治行为。进行公共政策评估目的在于收集相关的信息,以决定政策走向,是改进是调整还是终止。"有的学者认为,公共政策评估也叫公共政策评价,是在大量收集政策实际执行效果和效益信息基础上,运用科学方法分析判断政策是否实现了预期目标,在多大程度上实现了预期目标,政策所产生的社会效益、经济效益、生态效益如何的过程。

有的学者提出了控制性政策分析框架。从主导政策走向的价值群体利益出发,研究政策运行机理,打开政策过程黑箱,从三个维度分析如何保证政策的顺利推进和实施:一是通过价值层研究制定均衡目标平衡各方利益团体的价值需求,从而清除现有及潜在反对者;二是通过目标层研究论证目标实现的因果性和所需条件,从而保证目标是可行可信的;三是通过行为层研究设计科学的政策工具,有效改变政策客体的活动,实现在既有政策资源约束条件下的客体行为改变最大化,从而保证目标的顺利传导。①

有的学者认为,公共政策评价标准研究经历了从工具性实证主义到价值性分析和判断的后实证主义的发展,逐步重视政策所具有的抽象规范性价值观意义。创新性提出公共政策评价的五个基本价值性标准,即符合公民意愿、充分利用社会信息、节约社会协商成本、维护社会一般性秩序和普遍增进每个公民机会为目标,以维护社会、市场的竞争环境,提高公民对政策回应度。②

有的学者认为,公共政策的评价过程往往和复杂性联系在一起,其多元性的特点造成评价过程的不确定性,但思路、理论基础以及方法具有相似性。文章提出,当前我国正在进行的医药卫生体制改革领域的监测评估过程同样面临此类问题。面对全新的课题,应针对医药卫生体制改革领域的监测评估进行多角度的尝试性评估。③

公共政策评估是指特定的评估主体根据一定的标准和程序,通过考察政策过程的各个阶段、各个环节,对政策的效果、效能及价值所进行的检测、评价和判断。公共政策评估不同于政府绩效评估,公共政策评估是对中央政府或地方政府颁布的某一项或某一类政策实施效果进行评估,政府绩效评估则是对政府部门的工作进行全面和系统的评估。④

有的学者认为,公共政策评价包括三个方面:一是政策评估,二是政策实施能力评估,三是公民、客户对政府提供的服务和政策实施的满意度的调查。政策评估着重评估政府机构和代理机构实施政策的效果;政策实施能

---

① 杨大楷、刘曦腾:《政策过程概念框架重构下的政策评价维度识别与应用》,《理论学刊》,2015 年第 10 期。

② 苗洁:《公共政策评价的价值性标准研究》,首都经济贸易大学硕士学位论文,2013 年。

③ 杨存、高羽、陈功、郑晓瑛:《公共政策评价核心指标体系构建的理论及方法》,《中国卫生经济》,2011 年第 8 期。

④ 李志军:《国外公共政策评估情况和主要做法以及对我国的启示(上)》,《中国经济时报》,2013 年 5 月 8 日。

力评估侧重评估政府机构对计划要实施的政策实际执行能力;公民、客户满意度的调查既衡量公民满意的程度,又衡量公民、客户对服务提供和政策实施满意层次的增加程度。

三、城乡居民基本医疗保险制度及其评价

基本医疗保险制度概念最初用于城镇职工医疗保险,是指通过国家立法,由政府财政、用人单位和职工共同参加,为解决居民因病致贫等问题,由国家财政能力、用人单位和职工承受能力而确定医疗保险基金筹集、分配和使用的基本医疗保险制度,其主要作用用来确定职工的基本医疗保障水平,该制度具有广泛性、强制性和共济性特征。为提高基本医疗保险覆盖面,我国政府通过多层次保险制度相继构建城镇职工医保、新农和城镇居民医保制度。

城乡居民基本医疗保险是在新型农村合作医疗、城镇居民基本医疗保险、中小学生及婴幼儿住院互助金的基础上合并形成的新的城乡一体化的医疗保障制度。该制度的建立目的在于解决我国医疗保险碎片化问题,同时有助于提高我国医疗保险统筹层次。该制度的建立和完善都将为未来我国医疗保险全国统筹奠定良好基础。

医疗保险制度目的在于通过国家立法形式,分配医疗资源,规范医疗保险市场,不断提高参保人员基本医疗保障水平,最终消除人民群众因病致贫等问题。医疗保险制度发展至今,参保者受益颇多,其合法化和合法性毋庸置疑,但该制度的公平性、有效性、可持续性等问题仍需要检验。

因此,可将城乡居民基本医疗保险制度评价定义为:"依据一定的评估标准和原则,采取科学、有效的方式和程序,根据调研获得的信息,对我国城乡居民基本医疗保险制度内容、影响因素、最终实施效果进行科学、合理评

价,找出制度存在问题,并积极探索问题解决方案的过程。"

在实际制度评价过程中,由于我国医疗保险制度发展面临的问题很多,如医疗资源分配不均、医疗管理体制等,但由于这些问题是我国城镇职工医疗保险等同样面临的,所以对这些医疗保险共性问题我们暂不涉及。我们对城乡居民基本医疗保险制度评价更多倾向于该制度中医疗保险政策内容本身及政策实施过程中对制度效果进行评价。

城乡居民基本医疗保险制度自建立以来,通过个人缴费和政府补贴形式使城乡居民医疗保险达到了全覆盖,解决了医疗保险可及性问题;参保群体医疗保险满意度因个体体验和个体经济状况有很大差异,主观性较强。因此,从医疗保险评价原则角度来看,我们认为城乡居民基本医疗保险制度实施效果评价过程中应更多从"公平、效率、质量、可持续"四个维度进行分层客观评估,同时包括参保人员满意度,医疗保险制度与经济、社会发展适应性,医疗保险制度运行结果与预期期望差距等主观评估。结合我国目前城乡居民基本医疗保险发展现状,城乡居民基本医疗保险制度的发展更应该注重参保居民保障水平提升,医疗保险的公平性、可持续性和多层次发展,最终实现医疗保险制度与经济、社会发展相适应。

四、城乡居民基本医疗保险真实保障水平

医疗保险保障水平是一国医保制度实施效果的集中体现。综观学者们的研究成果,学者们对医疗保险保障水平的研究主要分以下三类:

(一)从宏观角度来看,有的学者用一国医疗费用总额占国内生产总值比重,或卫生总费用占国内生产总值比重来体现该国社会医疗保障水平。

(二)从医疗保险政策制定角度,有的学者用医疗保险政策工具来衡量一国或地区医疗保障水平,如医疗保险起付线、封顶线,医疗保险政策范围

内报销比(如住院政策范围内报销比等),其中住院政策范围内报销比指参保患者住院医疗费用中统筹基金支付的比例。

(三)从参保就医患者角度,医疗保险保障水平用参保患者的医疗费用中由医疗保险基金统筹支付部分所占比来表示。

对比分析以上医疗保险保障水平三种衡量方法,我们认为不管是从宏观角度分析,还是从医疗保险政策制定角度,两种方法都只能衡量一国或地区医疗保障水平的表面现象,受医疗保险药品目录、诊疗项目目录、医疗服务设施标准及地区医疗机构服务水平、医疗保险信息化程度等因素影响,患者真实享有的保障水平远低于政策保障水平,因此我们认为只有第三种,从参保患者角度,用参保患者的总医疗费用中由医疗保险基金统筹支付部分所占比才能真实体现一个地区医疗保障水平的高低。

五、城乡居民基本医疗保险基金适度结余

医疗保险基金结余指医疗保险制度运行过程中,基金筹资总额减去基金支出后剩下的余额部分。目前,我国医疗保险制度实施"现收现付"制度,因此医疗保险基金适度结余是制度可持续发展的前提。但医疗保险基金结余不能过多,也不能过少。医疗保险基金结余过多,表明居民医疗保障水平较低;医疗保险基金结余过少,表明医疗保险制度难以持续。因此,该指标必须维持在适当水平。

医保基金结余率指标分当年结余率和累计结余率两类指标,医保基金当年结余率指当年医保基金结余除以当年医保基金筹资总额,医保基金累计结余率通常指医疗保险基金累计结余除以当年医保基金筹集总额。有的学者认为,医保基金累计结余率指标从更长期角度考察了医保基金结余水平,同时认为如果上一年医疗保险基金结余加上本年新筹集的保险费用能

够在95%的概率水平上保证本年医保基金不出现赤字,则认为该累计结余指标是适宜的。[①] 所以医疗保险基金累计结余指标比当年结余指标更具有实用性。

为维持我国基本医疗保险制度发展,国家人力资源和社会保障部门规定我国医疗保险基金累计结余必须控制在能够维持6至9个月的支付水平上;国际上累计基金结余率规定标准以不应超过基金收入20%为宜。

第三节　国外公共政策评价与基本医疗保险研究

一、国外公共政策评价研究

20世纪40年代,公共政策研究及科学理论出现并作为一门独立学科受到越来越多的关注。查尔斯·琼斯认为:"政策评估就是政府等有关机关对政策执行情况通过量化和分析来检验政策执行效果,及时反馈相关信息,确认政策的价值,找出政策存在的问题,为决定政策走向提供参考。"布莱恩·霍格伍德(Brian Hogwood)和刘易斯·冈恩(Lewis Gunn)认为:"政策过程存在应然状态(prescription)和实然状态(description),即政策应该怎样制定和制定了怎样的政策。那么政策评估就是介于应然状态和实然状态之间的活动,是划分实然政策分析和应然政策分析的界线。任何公共政策的评估活动就是把应然状态和实然状态作比较,不断提供反馈信息,使两种状态不断完善和改进的过程。"

---

① 黄丞、刘欣:《基本医疗保险适度水平相关研究综述和启示》,《系统工程理论方法应用》,2004年第4期。

关于公共政策评估标准,巴尔达奇从影响政策目标的制约因素即政治、经济、财政可行性因素,行政可操作性因素,技术可行性因素出发设计了政策评估标准。威廉 N. Z. 邓恩在《公共政策分析导论》中将评估标准分为效果、效益、效率、公平性、回应性和适应性六类。也有美国学者提出了公共政策评估的标准为政策投入、政策绩效、绩效的充分性、执行过程、政策效率。

20 世纪 60 年代以来,公共政策效果评估逐渐受到重视。美国、法国、日本等国家都在开展公共政策效果评估。受新公共管理运动和重塑政府运动的影响,美国政府高度重视政府绩效管理,财政预算也纳入绩效管理范畴。美国政府对公共政策的重视和干预、美国国会关于政策和项目评估立法等措施的出台,促进了政策评估机构和评估人才的增加。美国公共政策评估机构和人员既包括国会下属的政府审计办公室、监察长办公室、政府管理预算局等政府部门政策评估机构,又包括私人咨询公司、大学的政策研究机构等。2003 年,美国政府正式出台《政策规定绩效分析》文件,对公共政策绩效评价进行系统、全面的规定。关于政策评估的内容主要包括三个方面:政策出台的必要性、政策合法性和政策效果评估。政策效果评估主要方法为成本收益分析。通过成本收益分析,从多种可行方案中采纳最有效率的方案。美国对公共政策绩效评估是以定量为主,定性为辅,两者相结合。同时,美国在设计、编写、执行政策规定绩效分析时,除涉及隐私、产权、商业秘密等外,要询问政策目标人群及专业人士和机构的意见,并把结论公示于互联网上。

法国公共政策效果评估分中央政策评估和地方政策评估两种。中央政策评估主要由国家级的评估机构和组织实施,地方政策评估主要采用评估专员(5 万人口以上的城市)、评估处(省级政府)或集体评估机构(大区)进行评估。法国公共政策评估人员需要经过专门的学习并通过考试,才能成为评估师。法国公共政策评估有专门的法律保障。1985 年,法国通过立法形式赋予评估机构一定特权,保证公共政策评估的有效性。法律规定,报告人如果认为有必要,可以通过听证会的形式,搜集个人或组织意见。听证会的报告将作为政策评估报告的附件,用于公共政策立法和预算参考。2002年,法国成立了专门的国家评估委员会,负责领导跨部门政策评估工作。法国的国家评估委员会具备相当的权威性,其政策评估大致分为前期论证、基础准备、资料收集、资料分析、综合汇总五个阶段,评估以定性为基础,以定量分析为手段,采用定性与定量相结合的方法进行。

20 世纪 90 年代,政策评估是日本行政改革的核心,也是政府绩效评价的主要内容。自 1995 年起,日本先后引入政策评估制度,并结合国内发展特点逐渐推进以政策评估为核心的行政改革。1997 年,日本的政策评估基本涵盖了全部公共事业。同时,建设省、运输省和农林水产省相继实施了政策的"中间评估"和"再评估",评估结果的应用主要体现在对政府的预算编制和政策调整产生影响。2001 年,日本颁布了《政府政策评估法案》,为各行政主体客观、严格地开展政策评估提供了重要的制度保障。该法案规定了政策评估基本事项,主要包括三个方面内容:一是政府各部门必须适时把握所管辖政策的效果,从必要性、效率性和有效性等视角进行自我评估,并将评估结果反映到相应的政策上;二是在政府制定的关于政府总体政策评估的基本方针的基础上,各部门要制定中期基本计划和每年的实施计划,对政策评估的结果要编制评估报告予以公布;三是为保证政策评估的统一性、综合性和更加严谨的客观性,总务省要对政府各部门政策出具评估报告书,并向社会公众公布。

之后,日本出台了一系列政策,为各行政主体开展政策评估提出了更加具体的要求和更加详细的指导。日本政府的政策评估系统以各部门的自评估为基础。同时,根据需要也会组织开展第三方评估或外部评估,以增强评估的客观性、独立性和广泛性。第三方评估或外部评估通常委托专门的外部评估机构进行。外部评估机构通过与政府合作的方式,主要发挥在政府部门与公众间的桥梁作用。在评估方法上,日本更重视内部评估与外部评估相结合。如日本政府各部门从政策的规划、立案和实施的角度对所管辖的政策进行自我评价,在评价的过程中广泛听取外部有识之士的意见,以保证评价的客观性。

韩国也是较早将政策评估纳入政府绩效范畴,开展公共政策评估的国家。从20世纪60年代的投入-产出的测量,到20世纪八九十年代的政策和项目的效率和效益的测量。2006年,韩国政府颁布的《政府业务评估基本法》,为韩国政策评估提供了制度保障。韩国政策评估主要在总理办公室的协助下由政策分析和评估委员会的成员来实施,他们负责制定评估的指导方针和评估结果标准,对政策实施评估,并着重研究提高和改善评估系统的方法;政策实施能力的评估主要由总理办公室的官员来实施。韩国政府绩效评估委员会由部长和民间专家组成。韩国公共政策绩效评估结果在新闻媒体和互联网上公布,同时在政策评估者、政府机构和代理机构负责人参加的联合会议上报告给总理和总统。

根据以上简单分析,国外政策评估对我国的启示主要有六点:一是要有政策评估法律保障,二是要培育政策评估专业机构,三是公共政策评估过程公开透明,四是公共评估方法为定性和定量相结合,五是公共政策评估要重视专家评估与民众参与相结合,六是公共政策评估结果应向社会公开。

二、国外基本医疗保险评价研究

20世纪初期,凯恩斯多次在他的论著里强调社会保障的重要性。20世纪中后期以来,世界上各个国家加大医疗保险制度建设,使得医疗保险制度得到发展。按医疗保险基金筹资方式划分,目前国际上医疗保险运行模式大体可划分为四种：免费医疗保险、商业医疗保险、社会医疗保险和社区合作医疗保障。[①]

免费医疗保险模式在发达国家和发展中国家都有实施，发达国家主要包括英国、加拿大等，发展中国家主要包括马来西亚、越南等。免费医疗保险模式的保障对象是全体国民，以英国为例，医疗费用79%来自政府税收，剩余的21%主要来自居民医保缴费。英国政府建立的免费医疗保险模式分两个层级医疗系统：社区卫生保健系统和医院服务系统，其中90%以上的居民医疗保险服务来自社区卫生保健系统。但医院服务系统是英国医疗保险服务系统经费最大消费系统，其中70%的医保经费用于医院服务。英国免费医疗保险模式中医疗费用支付主要通过社会保险主管部门将医疗费用直接支付给医院和药品供应者，因此患者与医院之间没有直接财务往来。

商业医疗保险模式以美国为主。商业医疗保险服务经费主要来自保险费，其中包括参保者个人缴纳及雇主缴纳。在商业医疗保险中，医疗服务费用支付以个人支付为主，政府只承担医疗费用的一小部分，具体包括老年人、残疾人和低收入群体的医疗补助等。在商业医疗保险模式下，医生不属于某一家医院，而是以个体营业形式加入社会组织，同时医疗机构以私立医院为主，私立医院对医疗服务价格具有自主定价权，从而使商业医疗保险的市场得以最大限度发展，导致医疗服务费用不断提高。截至目前，美国医疗费用是世界上最高的。

社会医疗保险模式的典型代表是日本、德国和法国。社会医疗保险是

[①] 参见陈德君、罗元文：《日本医疗保险制度及其对我国的启示》，《日本研究》，2002 年第 3 期；张立富：《日本医疗保险制度及其改革措施》，《日本研究》，2003 年第 1 期；隋学礼：《德国医疗保险双轨制的产生演变及发展趋势》，《德国研究》，2012 年第 4 期；胡颖：《美国雇员医疗保险评价及借鉴》，《经济管理》，2000 年第 9 期；张奇林：《美国医疗保障制度评估》，《美国研究》，2005 年第 1 期；艾自胜：《新加坡医疗保险模式的发展与剖析》，《上海铁道大学学报》，1998 年第 9 期；张再生、陈军：《医疗保险制度改革的国际比较》，《天津大学学报》（社会科学版），2007 年第 1 期；张再生、赵丽华：《发达国家医疗保障制度城乡统筹经验及启示》，《现代经济探讨》，2009 年第 8 期。

被采用最多的医疗保险形式,目前已经有 100 多个国家以该模式为主。这种模式是一种强制性的参保模式,医疗保险缴费以雇主和雇员缴纳为主,当地政府给予适当补贴。社会医疗保险模式具有较高的覆盖率,追求权利和义务相结合,以及社会公平性。但由于医疗保险费用筹集、支付和补偿涉及多部门,从而加大了制度运行中的监管难度。[①]

社区合作医疗保险的典型代表为泰国。该模式的实施范围以社区为主,依靠社区的力量,按照"风险共担、互助共济"的规范,利用群众集资方式获得医疗保险基金,以预付方式为参加医疗保险的患者提供医疗服务。

对这四种医疗保险模式进行比较分析可知,大部分国家医疗制度仍然不完善,如英国的全民免费医疗保险体系造成公立医院效率低下,国家财政负担较大,医疗保险存在逆向选择等问题;美国的商业医疗保险模式虽发展迅速,但低收入农民受经济条件约束不能参保;日本的社会医疗保险模式虽然取得了一定成效,但与中国农村人口相比,日本农村人口较少,社会医疗保险模式更容易实施。结合中国实际情况,有学者提出中国医疗保险模式更类似于社会医疗保险模式,因此可以"远学德国、近学日本",取其精华,发展中国医疗保险制度。

国外学者对于医疗保险的研究主要是从医疗保险效果评价、医疗质量改善等方面展开。在医疗保险效果评价上,Aedis Donabedian(1980)从结果、过程和结构三个角度出发构建了医疗保险制度的评价指标体系;Shi L(2000)等考虑到条件和环境等因素的影响,从五个维度出发,构建了儿童医保评价体系,旨在评价儿童医疗保险的实施效果;Saltman R B(2004)等学者

---

① 参见陈德君、罗元文:《日本医疗保险制度及其对我国的启示》,《日本研究》,2002 年第 3 期;张立富:《日本医疗保险制度及其改革措施》,《日本研究》,2003 年第 1 期;夏宗明、李筱蕾:《世界各国经济发展水平与医疗保障制度的关系》,《中国卫生资源》,2000 年第 3 期;沈华亮:《德国、法国医疗保险制度及其对我国医改的启示》,《中国卫生事业管理》,2000 年第 7 期;岳颂东:《法国医疗保险制度及其启示》,《管理世界》,2000 年第 4 期。

从社会、组织、筹资等维度展开,构建了一个金字塔模型来描述西欧国家的医保体系实施现状,对各国医疗保险制度存在的问题进行分析。Wang H 等学者从投入、产出、结果等角度构建医疗保险评价体系,并为健康保险制度的发展提供了借鉴。The－wei Hu(2002)指出,质量和费用是医疗保险评价体系的关键要素。质量维度包括满意度和健康两个方面,费用维度主要包括对费用的控制。Florian Buelmer(2008)认为医疗保险的评价效果是健康权指标,发展中国家要确保公民能平等地参保。从以上研究可以看出,国外学者大多是在构建评价指标的基础上建立医疗保险制度的评价体系。在评价指标的选取上涵盖了效率、公平、效果等多种衡量方法。但我国应结合城乡医保制度的特点,建立适合的评价体系,这样才能使医保政策改革顺应时代发展,使民众满意医保政策的实施效果。

早期国外学者对医疗保险政策效果评价主要利用试验资料进行对比研究。如 New house、Keeler and Rolph、Manning 等人的研究表明,更加规范性、程序化的医疗保险制度使得居民对医疗服务需求的不确定性明显下降;[1] Manning 等利用 HIE 资料研究了医疗保险成本分担机制对医疗服务利用和中年人身体健康程度的影响,同时通过对医疗保险服务需求的量化分析,研究医疗保险收益风险和道德风险带来的费用均衡问题;Joan L. Buchanan 利用 HIE 资料构建了非实验赔付计划模拟模型,试图通过医疗费用支出和风险规避数据资料分析,获得一个经济上最优的医疗保险计划。[2]

后期学者们不断运用统计学,计量经济学如线性回归、Logistic 回归等计

---

[1] 参见 New house J P, et al., *Free for All? Lessons from Them and Health Insurance Experiment*, Harvard University Press, 1993; Keeler E B, Rolph J E., The Demand for Episodes of Treatment in the Health Insurance Experiment, *Jounal of Health Economics*, 1988, (7); Manning W G, et al., Health Insurance and the Demand for Medical Care: Evidence from a Randomized Experiment, *The American Economic Review*, 1987, (77).

[2] 参见 Buchanan J L., Simulating Health Expenditures Under Alter Native Insurance Plans, *Management Science*, 1991, (37).

量经济学模型,非参数数据包络分析(DEA)等方法,如 Ardeshir Sepehria (2006)使用面板数据对越南非盈利健康保险对自付医疗费用负担的减轻效果进行了评估;[1]Antonto J. et al. (2005)利用得分匹配法(PSM)对哥伦比亚穷人医疗保险资助计划实施效果进行了评估。[2] David Hughes(2010)对泰国的全民医保政策进行分析,并提出运用资金筹集改变福利体系的观点,过度的城市医疗服务地区资金应实现向医疗服务和设施不足的农村地区转移。Hounton(2012)等学者利用卫生服务的死亡率和发病率,对布基纳法索国农村地区以社区为基础的医疗保险(CBHI)计划的有效性进行了评估,并指出有效的社会稳定与安全对国民医疗保险的重要性。[3] Blewett,Davern and Rodin (2005)对拉丁美洲农村人口医疗保险覆盖现状进行分析,认为拉丁美洲肉类加工业比当地农村建筑业和零售业具有较高的医疗保险覆盖率;[4]Jack and Sheiner(1997)对医疗支出津贴的福利效果进行了分析;[5]Barnighausen and Sauerborn(2002)对德国医疗保险进行分析,从福利待遇、保险需求、经济状况等方面为中等和低收入国家医疗保险发展提出良好建议,[6]还有的学者

---

[1] Ardeshir Sepehria, Sisira Sarmab and Wayne Simpson, Does Non-profit Health Insurance Reduce Financial Burden?, Evidence from the Vietnam Living Standards Survey Pane, *Health Ecomomics*. 2006, (15).

[2] Antonto J. Trujillo, Jorge E. Portillo, John A. Vernon, The Impact of Subsidized Health Insurance for the Poor: Evaluating the Colombain Experience Using Propensity Score Matching, *International Journal of Health Care Finance and Economics*, 2005, (5).

[3] Hounton, S., P. Byass & B. Kouyate, Assessing Effectiveness of a Community Based Health Insurance in Rural Burkina Faso, *Bmc Health Services Research*, 2012, (12).

[4] Blewett, L. A., M. Davern & H. Rodin, Employment and Health Insurance Coverage for Rural Latino Populations, *Journal of Community Health*, 2005, (30).

[5] Jack, W. and Sheiner, L., Welfare-improving Health Expenditure Subsides, *The American Economic Review*, 1997, (87).

[6] Barnighausen, T. & R. Sauerborn, One Hundred and Eighteen Years of the German Health Insurance System: Are There any Lessons for Middle-and Low-income Countries? *Social Science & Medicine*, 2002, (54).

从医疗保险可及性、福利性等角度进行了研究。[①]

到目前为止,国外学者们对医疗保险的研究主要集中于某一项医疗保险政策实施结果,通过构建指标体系对医疗保险制度实施效果评价的研究相对较少,该研究更多地来自国家层面。国家医疗保险制度评价制度较为完善的典型代表为英国。英国最早在 2000 年建立了一套全民健康保险制度评价指标体系,是目前世界上比较全面的国家级医疗保险制度效果评价体系,其评价的主要要素包括:社会成员身体健康改善程度,全民保健制度的可及性、公平性、适宜性,卫生服务效率,全民保健服务体验和感受,医疗服务的健康结果等。英国的全民免费健康保险制度资金主要来源于税收,对象是全体国民。因此,英国的评价制度不涉及健康保险资金筹集、居民参保能力、卫生资源配置等内容,制度评价也不包含这些环节。该制度从 1948 年建立并运行,因此制度评价更多倾向于制度长期效果,而很少关注制度运行过程。

第四节 国内公共政策评价与基本医疗保险评价研究

一、国内公共政策评价研究

20 世纪 70 年代末,公共政策研究理论被引入国内。40 多年来,我国的公共政策评估实践和理论研究范围越来越广,也有很大的创新。但总体上

---

① Buchanan J L., Simulating Health Expenditures Under Alter native Insurance Plans, *Management Science*, 1991, (37).

来说,我国公共政策研究仍处于借鉴吸收和创新阶段,公共政策评价主体、评价标准和评价方法等仍有待完善。

关于公共政策评价主体的研究。研究公共政策评价,首先要解决的问题就是确定由谁来对政策进行评估。当前,国内学者对这个问题基本达成共识,即公共政策效果评价主体应该多元化,才能从根本上保证评估结果的科学和有效。有学者认为:"在目前官方绩效评估的基础上,实行政府、党的组织、权力机关(人大)、专业评估组织(包括大专院校和研究机构)、社会组织和公众,特别是'受到影响的相关利益群体代表'参与等多元评估主体的结合,实现评估主体多元化"。有学者认为,应从公共政策的公共性角度出发,倡导公共政策效果评价主体的多元化,即"公共政策的评估主体应该不分贵贱,不分贫富,都有权利表达对公共政策的意见和看法"。张国庆在《公共政策分析》一书中把评估主体分为政府评估和民间评估两种。政府评估主要是政策制定者自我的评估,民间评估就是与政策制定无关团体的评估,包括媒体、民间机构、专家学者的评估。有学者则将公共政策组织内部相关人员和第三方评估机构作为评估主体。公共政策内部的评估主体包括各级人大机构,公共政策制定相关部门包括政策制定者及上级领导部门和具体贯彻实施执行的部门。第三方评估机构包括专家学者、非政府组织、群众自发形成的评估组织。

关于公共政策评价标准的研究。评价标准是政策评估的基础和逻辑起点,直接决定了评估结果和评估效果。有学者提出了要用"生产力标准、效益标准、效率标准、公正标准和政策回应度"等几个指标来衡量。有学者提出了"首要标准"和"次要标准"的概念。一项公共政策的整体评估是建立在若干单元评估基础上的,它把用于整体评估的标准称为首要标准,把用于单元评估的标准称为次要标准。郭渐强、刘明然根据张国庆提出的首要标准和次要标准,进一步指出首要标准是综合评估标准,是政策事实标准和价值标准的高度概括和统一,是从整体和原则的高度来衡量某项政策正确与否或利弊得失;次要标准则是具体的一些事实标准和价值标准。首要标准是属于根本性的标准,统领和支配着次要标准,那么次要标准就必须要与首要标准保持一致,不能违背首要标准,更不能取代首要标准。也有学者把政策产生的效益、政策的效率、政策的投入和政策的产出作为政策评估的标准,通过政策执行情况的对比达到评估目的。公共政策评估标准并不是唯一的,用不同的标准进行评估都会产生不同的结果。所以在对公共政策进行评估时要科学地确定评估标准,这样才能确保评估结果的全面真实、科学有效。

关于公共政策评价方法的研究。评价方法的选择决定了评估结果的科学性。当前,国内定性分析和定量分析研究都取得了很大进展。同时,对定量分析的重要性认识逐渐加强。有学者认为,公共政策评估应该采取定量分析的方法,即借助于数学模型分析的方法,建立科学合理的效果函数、政策相关度的分析模式、评估指标体系和评估模型。定量分析可以解决以前在公共政策评估中存在的模糊化、定性化和概念化阐述问题,提高公共政策评估的质量,使评估结果更科学。有学者认为,定量分析能够为公共政策提供可信可靠的评估,并且实验方法和计量方法的结合比单纯使用一种方法更能反映真实情况,揭示政策执行的实际效果。但更多的学者认识到,公共政策评价方法的选择应根据政策自身特征和涉及的主体、评估环境等内容进行认真选择,使评估结果真实、有效,才能真正发挥政策评估的作用。

当前,在实践工作中,我国很多政府部门采取自行或者通过委托其他机构进行政策评估的方式,来展开公共政策的评估。涵盖公共产品价费、社保政策、就业政策、环境政策和科技政策等多领域。公共政策评价方法包括系统的定量评估方法,也包括极具中国特色的万人评议政府、网络评议、行风评议等,已取得了很好的实效。但总体来说,我国公共政策效果评估仍有很多问题亟待解决。如政府部门对政策评价的重视程度不足。一些政府部门将政策评估视为程序性评估,走流程;有的部门进行倾向性评估,以支撑自己的决策;有的部门将政策效果评估作为炫耀部门业绩的工具;有的部门以资金缺乏等为由,对需要进行政策效果评估的项目"应评未评"等。以上现象说明,当前大部分政府部门缺乏对政策效果评估的科学认知,没有充分意识到政策效果评估的重要性,政策评估体系不健全。

当前,我国政策评价研究更多局限于理论分析或是对具体政策的实证研究,鲜有立足于中国政治体制现状而提出本土化的政策评价方法,尤其是建立在政策过程研究基础之上的政策评价体系。[①] 如何通过规范性的政策评价报告指导政策运行这个根本性问题仍没有得到解决,而且由于理论发展缓慢,导致现有成果指导政策实践的可操作性不高,决策者没有充分把握政策评价的强大功能,从而无法投入更多的资源支持政策评价的硬件与软件开发和建设,如政策信息数据库的建设、人才的培养等。我国政府部门内部专业政策评估机构较少,甚至很多政府部门领导从未接触过政策评估。而独立的专业咨询公司对政府工作内容和工作方式缺乏足够的了解,难以客观、公正地对公共政策进行全面、有效分析。当前,政策评估的专业人才主要来自高校教师、科研机构人员。这些政策评估人员理论性较强,容易造成公共政策评价标准和评价方法的多样性,导致政策评价结果的差异性较大。因此,亟须一批既掌握先进政策评估理论,又对政府运行有一定了解的专家组成智库或专业评估机构,以提高政策评估的科学和有效。

二、国内基本医疗保险评价研究

因中国人口众多,我国基本医疗保险制度尚处于构建初期,国家医疗保

---

① 杨大楷、刘曦腾:《政策过程概念框架重构下的政策评价维度识别与应用》,《理论学刊》,2015 年第 10 期。

险处于城镇职工医疗保险、城镇居民医疗保险和新农合三种模式独立发展的状态。为提高医疗保险统筹层次，根据三种医疗保险发展特点，学者们提出将城镇居民医疗保险和新农合整合发展的建议。

在医疗保险制度发展及改革方面，如郑功成（1998）、陈智明（1995）、程晓明（2003）、张再生（2012）的研究普遍认为我国医疗保险制度满足了制度设计时期居民医疗保险需求。但随着经济和社会发展，流动人口增加，当前的医疗保险制度已经不能满足当前的医疗需求，医疗保险制度改革是时代潮流发展的产物。[①] 从医疗保险制度发展角度来看，国内学者对于医疗保险政策的研究主要围绕医保开展的总体效果评价和城乡医保存在的问题展开讨论。

在医疗保险制度建设理念与目标的研究方面。袁长海（1999）从基本医疗保险的模式和层次角度对我国医疗保险进行了界定，同时认为可根据参保患者可负担的医疗费用支付水平对我国基本医疗保险进行界定；[②]王宗凡（2009）在相关调查理论分析和政策研讨的基础上，将我国2020年医疗保障体系建设中期目标定义为"建立、健全基本医疗保障制度体系和城乡居民多层次医疗保障体系，切实提高城乡居民基本医疗保险覆盖率，消除医疗保险参保人员流动性的制度障碍，逐步提升参保人员医疗保障水平"等；[③]刘新建等（2007）对我国城市和农村医疗保险制度差异进行了比较，认为医疗保险制度体系统筹目标最终应该是医疗保障制度的一体化，如医疗管理机构一体化、医保基金一体化和卫生资源一体化；[④]刘君（2008）的研究表明在目前

---

① 参见郑功成等：《跨世纪的中国医改话题讨论系列》，《中国社会保险》，1998年第6期；陈智明：《医疗保险学概论》，海天出版社，1995年；程晓明：《医疗保险学》，复旦大学出版社，2003年；张再生：《天津市医保10年》，天津大学出版社，2012年。

② 袁长海：《基本医疗界定的模式和层次》，《中国卫生经济》，1999年第1期。

③ 王宗凡：《医疗保障体系建设目标和政策思路》，《中国劳动》，2009年第8期。

④ 刘新建、刘彦超：《实现城乡医疗保障一体化目标的对策初探》，《山西农业大学学报（社会科学版）》，2007年第3期。

我国三项医疗保险制度存在的前提下,要建立"以人为本"的医疗制度,必须打破参保人身份限制,发挥城镇居民医疗保险制度承上启下的衔接作用,最终提高居民医疗保障水平;[①]陈健生(2009)以成都市基本医疗保险统筹为研究对象,认为当地医保改革的目标是:整合成都域内制度碎片化问题,通过多档缴费模式对政策进行优化设计,解决医疗保险一体化问题,缩小成都参保居民的医疗保险缴费和医疗费用报销差异;[②]刘玉娟(2011)以广西城乡居民基本医疗保险为例,认为应该把新农合和城乡居民医保两项制度合并,建立城乡统一的居民医保制度,并通过强制性制度提高医疗保险统筹层次,增强门诊服务等内容,提高居民疾病预防和身体保健意识等;[③]尹爱田(2012)在"保基本、强基层"的战略目标的指引下,对山东省社会经济状况及居民医疗费用进行测算,认为山东基本医疗保险制度统筹目标应该是由政府统一组织的、覆盖全体公民和地区的非全民"免费医疗"制度;[④]梁鸿(2012)的研究认为我国基本医疗保险在政策执行过程中缺乏监督,使得政策目标往往出现偏差,因此目前医疗保险制度改革更应该重视制度理念设计、制度过程管理和政策激励几个方面。[⑤] 从长期来看,我国居民医疗保险制度建设目标应该以保基本、多层次和可持续为基础,同时在运行过程中兼顾公平和可流动性。为了实现这一目标,短期内各地区必须根据区域实际经济发展情况,通过制度设计,打破参保人身份限制和"一元制度、分档选择"等多种形式,使医疗保障制度无缝隙覆盖,才能真正做好制度衔接工作,切实提高参保者

[①] 刘君、赵同松:《医保三项制度如何实现衔接》,《中国社会保障》,2008 年第 5 期。

[②] 陈健生、陈家泽、余梦秋:《城乡基本医疗保障一体化:目标模式、发展路径与政策选择——以成都市城乡基本医疗保障统筹试点为例》,《理论与改革》,2009 年第 6 期。

[③] 刘玉娟:《广西城乡居民基本医疗保险一体化运行研究》,《社会保障研究》,2011 年第 3 期。

[④] 尹爱田、井珊珊:《山东省统筹城乡医疗保险制度建设的目标研究》,《山东社会科学》,2012 年第 7 期。

[⑤] 梁鸿、贺小林:《基本医疗保险绩效管理:理念、目标与策略的思考》,《中国医疗保险》,2012 年第 2 期。

医疗保障水平。

在我国社会医疗保险整合路径研究方面,国内学者存在不同的观点,具体可分为两种:一种观点认为在原有医疗保险制度框架下,没有必要打破原有制度框架,只需通过渐进主义方式,构建不同缴费机制、报销机制和服务机制的多层次医疗保障体系,强制性全民参保,最终完全可以达到城乡居民医疗保险制度的建立,持这种观点的学者如顾昕(2008)。① 另一种观点认为,上述形式只是完成了城乡医疗保险制度层面的全民医疗保险覆盖,但上述形式不利于参保患者保障水平的提升,因此应该在原有制度基础上,对我国医疗保险制度、医疗资源进行有效整合和衔接,最终才能形成覆盖城乡的医疗保险制度体系,才能切实保障居民医疗需求,持这种观点的学者如刁孝华、谭湘渝(2010)。②

整体上来看,学者们对第二种道路的支持度要更高一些,这种方式更加公平、有效。支持第二种观点的学者包括孙祁祥、朱俊生(2007),他们指出,将来城乡医疗保险制度整合的第一步就是着眼于城镇居民基本医疗保险和新型农村合作医疗制度的整合;③胡大洋(2008)明确提出我国社会医疗保险制度建设应该首先完成制度全覆盖,其次整合城乡医疗资源,解决制度碎片化问题,最后才是解除居民身份限制,构建统一的全民医疗保险制度;④申曙光(2009)明确强调"解决城乡居民基本医疗保险制度衔接、合并问题,应该首先考虑将城镇居民医疗保险和新型农村合作医疗保险合并,其次再逐渐与城镇职工医疗保险制度合并,这样做的原因主要在于城镇居民医疗保险

① 顾昕:《通向全民医保的渐进主义之路——论三层次公立医疗保险体系的构建》,《东岳论丛》,2008 年第 1 期。

② 刁孝华、谭湘渝:《我国医疗保障体系的构建时序与制度整合》,《财经科学》,2010 年第 3 期。

③ 申曙光、彭浩然:《全民医保的实现路径——基于公平视角的思考》,《中国人民大学学报》,2009 年第 2 期。

④ 孙祁祥、朱俊生等:《中国医疗保障制度改革:全民医保的三支柱框架》,《经济科学》,2007 年第 5 期。

和新型农村合作医疗保险的缴费方式和保险待遇水平更接近";①郑功成(2010)在其学术成果中提出"医疗保险城乡一体化的发展方向应该是在将新型农村合作医疗与城市居民基本医疗保险并轨的条件下去完成"。

从医保整合效果评价看,郑功成(2018)认为我国医保制度已经基本实现制度全覆盖。但当前制度还未成熟,仍存在诸多缺陷。刘春生(2012)认为,医疗保险政策的制定要充分发挥医保统筹效果的作用,明确医保整合的现实意义;陈芸(2014)认为,现有争论主要集中在居民享受政策福利待遇的降低和医保制度的改革上,我国医保制度的改革需要结合医保整合的现状和成效才能逐步实现城乡医保全覆盖。从城乡医保存在问题来看,熊先军(2016)针对我国城乡居民医保筹资政策存在的问题进行梳理,并提出了相关政策建议。罗宇航(2014)研究了重庆市医保整合过程中存在的问题,包括法律制度不健全、医保基金保障不全面、医疗服务价格偏离市场约束等。他认为市场约束机制、医保支付方式和药品定价等问题是医保制度改革的方向;田珍都(2015)发现城乡医保在整合过程中经办管理体制的配合存在问题,医保整合试点改革不彻底;金江(2014)则以铜陵县为例,从城乡居民的参保率、对医保基金的使用情况、住院费用等方面进行调查分析,发现城乡医保存在报销比例偏低、住院费用过高等问题,建议改革医保支付方式、合理支出医疗费用、引导城乡居民合理就医;王超群(2016)等学者研究发现,现有医保政策在住院费用报销、与医疗机构配合、农村居民医保覆盖率等方面都存着问题。

综上,通过对国内外医疗保险研究文献的综述、汇总结果表明,一方面,我国城乡居民基本医疗保险制度处于巩固和发展时期,在不断提高政府财政补贴的前提下,目前我国已基本完成城乡居民基本医疗保险的全覆盖,但

---

① 胡大洋:《全民医保目标下的制度选择》,《中国卫生资源》,2008 年第 4 期。

由于历史原因,医疗保险碎片化问题,医疗保险公平、效率、可持续问题仍有待解决,因此只有通过提高医疗保险统筹层次,对城乡二元医疗保险制度进行整合,提高医疗保险真实保障水平才能最终建成全民健康保险制度;另一方面,制度整合过程中医保基金水平、医疗机构管理、政策工具利用等因素均会影响制度效果发挥,因此需要对这些问题进行专门研究,才能真正提高医疗保险制度运行效率。

关于提高基本医疗保险服务方面,杨红燕(2003)、雷海潮(2008)从人人享有基本医疗卫生服务角度,从提高公共筹资、提供公共财政投入、构建精简统一效能的行政管理体制等角度提出建立基本医疗卫生制度的要求;[1]胡琳琳(2003)从城乡居民身体疾病产生因素角度对我国医疗保险碎片化进行有效分析,认为市场化改革和城乡二元结构的存在导致了城乡参保者在收入水平、公共服务和社会医疗保障水平上存在明显差距,必须改变二元制社会保障模式才能缩小城乡健康差距,提高农民健康水平。[2]

在完善医疗保险制度政策内容制定方面,梅丽萍(2009)从全民医保角度提出制度城乡统筹的必要性,同时指明城乡统筹是改变医疗保险制度设计缺陷、提高医疗保险制度公平、效率和可持续性的需要;[3]郑秉文(2009)从我国社会保障"碎片化"角度,通过对欧洲、英国和法国碎片化制度的起源和现状分析,对美国统一制度优势比较,得出我国社会保障制度"碎片化"是国内强势群体和弱势群体博弈的过程,存在制度设计缺陷和认识误区,更是中央权力弱化的表现,因此全国统一的社保制度是未来社会保障发展趋势;[4]

---

[1] 杨红燕:《基本医疗保险保障范围分析》,《中国卫生事业管理》,2003 年第 12 期;雷海潮:《实现人人享有基本医疗卫生服务的关键问题探讨》,《卫生经济研究》,2008 年第 5 期。

[2] 胡琳琳、胡鞍钢:《从不公平到更加公平的卫生发展:中国城乡疾病模式差距分析与建议》,《管理世界》,2003 年第 1 期。

[3] 梅丽萍、仇雨临:《统筹城乡医疗保险研究综述》,《中国卫生经济》,2009 年第 8 期。

[4] 郑秉文:《中国社保"碎片化制度"危害与"碎片化冲动"探源》,《甘肃社会科学》,2009 年第 3 期。

郑功成(2010)以"病有所医"为发展目标,认为我国当前医疗保障制度正在经历由试验期向定型期的转变,我国医疗保险制度改革目标应该走"3－2－1"路线,即将城镇居民医疗保险制度和新农合制度统筹,再将其与城镇职工医疗保险制度整合,最终建立全国统一的国民健康保险制度;[①]宋震(2012)认为随着经济发展,我国医疗保险政策应顺应社会需求,努力做好制度衔接工作;[②]崔仕臣(2013)以实践探索研究手段,证明医疗保险二元化的格局使得居民医疗保险制度有失公平,城乡医疗保险制度统筹应来自政府对制度顶层设计及地区实践经验的积累。[③]

在改善医疗保险福利经济方面,顾海(2012)明确指出随着城市化进程发展,城乡二元制医疗保险体系已经不能适应经济发展和居民需求,因此针对参保人福利而言,应通过统筹城乡医疗保险制度缩小城乡差距,同时因地制宜探索本地医疗保险制度发展模式;[④]李佳佳等(2013)通过实地调研数据的研究结果显示,在医疗保险城乡统筹过程中,医疗保险福利补偿更多倾向于高风险人群、高收入阶层和农村居民,中等收入参保群体的医保福利相对较低,因此针对不同收入阶层的福利差异,应在医疗保险制度制定过程中进一步细化,使不同群体医疗保险补偿差异控制在一定范畴内。[⑤]

在医疗保险制度评价方法方面,国内对评价方法的引入和运用发展较快,除统计学、数学、计量经济学、运筹学等方法,还如 TOPSIS 法、神经网络、

---

① 郑功成:《中国医疗保障改革与发展战略——病有所医及其发展路径》,《东岳论丛》,2010 年第 10 期。

② 宋震等:《关于我国医保城乡统筹以及制度衔接的探讨》,《天津医保新观察》,2012 年第 5 期。

③ 崔仕臣、何中强:《城乡居民基本医疗保险一体化的实践探索——基于永嘉县的实证分析》,《理论观察》,2013 年第 3 期。

④ 顾海、李佳佳:《城乡医疗保障制度的统筹模式分析——基于福利效应视角》,《南京农业大学学报(社会科学版)》,2012 年第 1 期。

⑤ 李佳佳、顾海、徐凌忠:《统筹城乡医疗保障制度的福利分配效应——来自的实地调查数据》,《公共经济与管理》,2013 年第 3 期。

支持向量基、双重差分、倾向匹配、倍差法等方法也可以对医疗保险政策效果进行评价。[①] 甘犁(2010)用双重差分法对我国基本医疗保险与居民消费之间关系进行研究,结果显示投资于基本医疗保险的政府资金的使用是有效率的,医疗保险政府支出有助于刺激消费,减少居民储蓄;[②]胡宏伟(2012)利用双重差分、倾向匹配法研究,认为城镇居民医疗保险制度对参保居民身体健康促进作用显著,特别是对老年人、低收入群体的医疗卫生服务的利用具有明显的促进作用;[③]孟德锋(2009)借助倍差分析方法考察了新型农村合作医疗对参保农村居民卫生服务利用水平的综合效果,[④]黄枫、甘犁(2012)用差分模型对医疗保险中的道德风险因素和医疗服务的过度使用展开了深入探讨;[⑤]庄巧娜等(2013)用 Logistic 模型实证研究了住院费用和实际补偿比及其影响因素,研究结果显示住院费用和实际补偿比与医疗保险筹资额

---

① 参见赵丽艳、顾基发:《东西方评价方法论对比研究》,《管理科学学报》,2000 年第 1 期;陈国宏、李美娟:《综合评价方法分类及研究进展》,《管理科学学报》,2004 年第 2 期;王军霞、官建成:《复合 DEA 方法在测度企业知识管理绩效中的应用》,《科学学研究》,2002 年第 1 期;王宗军:《综合评价的方法、问题及其研究趋势》,《管理科学学报》,1998 年第 1 期;朱宝璋:《关于灰色系统基本方法的研究和评价》,《系统工程理论与实践》,1994 年第 4 期;郭亚军:《一种新的动态综合评价方法》,《管理科学学报》,2002 年第 2 期;周荣义、张诺曦、周瑛:《基于 AHP 与重要性指标筛选的神经网络评价模型与应用》,《中国安全科学学报》,2007 年第 4 期;叶健伟、沈亚诚、黄小玲:《基于 BP 神经网络的肺炎医保住院费用分析》,《卫生经济研究》,2013 年第 6 期;朱攀:《基于人工神经网络的医保定点医疗机构信用等级评价模型》,国防科学技术大学硕士学位论文,2010 年;迟国泰、程砚秋、李刚:《基于支持向量机的人的全面发展评价模型及省份实证》,《管理工程学报》,2012 年第 1 期;卢敏、张展羽:《基于支持向量机的水资源可持续利用评价》,《水电能源科学》,2005 年第 5 期;范柏乃:《我国城市居民生活质量评价体系的构建与实际测度》,《浙江大学学报(人文社会科学版)》,2006 年第 4 期;陈兴鹏、赵延德、张慧、徐树建:《西北城市居民生活质量分级评价的 BP 神经网络模型研究》,《兰州大学学报(自然科学版)》,2005 年第 6 期;陈国宏、陈衍泰:《综合评价中指标标准化方法研究》,《中国管理科学》,2004 年第 11 期。

② 甘犁、刘国恩、马双:《基本医疗保险对促进家庭消费的影响》,《经济研究》,2010 年。

③ 胡宏伟、刘国恩:《城镇居民医疗保险对国民健康的影响效应与机制》,《南方经济》,2012 年第 10 期。

④ 孟德锋、张兵、王翌秋、侯志远:《新型农村合作医疗福利效应研究—基于山东和宁夏六县实证分析》,《经济评论》,2009 年第 3 期。

⑤ 黄枫、甘犁:《医疗保险中的道德风险研究——基于微观数据的分析》,《金融研究》,2012 年第 5 期。

呈显著正相关,同时补偿级别、住院费用与实际补偿比呈显著负相关。①

在医疗保险制度评价体系建设方面,国内学者做了大量的研究。靳刘蕊(2007)从主观和客观角度对我国社会保障制度评价体系进行划分,具体内容包括社会保障制度的内涵、功能目标、社会保障制度运行带来的经济效果、基金运营及社会成员对社会保障制度的满意度等;韩金峰(2010)在我国社会保障体系运行基础上,根据一致性、科学性、可行性等原则建立了社会保障系统综合评价模型,并利用模糊评价法、数据包括分析和神经网络模型对我国社会保障运行效果展开了综合研究;②张晓(2005)从制度环境、管理体制和运行机制三个维度构建了社会医疗保险制度改革指标体系,具体内容包括经济发展与社会进步、居民生活水平与健康状况、卫生医疗服务体系建设、药品医疗与药品流通、医疗保险基金筹集、医疗保险基金支付、服务管理与职工满意度等多个方面;③陈玉兰(2007)通过调查问卷和访谈等方式,对医疗保险参保主体的医疗保险改革的知晓情况和满意状况进行了评价;④王翠琴(2009)通过对国内外医疗保险制度评价内容进行综述,从业绩指标、财务指标和管理指标三个维度构建了农民工医疗保险有效性评估指标体系,包含医疗保险财务收支和成本指标、医疗保险费用控制和行政效率等内容;⑤梁鸿(2012)对"基本医疗保险"概念及专家观点进行了详细区分,从制度维度、价值维度和效用维度构建基本医疗保险制度评价指标体系,具体内容包括医保的覆盖面,保障内容,保障程度,医保的公平,医保的可及,医保

---

① 庄巧娜、郑振佺、潘宝骏:《福建省新型农村合作医疗住院费用与实际补偿比影响因素研究》,《中国卫生统计》,2013 年第 2 期。

② 韩金峰:《社会保障系统运行模式及效率评价研究》,天津大学管理学院博士学位论文,2010年。

③ 张晓、李少冬、梅姝娥等:《社会医疗保险制度改革指标体系构建与评估探索》,《中国卫生经济》,2005 年第 1 期。

④ 陈玉兰、贾睿:《成都市医疗保险制度改革社会评价研究》,《现代预防医学》,2007 年第 2 期。

⑤ 王翠琴、黎民:《农民工医疗保险评估指标体系的构建》,《统计与决策》,2009 年第 2 期。

的有效,基本医疗的安全、经济、适宜等。通过对已有研究成果的整理,国内外医疗保险制度及其评价的相关研究虽然较多,但受各国医疗保险制度差异影响,受实践和相关数据资料收集困难的影响,只有少数国家的医疗保险综合评价指标体系能够对本国医疗保险制度及其效果进行客观评价。我国医疗保险制度是近几年发展起来的,但目前并没有建立一套系统的、科学的医疗保险制度综合评价指标体系,更缺乏对医疗保险制度及其实施效果评价的研究。因此,在相关研究综述梳理下,构建医疗保险评价指标体系并选择恰当的综合评价方法对我国医疗保险制度进行动态评价,对于提升我国医疗保险质量和医疗保险制度的可持续性是非常有必要的。

国内医疗保险制度评价原则主要包括经济效益、社会效益,公平、效率、质量和可持续性等。张笑天(1996)主要从经济效益和社会效益两个方面对医疗保险制度进行评价,其中经济效益侧重于对医保基金的管理,社会效益则侧重于医疗保险的覆盖率、可及性、可得性和居民满意度等。[1] 王盼(1998),张太海、董炳光(2004)运用层次分析法等,对医疗保险制度评价要素,即公平、效率、质量和可持续性进行了评价,同时认为这四个要素相辅相成,互为条件。[2] 国外医疗保险制度评价主要侧重于公平、经济、效益、效果

---

[1] 张笑天、王保真:《医疗保险原理与方法》,中国人口出版社,1996 年。
[2] 王盼:《卫生服务的公平与效率》,《中国卫生经济杂》,1998 年第 11 期;张太海、董炳光、申曙光、吴云英、程茂金:《城镇职工基本医疗保险制度运行质量评价初论》,《中国卫生事业管理》,2004 年第 7 期。

等方面。① 公平是社会保险最基本的目标,世界发达国家强调医疗保险的社会化、广覆盖,在保障人民基本医疗基础上尽量使医疗保险覆盖人群扩大化;经济原则主要指医疗保险制度改革是否能有效降低社会整体医疗费用增长,而不是简单地进行医疗费用的转移;效益原则主要指医疗保险制度在运行过程中,医疗卫生资源的配置效率和利用效率是否合理;效果原则主要指医疗保险制度实施质量,如医疗保险基金利用情况,患者满意度等。同时,有学者从其他角度对医疗保险制度进行了评价,如美国加利弗尼亚大学的胡德伟教授将评价标准界定为医疗保险服务、医疗费用和医疗服务质量三个方面,其中医疗保险服务主要包括服务公平和利用效果可及性,医疗费用则侧重于费用利用效率和费用控制效率,医疗服务质量包括患者身体健康程度和患者对医疗服务的满意程度。我国医疗保险城乡统筹是在经济、社会发展过程中,为了满足居民基本医疗需求,弥补医疗保险制度缺陷,实现人人平等享受医疗保险福利的必然要求,这一点在学术界已基本达成共识,但如何实现医疗保险城乡统筹仍需进一步探索。

在实践研究方面,伊洪丽(2005)、王翠琴(2009)、顾昕(2006)、朱坤(2013)等分别从公平、效率等方面对不同地方、不同人群的医疗保险进行了

---

① Lu, C., B. Chin, J. L. Lewandowski, P. Basinga, L. R. Hirschhorn, K. Hill, M. Murray & A. Binagwaho, Towards Universal Health Coverage: An Evaluation of Rwanda Mutuelles in Its First Eight Years, *Plos One*, 2012, (7); Ikegami, N., B. - K. Yoo, H. Hashimoto, M. Matsumoto, H. Ogata, A. Babazono, R. Watanabe, K. Shibuya, B. - M. Yang, M. R. Reich & Y. Kobayashi, Japan: Universal Health Care at 50 Years: Japanese Universal Health Coverage: Evolution, Achievements, and Challenges, *Lancet*, 2011, (378); Lee & M. - C. Yang, Evidence Based Decision - Making in Asia - Pacific with Rapidly Changing Health - Care Systems: Thailand, South Korea, and Taiwan, *Value in Health*, 2009, (12); King, G., E. Gakidou, K. Imai, J. Lakin, R. T. Moore, C. Nall, N. Ravishankar, M. Vargas, M. Maria Tellez - Rojo, J. E. Hernandez Avila, M. Hernandez Avila & H. Hernandez Llamas, Public Policy for the Poor? A Randomised Assessment of the Mexican Universal Health Insurance Programme, *Lancet*, 2009, (373).

评价,认为现阶段我国医疗保险制度本身存在公平和效率等问题;①吴成丕(2003)利用基尼系数等多种测量方法对威海市医疗保险制度模式公平性进行评价,研究结果显示威海市医疗保险筹资模式有效改善了居民收入对医疗保险不平等的影响,但筹资系统的再分配效应会加大居民收入不平等的影响;②吴传俭(2005)的研究认为我国医疗保险基金筹集方式、公共医疗资源和居民医疗费用补偿机制等均存在不平等现象,他从医疗费用精算、提高参保人群覆盖率等几个角度提出了促进我国医疗保险制度公平性的解决办法;③刘俊霞(2013)从可持续性角度对我国医疗保险制度展开有效分析,研究结果认为我国医疗保险制度存在参保群体老龄化、参保逆向选择、医疗保险成本上涨、医保基金贬值等风险,这些风险会对制度可持续发展造成严重影响。④

同时,随着医疗保险制度发展和参保需求上升,学者们已经不再满足于对医疗保险制度的客观评价,而更多关注参保群体医疗服务感受、制度与经济发展适应性、制度对居民身体健康影响等。肖宏伟(2012)等认为我国医保制度滞后于经济和社会发展需求;⑤董志勇(2009),李佳、吕学静(2013),

———————

① 伊洪丽:《沈阳市医疗保险改革公平性评价及对策研究》,东北大学博士学位论文,2005 年;王翠琴、黎民:《农民工医疗保险评估指标体系的构建》,《统计与决策》,2009 年第 2 期;顾昕:《全民医保怎么保》,《医院领导决策》,2006 年第 9 期;朱坤、张小娟:《不同管理体制下城乡居民基本医疗保险运行效果比较——来自苏州市的实证分析》,《中国卫生政策研究》,2013 年第 6 期。

② 吴成丕:《中国医疗保险制度改革中的公平性研究——以威海为例》,《经济研究》,2003 年第 6 期。

③ 吴传俭等:《社会医疗保险公平性与政府保险政策建议研究》,《中国卫生经济》,2005 年第 4 期。

④ 刘俊霞:《我国基本医疗保险制度可持续发展面临的风险及对策》,《财政研究》,2013 年第 10 期。

⑤ 肖宏伟:《我国经济发展对基本医疗保险的影响研究》,《保险研究》,2012 年第 9 期。

王震(2007),徐强(2012)等分别对参保人员参保行为和满意度进行了分析;[1]辛鸣(2005)从哲学视野出发,认为制度评价需要确立三个标准:合理性、合法性和现实性;[2]靳刘蕊(2007)为了对医疗保险制度进行有效评价,从客观和主观角度构建了医疗保险制度评价指标体系,具体包括医疗保险制度的功能目标、保障程度、制度运行、制度公平性等适合度及参保居民的满意度,医保制度运行结果与参保者期望之间差距等维度。[3]

第五节　本章小结

正确的概念界定和丰富的研究资料是开展政策评估的前提和基础。本章在介绍研究背景基础上,对国内外关于公共政策、公共政策评价、城乡基本医疗保险的基本概念和研究现状进行梳理,为本书的后续研究做好铺垫。

---

① 参见董志勇、黄迈:《农户参与医疗保险行为决策影响因素分析》,《保险研究》,2009 年第 12 期;李佳、吕学静:《弱势群体医疗保险参与公平性及影响因素分析》,《华东经济管理》,2013 年第 2 期;王震:《乡城流动工人医疗保险覆盖率及其影响因素的经验分析——基于大连、上海、武汉、深圳、重庆五城市调查数据》,《中国人口科学》,2007 年第 5 期;徐强:《基本医疗保险制度的公众满意度及影响因素——基于全国 4 个省份 1600 份问卷的实证研究》,《保险研究》,2012 年第 12 期。

② 辛鸣:《制度评价的标准选择及其哲学分析》,《中国人民大学学报》,2005 年第 5 期。

③ 靳刘蕊:《我国社会保障制度综合评价研究》,《经济问题》,2007 年第 12 期。

第二章 公共政策评价的理论基础及其启示

公共政策的价值目标是公共政策分析的前提和基础,任何公共政策都旨在达到一个既定的目标,假如没有政策目标,公共政策则无从谈起。同时,公共政策的政策主体价值选择是多元的,表现为公平、效率、民主、秩序等。公平作为其中最基本的价值,在现代公共行政中的地位越来越明显,现代公共行政越来越强调将公平作为公共政策的基本价值目标。效率被定位于工具理性的界限之内。作为一项政治产品,公共政策不应仅仅只关注社会公平,还应注重效率的价值取向,把"蛋糕"做大。它要求行政主体在公共政策行为过程中,应当以经济有效的方式,以尽可能少的"投入",获取尽可能大的"功效",维护并增进社会的公共利益,因而得到公众的普遍认同和支持。效率作为行政系统的基础目标,是现代公共行政的一项原则。秩序是一个行政系统的稳定状况,包括公共秩序的维持、社会的稳定等,公共政策有责任保护整个行政系统的良性运行,有责任改革那些在制度上、功能上、效果上妨碍社会秩序的因素和影响实现秩序目标的政府行政管理体制。

第一节　正义论与公平及其对公共政策效果评价的启示

公共性是公共政策最本质的属性,而公平是公共政策价值理性范畴的概念。现代公共行政要求公共政策行为体现公平的结果,尽可能满足社会主体的公平要求,恰当地运用公平原则,统筹短期利益和长期利益、微观和宏观等因素,兼顾个人、集体、国家等不同主体的利益主张,平衡与之相关的利益冲突。现代公共政策的公平属性应体现在公共政策过程的各个环节中,寓于公共政策的全过程。自古希腊以来,政治理论家们就普遍认为,比较平等的非霸权政体必须使占人口绝大多数处于中等地位的公民能保持平等,从而避免公民之间在地位、收入与财富方面产生极端差距。① 因此,公平正义一直都是政策学者和政策制定者重点探讨的问题。

一、罗尔斯的正义论

20 世纪七八十年代,罗尔斯(J. Rawls,1921—2002)最先意识到理论变革的重大意义,他针对美国社会生活的实际,创作出《正义论》,主要探讨平等自由、公正机会、分配份额、差别原则等问题的解决方法。② 罗尔斯的《正义论》也被称为"契约论"。罗尔斯认为,社会机构的主要职能是分配社会成员的基本权利和义务,划分社会合作过程中的责任和利益分配。因而,《正

---

① W. G. 朗西曼:《相对贫困与社会正义》,加利福尼亚大学出版社,1966 年,第 94 页。
② 参见[美]约翰·罗尔斯:《正义论》,谢延光译,上海译文出版社,1991 年。

义论》的突出贡献在于正义原则的提出。该原则为社会基本结构的设计确定了一个合理的标准。罗尔斯坚持权利(Right)优先于善(Good)的义务论伦理观,认为公正(正义)是社会的首要价值。由于切中了重大社会主题,《正义论》在当时产生了轰动。正义论的主要观点包括以下内容:

(一)正义是社会各种制度的首要美德

罗尔斯的正义论是在传统社会契约论与道德理论的基础上逐步发展起来的一种新理论,其理论明显区别于功利主义思想。在罗尔斯看来,功利主义等理论不能对人类道德生活作出合理的解释。功利主义只关心幸福的最大限度的实现,考虑行为及其结果是否有益于人类幸福总量的增长,而不关注幸福在个人之间的分配。因而,罗尔斯提出要建立一种“支配我们正义感的原则”,其理论关注点是社会的幸福如何得到公正公平的分配。罗尔斯认为,正义是社会政治和道德生活中的首要价值,并处于优先地位。正义论追求的最高理想是促进社会基本结构的正义,而非幸福的最大限度或最大利益。功利论则认为,正义在社会政治和道德生活中处于从属地位。对此,罗尔斯明确提出:“在社会制度体系中正义应该居于首位,就像思想体系中真理居于首位一样。”[①]正义论的研究基础是社会基本结构,强调制度或政策的正义性是社会基本结构性质的最高价值目标。

在罗尔斯的正义论看来,“公平的正义”才是正义的基本前提。“公平的正义”的核心内容是指,在一个正义的社会里,公民的权利和自由具有确定性、平等性和不可侵犯性,不能因为少数人的更大自由损害、牺牲多数人的自由,也决不能因为少数人的更大利益损害、牺牲多数人的利益。而且“公

---

① ［美］约翰·罗尔斯:《正义论》,何怀宏、何包钢、廖申白译,中国社会科学出版社,2009 年,第 37 页。

平的正义"所保障的权利和自由不应该屈从、受制于政治交易或社会利益的权衡。公共政策在调整社会资源过程中,更应该以公平正义为目标,不能因为少数人的更大自由损害、牺牲多数人的自由,也决不能因为少数人的更大利益损害、牺牲多数人的利益。

　　罗尔斯认为社会正义原则不仅是个人行为选择的标准,更是社会制度分配人们的基本权利和义务以及各种利益的标准。因为社会是人类必需的合作形式。而在社会合作的利益分配过程中,每一个人都以自我为中心,为自己打算,都想从社会整体的大盘子中获得更多的利益。一方面,每个人都希望并要求社会合作,另一方面又会有个体利益要求的差异,由此产生利益冲突。在这种情况下,需要一定的原则或理论来规范人们在社会合作中进行利益选择的行为,以减少社会利益产生的冲突。这个规范就是社会正义原则。社会合作的前提应该是"相互共容",以公正一致和行之有效的方式达成效率目标,以及合作模式的稳定性。缺乏稳定的社会合作往往也是缺乏正义和效率的直观体现。社会合作本身要求每一个公民享有的权利和利益必须与他承诺的义务和职责一致。罗尔斯把社会公民所承担的义务、职责,及其所享受的权利和利益统称为公民的"基本利益"。

　　在罗尔斯看来,正义论的前提是有不平等的存在,社会正义原则应该首先考虑到这些不平等。罗尔斯认为人类社会既存在着利益的一致,也存在着利益的冲突。公正是人类社会的基本价值理念,平等是千百年来人们孜孜以求的社会理想。① 利益冲突是由于人们大多认为追求较大份额的利益要比追求较小份额的利益好。为了取得基本的权利和义务、各种利益分配的一致意见,就需要社会正义原则进行调节。于是,就引出了必要的正义原

---

　　① 李焱:《罗尔斯〈正义论〉中的机会平等思想》,《哈尔滨师范大学社会科学学报》,2016 年第6 期。

则,以正义原则来恰当地划分利益的社会安排。换言之,人类社会的合作是基于人们的利益一致而采取的必要行为选择。社会合作是解决利益冲突的重要手段,合作中的利益冲突更加凸显了正义原则的必要性。正义论作为一种道德规范和社会行为选择理论,在公共政策制定过程中可以有更大的实践性和可操作性。

(二)正义原则是人类在罗尔斯假设原初状况中理想选择的结果

罗尔斯提出了正义产生的过程,认为正义原则是人类在原初状况中理想选择的结果。"为了得出某种正义概念",罗尔斯假设了一个"原初状况":有这样一群人,他们最初的行为选择都是为了满足自己的利益最大化,但他们都遇到了个体本身无法解决的障碍,他们也了解社会合作将扩大自己的利益,因此想联合为一个社会。他们想要得到想要的一切,但这又是不可能的,因为仅仅别人的存在就阻碍了他的目的。别人不会同意大家一起来增进他的利益。因此,他不得不采取相对折中的办法,要求他人都正当地行动,并承担起社会合作过程中应有的义务和责任,并不干涉和妨碍自己,但是他自己像不买票的乘客一样,任意免掉了自己这部分义务。然而别人还是不会同意这种联合的条件。那么这群人联合社会合作的基础条件究竟可以建立在什么样的原则上呢? 原初状态的设计就是为了解答这个问题。罗尔斯将其假设的"原初状态"视为一种理论层面的假设,而不是历史现实的写照。他认为,在"原初状况"下缔结正义原则必须符合权利平等、自由和一致采纳这两个条件。[①]

如何能保证达成正义的一致协议? 罗尔斯提出必须使"原初状况"具有

---

① 徐丹丹:《从理性到正义:罗尔斯正义论与功利主义的分野》,《江汉论坛》,2016 年第 1 期。

一定的本质特征,也就是用他的"无知之幕"的社会心理方法来消除原初状况。① "无知之幕"就是指所有的人都不知道自己在社会中的地位、社会身份、天赋、才能如何,也不知道他们的善的概念、心理倾向是什么,正义原则就是在这种"无知之幕"后面选出来的。罗尔斯对社会正义原则的假设最初是从理想的社会环境构思而来。这一理想的社会环境,罗尔斯称之为"正义的环境",它包括正义的主观环境和社会客观环境。正义的主观环境是指社会中的个体本身由内而发的欲望、需要、正义和理性。正义的社会客观环境是指人们生活中所依托的自然环境和现状,包括人们的身体体能、个体智力,以及联合社会合作所必须的依赖性等。以上内容确定了社会正义原则构建的可能且必要的基本条件。

(三)人的平等自由是第一位的

罗尔斯将自由平等权利、公平竞争的机会和财产视为人类的三种不可侵犯、不可剥夺的基本权利和利益。其中,其他两种权力都不可转让,只有第三种权利可以转让,即财产权。但是由于人们本身的种族、阶层、体能、智力等差异,现实中本就存在社会不平等状况,不同的人处于生活中的不同位置、层次,最后常常造成优者更优,劣者更劣的局面。② 罗尔斯认为,个体能力上的差异具有偶然性。但是如果以个体能力作为社会分配工作、职务和社会财富的标准,那么社会的财富在其初次分配完成时就会受到这种偶然因素的极大影响。以能力为机会的分配标准并不能排除自然和社会偶然的因素,容易导致"精英统治",使实际上的机会不平等越拉越大。因此,必须对其加以适当的限制。然而限制不是消灭或简单否定,而是进行合理地调

---

① 冯婉玲:《简论罗尔斯〈正义论〉中"原初状态"的设置》,《哲学研究》,2014 年第 10 期。
② 林龙:《对罗尔斯代际正义论的审查——兼论实现代际正义的最佳途径》,《广西社会科学》,2015 年第 6 期。

节。其基本方式是：首先，应该明确人的自由、平等的权利，这是保证每个个体在人格、尊严上平等的基本前提；其次，社会应该为每一个个体提供公平竞争的氛围和机会，以此促进个体通过自身努力缩小社会不平等之间的差距；最后，社会上的不平等现象不可能完全消失，但这种不平等应该是在社会全体成员可承受、可容忍的范畴之内。这就要求利用社会规则给处于劣势地位的每一个人带来利益，以平衡这种不平等。

在罗尔斯看来，每个人都将选择两个正义原则，第一原则是平等自由的原则，其内容是：每个人都拥有尽可能广泛的基本自由，它保证每个公民在同等程度上享有言论、出版、信仰、私有财产等权利。社会上没有人可以任意损害他人的自由和权力。第二个原则是机会的公正、平等原则，以及与个体差别原则的融合。其主要内容为：如果社会和经济利益方面的不平等是不可避免，而且是为社会发展所需要的，那么这些不平等至少应当满足下面两个限制条件：适合于最少受惠者即处于社会劣势地位者的最大利益，也就是差别原则；机会的公正、平等原则，即社会上的每一个人都公正、平等地享有各种工作机会、职务和地位。罗尔斯认为，社会不平等在道德上是不公正的。为此，正义论提倡要最有利于最不利者，而且机会完全自由地开放，没有歧视，没有封闭。罗尔斯将以上两个原则的"优先规则"称为"词典式序列"，每一个原则在满足之前都必须先满足其前面一个原则，即第一原则优先于第二原则，第二原则优先于第三原则。因此，罗尔斯倡导的正义的社会必须是充分保障每一个个体自由、平等权利的社会。正义论的创新更多地表现在正义的第二原则上，即用普遍可以接受的、可容忍的利益结果和机会均等来限定社会的不平等。

罗尔斯强调，民主的平等应该是社会机会向社会每一个人开放，无论社会个体的出身、种族、社会地位、体能、智力等究竟如何。① 差别原则承认社会个体在体能、智力、才干等方面的差异,以及由此产生的社会经济财富分配不均结果的存在,但不能由此漠视以上偶然因素引发的社会机会分配上的不平等现象。民主的平等承认人的先天能力的差异,但它要求解除各种束缚人们能力发展的社会限制,尽力消除造成人们才能差异的社会根源和环境。如何避免由于自然的不平等和社会偶然性可能造成的社会、经济的不平等呢? 罗尔斯提出两点:第一,在物质和精神财富的分配上使处境最不利的人都能得到好处,改善每个人的地位。第二,各种职务、职位在机会均等和合理的条件下对所有人开放,并且好的职位必须在合理的竞争中才能够获得。罗尔斯指出:"虽然财富和收入的分配不要求是均等的,但它必须是对每个人都有利,而且同时领导岗位和指挥的职务必须是所有人都可以得到的。"②

(四)要惠顾"处于社会最不利地位的人们"

罗尔斯认为,合作、效率和稳定三者是衡量社会正义与否的重要因素。罗尔斯并不一般地否定效率原则,但效率原则必须以公正原则为前提。③ 在社会财富或利益的分配中,必须首先求得公正,在公正平等的基础上再求得效率。因此,罗尔斯提出必须寻找一种既合乎正义原则又有效率的分配原则,这种原则就是"最低的最大限度"原则。罗尔斯的正义论总是关注最少得利者的利益和地位,并以此衡量社会是否公正。罗尔斯的理论反映了其对社会最少得利者的偏爱,反映了其想通过社会再分配或补偿机制使社会每一个成员都趋于平等的最初始的愿望。

---

① 吴忠民:《论机会平等》,《江海学刊》,2001 年第 2 期。
② 戴桂斌:《罗尔斯的正义原则述评》,《河南大学学报(社会科学版)》,1998 年第 3 期。
③ 吴忠民:《论机会平等》,《江海学刊》,2001 年第 2 期。

罗尔斯通过研究功利主义伦理学，针对其中的"最大多数人的最幸福原则"理论，提出了其正义论理论中的"最低的最大限度"这样一个新的概念。罗尔斯反对功利主义者漠视社会中的少数人的基本利益能否得到满足这一问题，认为社会应该在优先考虑最恶劣环境和最差情况下，再最大限度地实现个体的利益。"最低的最大限度"体现了罗尔斯对社会中最少得利者的最大考量。他认为，偏重"最大多数"而忽视少数，实际上是肯定了为最大多数人而牺牲少数人的利益，这损害了人的平等自由权利，违背了正义原则的本质要求。正义论的基本要求是：正义、合理的社会分配制度不应该以牺牲少部分人的权利和利益来满足、提高另一部分人的权利和利益。在社会竞争和社会资源分配过程中，应该首先保护弱势群体的利益。社会公平分配的衡量标准不应该取平均值或大多数人的基本情况，也不是少数具有优势的得利者，而应该取处于社会最不利地位群体的最大利益满足程度。它不仅能满足"对所有人都有利"的要求，而且也在满足优越者的同时，给最劣者带来较大的利益，"对处于最不利地位上的人最有利"。

罗尔斯不赞成霍布斯等人把人与人之间的关系描绘成自私贪婪的"豺狼关系"或"战争关系"，也不认为人的天性是利己自私的，因为每一个人的行为并不必然是以损伤他人为前提的。因为理性使人们懂得，任何人都别想从损害他人的行为中获得好处。同时，罗尔斯也不像卢梭那样信奉人生来平等，天性是仁爱为他的信条。罗尔斯认为从人的本性出发，人最初既不是自私自利的只为个人利益打算，也不是毫无保留只利他人，而应该是"互不偏涉"的。虽然社会个体的遗传、种族、出生环境、教育背景等差异一定程度上决定了个体之间是不平等的，①但要限制这种不平等，取消不平等的差

---

① 卫知唤：《异质的正义体系："基本善"与"可行能力"再比较——罗尔斯有效回应了阿玛蒂亚·森的批评吗?》，《社会科学辑刊》，2015 年第 4 期。

异或消除不平等的意识。罗尔斯认为第一种方式既不现实也不可能,只有第二种方式才有可能实现。因此,首先要消除人们的不平等意识。[1] 罗尔斯强调,由于各种因素的存在,在客观上,政府对社会资源的分配很难达到绝对公平状态。但根据正义论的原则,一个正义的社会或政府在社会资源分配和社会生产过程中应该尽最大能力满足处于社会最不利地位的弱势群体的最大权利和利益。

罗尔斯的正义论是理想主义精神和现实主义态度的统一。他既重视正义原则的制定和论证,更重视原则的应用和操作。罗尔斯还提出了一个正义的社会或政府应该在不侵犯个体自由、平等基本权利的前提下,尽最大努力兼顾社会大多数人群的需要,特别是社会最不利地位的弱势群体的需要。罗尔斯甚至主张将社会最低贫困人口的经济状况作为社会资源再分配的基准点或参照物。他还提出要尽可能缩小社会分配的差异或将不平等限制在"可容忍可接受"的范围内,主张保证社会机会均等和地位、职业选择的公开性、普遍性等。这反映了罗尔斯正义原则所包含的社会合理性因素。但他仍然没有超出其所处的历史时代和文化背景。正义论本质上只是对近代西方资产阶级价值观念的当代改造,从根本上来说,罗尔斯并没有脱离西方传统的以"自由、平等、博爱"为核心的价值观念体系的政治原则和理论精神。正义论没有从社会经济基础和所有制这一根基上进行更深刻彻底的反省,因而仍具有某种理想的平均主义和保守主义色彩。罗尔斯试图寻求一种既能确保个人平等的自由,又可以尽可能减少差别和贫富悬殊的政治道德途径。但其理论内在的矛盾又是无法解决的,这就是个人的绝对自由和完全平等在资本主义社会现实生活中是不可能同时达到的。[2] 所以他的正义论

---

① 周志发:《罗尔斯"正义论"的批判与重建》,《学术界》,2015 年第 1 期。
② 曹钦:《全球分配正义:罗尔斯主义的两种视角》,《东岳论丛》,2015 年第 4 期。

还只是一种不完善的政治道德理论。他对正义原则特别是分配原则的解释，又带有功利主义的倾向。所以诺齐克批评他只关注结果的分配，而不注意结果的由来。

二、罗尔斯的正义论对公共政策效果评价的启示

在罗尔斯看来，公平与正义是社会制度的首要价值。而中国语境中的"公平"一词在《现代汉语词典》中指"处理事情合情合理，不偏袒哪一方面"；公正指"公平正直，没有偏私"；平等指"人们在社会、政治、经济、法律等方面享有相等待遇"，"泛指地位相等"。① 在《辞海》中，公平作为一种道德要求和品质，指一定的社会标准（法律、道德、政策等）、正当的秩序、合理地待人处事，是制度、系统、重要活动的重要道德性质；公正指从一定原则和准则出发，对人们行为和作用所作的相应评价，也指一种平等的社会状况，即按同一原则和标准对待相同情况的人和事；平等作为政治概念，在不同的历史时期有不同的含义。② 上述概念解释与罗尔斯的正义论中提到的概念都具有伦理学意义。罗尔斯的正义论肯定了"正义是社会各种制度的首要美德"，正义的基本前提是"作为公平的正义"，其基本内核是指社会的每一个公民所享有的自由权利具有平等性和不可侵犯性，"然而人们本来的不平等状况如不同种族、阶层、能力等，必定会使他们在社会生活中处于不同的位置，优者更有利，劣者更受损"。

罗尔斯肯定了获得正义的基本方式：第一，保证社会成员个体自由平等的权利，以此保障每一个个体在人格和尊严上的平等；第二，为每一个社会

---

① 中国社会科学院语言研究所词典编辑室：《现代汉语词典》，商务印书馆，1983 年，第 451、425、999 页。

② 夏征农、陈至立：《辞海》（第 6 版），上海辞书出版社，2009 年，第 542、543、1289 页。

成员提供公平竞争的机会,促进社会成员自身努力对不平等地位的改善;第三,社会绝对平等是很难实现的,只有不断降低相对平等,将相对平等控制在社会成员所容忍的范围之内。以上方式要求社会制度应该给每一个社会成员,特别是弱势群体能够带来相应的利益。罗尔斯还提出,要尽可能缩小社会分配的差异或将不平等限制在"可容忍可接受"的范围内,主张保证社会机会均等和地位均等。

作为反映与体现公共制度安排的基本医疗保险制度,是建立在公平正义原则基础上,并结合中国经济与社会发展水平提出来的。基本医疗保险制度是社会保障体系的重要组成部分,是由政府制定、用人单位和职工共同参加的一种社会保险制度。它按照财政、用人单位和职工的承受能力来确定职工的基本医疗保障水平,具有广泛性、共济性等特点,其主要目的就是确保参保人得到基本医疗服务,解决参保人员看病贵、看病难等问题。各国社会医疗保险制度建设的初衷大多基于提高全体社会公民的生活水平和健康保障水平,因此社会医疗保险制度价值判断标准大多倾向于该制度能否为当地居民提供适当的医疗保障水平,该制度是否是一个惠民的、公平的制度体系。

改革开放以来,党和政府高度重视人民群众的医疗保障问题,不断完善医疗保障制度。20 世纪 90 年代,我国开始建立城镇职工基本医疗保险制度。2003 年,开始建立新型农村合作医疗制度。2007 年,开始建立城镇居民基本医疗保险制度。这三项医保制度在不同时期针对不同人群相继建立,在保障群众基本医疗、防止因病致贫等方面发挥了重要作用。然而这种体制分割、制度分设、经办分散的城乡二元结构也带来了不公平的问题。特别是城镇居民医保和新农合,筹资模式、缴费标准相近,享受待遇却有较大差别。

罗尔斯的正义论从社会的每一个公民所享有的自由权利具有平等性和

不可侵犯性角度，为我国基本医疗保险制度发展提供了理论支持。首先，公共政策的制定应尽可能缩小城乡间基本医疗保险差距；其次，应在不侵犯个人自由平等基本权利前提下，力求兼顾社会大多数人，特别是处于社会最不利地位的人的利益，甚至主张以处于社会最低贫困线的人的经济状况作为分配原则的参照点，以此不断提升我国城乡间基本医疗服务水平，使广大城乡居民有更多获得感。

城乡居民基本医疗保险公平性应达到起点公平、过程公平、结果公平。当前，和谐社会环境建设是我们党从新世纪我国社会发展基本特征出发提出的重大战略思想，社会公平能否得到满足是重点建设环节。但我国社会医疗保险制度建设过程中社会资源分配不公现象导致患者看病难、看病贵问题一直得不到解决。所以城乡居民基本医疗保险制度建设更应该注重社会公平，妥善协调社会医疗保险中各主体之间利益关系，建立与和谐社会相适应的社会医疗保险体制，使参保群体能够更好享受经济发展带来的社会福利。

2013 年 11 月，党的十八届三中全会提出整合城乡居民基本医疗保险制度。2015 年 12 月，中央全面深化改革领导小组第十九次会议审议通过《国务院关于整合城乡居民基本医疗保险制度的意见》。2016 年 1 月，《意见》正式印发。提出整合城镇居民基本医疗保险和新型农村合作医疗两项制度，建立统一的城乡居民基本医疗保险制度。《意见》明确提出了"六统一"的要求，即统一覆盖范围、统一筹资政策、统一保障待遇、统一医保目录、统一定点管理、统一基金管理，使保障更加公平。城乡居民医保整合后，报销就高不就低、用药就宽不就窄、定点医院就多不就少，给参保者带来了实实在在的好处。本次加快推动城乡基本医保整合，意味着城乡居民医保制度在整合后，城乡居民不再受城乡身份的限制，参加统一的城乡居民医保制度，按照统一的政策参保缴费和享受待遇，城乡居民能够更加公平地享有基本医疗保障权益。这一政策的核心在于"公平"二字,是推进医药疗卫生体制改革、实现城乡居民公平享有基本医疗保险权益、促进社会公平正义、增进人民福祉的重大举措,对促进城乡经济社会协调发展、全面建成小康社会具有重要意义。

2016 年,习近平在全国卫生与健康大会上发表了重要讲话,他提出"努力为人民群众提供全生命周期的卫生与健康服务""将健康融入所有政策""要坚持提高医疗卫生服务质量和水平,让全体人民公平获得"等如此坚定的表述,透出习近平对健康全覆盖的决心,即任何地区,无论老幼,普及健康生活没得商量,完善健康保障必须不留死角。城乡基本医疗保险制度的推进,着力改变基本医疗卫生资源配置不均衡的状况,切实解决人民群众"看病难""看病贵"的问题,契合了我们党促进社会公平正义的时代追求,反映了社会主义核心价值观的内在要求。

第二节　新公共服务理论与公共政策效果评价

一、新公共服务理论的主要观点

新公共服务理论(New Public Service Theory)是在反思与批判了传统公共行政、新公共管理等理论基础上,针对新公共管理理论的"企业家政府""顾客导向"等理论缺陷而提出的一种理论。

以美国著名公共行政学家罗伯特·B. 登哈特为代表的学者,在其代表作《新公共服务:服务而不是掌舵》中,系统地阐明了新公共服务的基本思想与理论,指出所谓新公共服务是指"关于治理体系中公共行政官员角色的一系列思想,而且这种治理体系将公民置于中心"。新公共服务针对新公共管理的"掌舵而非划桨"原则。① 新公共服务理论的核心在于促进公共服务的尊严和价值，以及重新确立以民主、公民权和公共利益为主的公共行政价值观，并重新确定公务员和公民之间的关系。登哈特夫妇(Janet Denhard & Robert Denhardt)提出，公共利益是新公共服务理论的最核心原则，公共利益是政府追求的目标，在政府服务中处于主导地位，因此公共行政官员一定要树立公共利益的观念。登哈特夫妇进一步比较与分析了传统公共行政理论、新公共管理理论、新公共服务理论三个理论的不同公共利益观。在传统公共行政理论看来，由于公共利益是由民选的政策制定者进行界定的，因此公共服务是一种价值中立的技术过程；在新公共管理理论看来，由于顾客个人为自己的利益负责，因此其他人的利益与己无关；在新公共服务理论看来，政府要鼓励公民超越短期的利益，愿意为邻里和社区承担个人的责任。

新公共服务理论有七个主要观点：政府既不是"掌舵"的，也不是"划桨"的，而是"服务"的；公共利益是目标而不是副产品；思想上要有战略性，行动上要有民主性；公务员是为公民服务的，而非为顾客服务；公务员的责任不仅仅是关注市场，而是要关注法律、价值观、规范、职业标准及公民利益；重视人，而非只注重生产率；公民权和公共服务比企业家精神更重要。② 新公共服务理论的观点具体包括：

第一，服务于公民，而不是服务于顾客。新公共服务理论的核心是公共服务，而公共服务与民主公民权的责任互相盘绕。因此，新公共服务理论认为，政府部门服务的对象是公民，而不是顾客。政府部门应更多地促进公共利益的最大化，实现民主价值和服务。新公共服务理论强调，公务员不应仅

---

① ［美］罗伯特·B.丹哈特、珍妮特·V.丹哈特：《新公共服务：服务而非掌舵》，刘俊生译，《中国行政管理》，2002 年第 10 期。

② ［美］珍妮特·V.登哈特、罗伯特·B.登哈特：《新公共服务：服务而不是掌舵》，丁煌译，中国人民大学出版社，2004 年，第 7 ~ 9 页。

仅关注"顾客"的需求,而应着重关注公民并且在公民之间建立信任和合作关系。[①]"公务员义不容辞的责任就是要能够建立和保护公平的标准和测量以及认识公共服务对公民的尊严和福利的影响。"从本质上说,为公共问题提供公平的解决方案不只是意味着要为所有人提供同样的服务,而且意味着要为那些更需要服务的人们提供更高层次的服务。新公共服务理论认为,"顾客满意"原则和"公民满意"原则截然不同。"公民满意"原则是"建立在公共利益的观念之上的,是建立在公共行政人员为公民服务并确实全心全意为他们服务之上的"[②]。政府必须关注公民的需求,为民服务。

第二,追求公共利益,公共利益是目的,而不是副产品。新公共服务理论重新肯定了公共利益在政府服务中的中心地位,社会愿景的核心就是广泛的公共对话。因为公共利益是共同利益进行对话的结果,因此行政官员正逐渐认识到,有许多东西要通过"倾听"而不是向公众"发号施令"。[③] 公共行政官员必须建立一种集体的、共同的公共利益观念,即要创立共同的利益和共同的责任。

第三,重视公民权胜过重视企业家精神。公共行政官员要重视人民和第三部门的作用与地位,管理者重新被定位为负责任的参与者而非企业家。为社会做出有益贡献的公务员和公民要比具有企业家精神的管理者能够更好地促进公共利益,因为后一种管理者的行为似乎表明公共资金就是他们自己的财产。行政官员应鼓励公民积极参与政策过程。行政官员负有倾听公民声音并对其话语作出回应的责任。

① [美]珍妮特·V.登哈特、罗伯特·B.登哈特:《新公共服务:服务而不是掌舵》,丁煌译,中国人民大学出版社,2004 年,第 42 页。

② [美]罗伯特·B.登哈特:《公共组织理论》(第三版),扶松茂、丁力译,中国人民大学出版社,2003 年,第 207 页。

③ [美]珍妮特·V.登哈特、罗伯特·B.登哈特:《新公共服务:服务而不是掌舵》,丁煌译,中国人民大学出版社,2004 年,第 1 页。

第四,无论是在政策形成过程中,还是在政策执行过程中,政府都是开放的且是可以接近的。满足公共需要的政策和项目可以通过集体努力和合作过程得到最有效并且最负责的实施。政府存在的理由就是要满足公民的需要。公民参与被视为民主政体中政策执行恰当且必要的组成部分,而其中执行的焦点是公民参与和社区建设。因此,政府应使各方共同公共利益的实现。

第五,承认责任并不简单,公务员更应该关注法律、价值、规范和公民利益。传统公共行政和新公共管理理论将责任简单化,对责任的强调远不如强调效率和经济。而新公共服务理论认为,公务员关注的不应仅仅是市场,还应关注法令和宪法、社区价值观、政治规范、职业标准及公民利益。虽然公共服务中责任极为复杂,但公共服务的责任不能简单化。公民权和公共利益处于新公共服务理论舞台的中心。公务员是一项社会需要的、富有挑战性的,并且有时是英勇的事业,它意味着要对他人负责,要坚持法律、坚持道德、坚持正义及坚持责任。

第六,政府的职能是"服务",而不是"掌舵"。传统公共行政理论认为,政府的职能是"划桨";新公共管理理论认为,政府的职能是"掌舵",而非"划桨";而新公共服务理论则提出,政府的职能是服务,而不是"掌舵"。政府不再直接提供公共服务,而是中介者和调停者。新公共服务理论认为政府是人民的政府,政府应为公民提供服务而不是掌舵;同时,公民参与公共服务提供,可以分担政府的责任。政府不仅仅在于"掌舵"、控制和引导新方向,而且要协助公民表达和实现公共利益。政府的职能更多地应该强调建立具有完整性和回应性的公共机构。对于公务员来说,越来越重要的是利用基于价值的共同领导,来帮助公民明确表达和满足他们的共同利益,而不是试图控制或掌控社会新的发展方向。公共行政官员是为公民服务的仆人,公共行政官员的权力必须服务于权力行使者的利益,既要服务于领导者的利益又要服务于追随者的利益。①

第七,重视人而不只是重视生产率。传统公共行政理论强调利用控制实现高效率;新公共管理理论强调利用激励实现生产率;新公共服务理论则强调对人的尊重和价值,以共同参与和分享领导权提高组织的生产力。新公共服务强调的是通过人进行管理的重要性。参与和包容的方法是建立公民意识、责任意识和信任的最好办法,而且可以促进公共利益中服务的价值。未来的公共服务将是以公民对话协商和公共利益为基础,三者紧密结合在一起。

新公共服务理论是对传统行政价值观与新公共管理理论的一种扬弃,在英、美、澳大利亚等国家掀起了一波改革政府的高潮。新公共服务理论的基础是"公共服务",将公民置于政府治理体系的中心,推崇服务精神,强调民主协商,凸显公民权利,认为行政官员比企业家能更好地整合和表达公共利益,致力于为社会做出有益贡献。官员与公务员是为公共利益服务的,必须尊重公民权。新公共服务理论更多的关注公民权、公民参与,关注回应性和公共利益及尊严等一系列价值层面的目标。但正因如此,新公共服务理论同样也存在一些缺陷:其一,新公共服务理论强调的是公民权、权力共享、公共利益、公民参与、尊严等诸多行政价值,过于繁琐,甚至有的互相矛盾。其二,新公共服务理论过于强调行政价值观,以致忽视了效率等,必然会影响公民需求满足的程度与时效性。其三,新公共服务理论虽然是一种创新,但与新公共管理理论相比,各有所长,不能完全代替新公共管理理论。尤其是在操作性和实践性方面,新公共服务理论没有具体的实施方式和手段,在实践中还缺乏一定的可操作性。新公共服务是一种假说而非理论,其对企

---

① [美]珍妮特·V.登哈特、罗伯特·B.登哈特:《新公共服务:服务而不是掌舵》,丁煌译,中国人民大学出版社,2004年,第142页。

业家政府理论的批判大多有失公允并难以成文。[①]

二、新公共服务理论对公共政策效果评价的启示

新公共服务理论强调政府既不是"掌舵"的,也不是"划桨"的,而是"服务"的,认为政府是人民的政府,政府应为公民提供服务而不是"掌舵";同时,公民参与公共服务提供可以分担政府的责任。根据新公共服务理论,公共政策的制定更多地关注公民权、公民参与,关注回应性和公共利益及尊严等一系列价值层面的目标。

公共利益是目的,而不是副产品。政府存在的理由就是要满足公民的需要。我国推进城乡居民基本医疗保险制度,重点目的一是提高基本医保基金统筹层次,加强基金共济能力,提高基金使用效率,保障基金安全平稳运行,消除地区间差距;二是提高参保人员医疗保障水平,着力解决困难群体因病致贫、因病返贫等问题。从目前已经推行城乡居民医保制度的省份来看,基本推行的是"目录就宽不就窄、待遇就高不就低"的原则,这意味着整合后,百姓可享受的基本医疗"服务包"可以向较高的标准看齐,其中包括医保报销的范围扩大和医保用药范围的扩大。城乡居民基本医疗保险制度的构建,努力解决人民日益增长的健康生活需要和卫生健康事业发展不平衡不充分之间的矛盾,全面贯彻落实习近平提出的以"全生命周期"为着眼点,切实保障人民健康权益,着力优化健康服务,不断提高人民健康水平,是确保实现到 2020 年人人享有基本医疗卫生服务目标的具体体现。

城乡居民基本医疗保险已经实现了全覆盖。随着统筹层次的提高,城乡居民基本医疗保险参保人数范围也会相应扩大。城乡居民基本医疗保险

---

① 周义程:《新公共服务理论批判》,《公共行政》,2006 年第 12 期。

参保对象不仅包括全体农村居民,还包括不具备领取城镇企业职工基本养老保险金资格的城镇老年居民,城镇非从业居民男不满 60 周岁、女不满 50 周岁未就业、灵活就业,并且尚未参加基本医保的成年居民,学生儿童(包括在本市各类学校、托幼机构就读的全日制非在职在校学生、儿童;包括在外省市学校、托幼机构就读,具有本市户籍的学生、儿童)及具有本市户籍的其他未成年人(包括新生婴儿)。按照"应保尽保"的原则,截至 2019 年 8 月底,中国城乡居民医保参保人数超过 10.2 亿人,覆盖人数占总人口的 95%,全民医保的制度框架已经建立,并已形成全世界最大的医保网。城乡居民基本医疗保险正是在经济、社会发展的基础上,正确把握老百姓需求变化;在政府主导下,尽可能使绝大多数人受益,为儿童、孕产妇、老年人等群体提供基本公共服务,最大限度保障这些群体的健康生活,体现了中国政府以人民为中心的政策理念。[①]

公共利益是新公共服务理论的最核心原则,公共利益是政府追求的目标。在实现"全民医保"发展目标面前,城乡居民基本医疗保险保障水平如何,以及随着社会保障事业的推进,是否存在制约其保障水平提高的因素,这些都有待于进一步研究。习近平指出,当前医药卫生体制改革已进入深水区,到了啃硬骨头的攻坚期,要围绕重要领域和关键环节,力争在基础性、关联性、标志性改革上取得新突破。在政府服务中,公共行政官员一定要树立公共利益的观念,要正视在现阶段我国城乡二元结构差异基础上,对城乡、区域公共服务供给的不均衡进行调整,使广大农村居民在共享发展过程中能够均等地享受政府提供的基本医疗服务水平。制度整合后,实行一体化的经办服务管理,强化定点服务协议管理,消除城乡制度分设、管理分割、资源分散等障碍,打破城乡二元化结构,根据各地的基本情况重新配置卫生

---

① 邱霈恩:《加快基本公共服务均等化的步伐》,《人民日报》,2007 年 3 月 28 日。

资源,加强支付制度改革、加强医疗服务监管,保证城乡居民都享受同等的基本医疗服务。

第三节　公共财政理论与公共政策效果评价

公共财政理论研究起源于亚当·斯密的廉价政府论、凯恩斯的政府干预论、布坎南的公共选择学派理论。德国现代财政学家,被称为"现代财政学之父"的理查德·阿贝尔·马斯格雷夫(Richard Abel Musgrave)在上述学者研究基础上,逐渐提出了比较成熟的公共财政理论。

一、公共财政理论的主要流派

(一)亚当·斯密的廉价政府论

1776 年,亚当·斯密在《国富论》中提出了"廉价政府论"的观点。[1] 亚当·斯密认为,政府的主要任务包括提高社会分工、增加国家资本数量及改善国家资本用途。政府的主要义务是保护国家不受侵犯,保护国家中的每一个公民不受他人侵犯,建设并维持国家公共事业运转及公共设施的完善。政府应该像"守夜人"那样,阻止其他国家对本国的侵略及维持国内社会治安和稳定,进而亚当·斯密提出了廉价政府论。在亚当·斯密看来,廉价政府是政府财政应该追求的最高目标。[2] 政府税收应该遵循"公平、确定、简便和征收费用最小"的四个基本原则,保证政府财政支出方面的节约和量入

---

[1]　[英]亚当·斯密:《政治经济学研究》,郭大力、王亚南译,译林出版社,2011 年,第 32、38 页。
[2]　[英]亚当·斯密:《政治经济学研究》,王乐译,天津人民出版社,2016 年,第 43、47 页。

为出。

(二)凯恩斯的政府干预论

20 世纪 30 年代,随着世界经济危机的爆发,亚当·斯密的自由市场经济理论和廉价政府论在盛行一百多年后逐渐失去了作用,凯恩斯的政府经济干预理论逐渐兴起,且被西方统治者所推崇。凯恩斯的政府干预论主要观点如下:一是自由市场经济制度有其自身优点,具有一定的有效性,如能保证社会成员自由,能激发社会成员的活性和创造性。但该制度也有缺点,如会导致社会有效需求不足,且这种不足只能通过扩大政府功能才能弥补,才能保证市场经济正常运行。二是政府如果不进行市场干预,社会有效需求不足的现状不会自主消失,反而会造成失业和经济危机的爆发。① 凯恩斯强调,应加大政府干预经济的力量,加大政府财政支出可促进社会有效需求的形成,换句话说,在当时的环境下,适当的政府财政赤字具有一定的经济合理性。三是凯恩斯通过财政赤字模型论证了增加政府投资可成倍扩大社会总需求,并主张通过政府财政赤字肩负起直接投资之责,以缓解经济危机和公民失业现状。凯恩斯的财政理论解决了当时政府面临的困境,并且产生了很大效果。凯恩斯的政府财政干预理论影响至 20 世纪 70 年代。

(三)布坎南的公共选择学派理论

20 世纪 70 年代,西方资本主义国家经济发展出现"滞涨"现象,政府财政赤字与日俱增,政府经济福利政策失效,社会经济发展停滞。布坎南等人创立公共选择理论,目的在于克服政府干预的局限和缺陷。② "政府的失败"

---

① 李瑞芝:《"市场失灵"、"政府失灵"论与社会拟市场经济》,《经济评论》,1995 年第 3 期。
② [美]詹姆斯·M.布坎南:《公共物品的需求与供给》,马珺译,上海人民出版社,2017 年,第 42、46 页。

是公共选择理论的研究重点,分析政府行为的效率及寻找使政府最有效率工作的规则制约体系,是公共选择理论的最高目标。布坎南的公共选择学派理论主要观点如下:一是过分依赖政府干预的结果可能是不如人意的,因为政府干预和自由市场机制一样有其局限性。二是政府失灵的原因应该归纳为缺乏竞争机制、缺乏降低成本的激励机制、政府机构的自我膨胀、监督信息不完备和政府的寻租行为。因此,要对政府干预进行补救,应该从创立一种新政治技术,提高社会透明程度、在公共部门恢复自由竞争,改善官僚体制的运转效率、改革赋税,约束政府权力等方面做起。三是根据公共服务的类型,有些公共服务可以由社会组织提供。将公共服务与社会组织按照其分类进行合理匹配。私营企业、非盈利机构等社会组织都可以提供公共服务。而且在一定层面上,对于某一类特定的公共服务,某一类社会组织可能比其他组织做得更好。据此,可一定程度上摆脱对政府组织的过分依赖。四是社会经济发展可以由市场经济选择,包括公共部门之间也应该通过竞争,让社会公民通过对服务机构服务质量选择来决定一个公共机构的存亡。

(四)马斯格雷夫的公共财政理论

德国的马斯格雷夫在20世纪六七十年代详细论述了政府财政职能的三种功能:充分就业条件下的经济稳定、收入分配和社会资源再配置。其公共财政理论观点主要包括:一是政府财政政策是保证社会总供求平衡的重要方式。当社会总需求超过社会总供给时,应该实施紧缩型财政政策,通过减少支出和增加税收两种方式,扩大社会总供给;当社会总需求低于社会总供给时,应该实施适度放松型财政政策,通过增加支出和减少税收两种方式,扩大社会总需求。二是政府财政政策应该构建累进税制度、失业救济金制度等,通过这些制度起到"自动"稳定经济的作用。三是通过政府财政投资、补贴和税收等多方法共用,推动国家公共基础设施的发展。四是通过财政政策保障非生产性的社会需要,促进社会经济和平稳定。

二、公共财政理论对公共政策效果评价的启示

一是公共财政是一个国家或政府集中一部分社会资源为社会提供公共产品或服务,以满足社会成员需要的收入再分配方式或经济行为。公共财政是政府部门管理社会、服务社会成员的物质基础和制度安排。公共财政通过社会收入分配等措施缩小、缓解城乡之间、不同区域、不同群体之间的差距,因此公共财政具有"公共性"的重要特征。通过扩大公共财政覆盖面这一制度安排,可提高全体社会成员共享经济、社会发展成果。[①] 2016 年,习近平在全国卫生与健康大会上强调:"要把人民健康放在优先发展的战略地位。"优先发展,就是要把发展卫生健康事业纳入"五位一体"总体布局和"四个全面"战略布局之中,把健康优先体现在经济社会发展全过程,在发展规划中突出健康目标,在公共政策制定中向健康倾斜,在财政投入上保障健康需求。改革开放使我们国家发生了翻天覆地的巨大变化,中国医疗卫生体制也在改革中不断破浪前行,进行了深入的实践与探索。但我国的医疗保险制度自建立之初就呈现出碎片化特征,区域化、群体化划分明显,很难兼顾公平。因此,公共财政有必要向医疗保险制度改革倾斜,缓解城乡差距、区域差距和群体差距,以彰显公共财政向社会提供公共产品或服务的核心价值。

中国卫生效率和公平问题的根源不在于缺少公共资金,而在于缺少社会公正的价值观和有效的政府管理。目前,我国 80% 的医疗卫生资源集中在城市,而城市中 80% 的医疗卫生资源集中在大医院。不少城市医院楼越

---

① 安体富:《论我国公共财政的构建》,《财政研究》,1999 年第 6 期。

盖越高,床位越来越多,设备越来越精,而一些农村和社区基层医疗机构的发展却严重滞后。如果不扭转这一局面,就会背离"穷人的经济学"。从我国的经济承受能力来看,让所有人都享受到最高水平的医疗服务是不现实的,我们必须按照科学发展观的要求,合理配置卫生资源,实现城乡之间、地区之间、大中小医疗机构的协调发展,逐步缩小医疗卫生服务差距,力争使广大群众都能享受到基本医疗服务。在任何时候,卫生事业都不能偏离为大多数人服务的方向,都要承担起维护公民健康权益的责任。只有这样,才能使医疗保障的阳光照耀到每一个角落,从而实现"病者有其医"。

二是公共财政本质上应该是市场经济财政。公共财政是为了弥补市场失效的国家财政,公共财政的公共经济属性是其核心。市场经济与计划经济的政府财政原理有着本质区别,建立社会主义市场经济体制,就是要使市场在国家宏观调控下对资源配置起基础性作用。在市场经济体制下,社会资源和生产要素的重新组合一般都是通过市场机制来解决的,政府只在"市场失灵"的领域才介入。因而,市场机制客观决定了政府财政的职能范围。西方市场经济国家将弥补市场缺陷的政府财政一般称为"公共财政",我们国家称之为"市场财政"。[1] 健康是国民的基本权益,满足最大多数人的基本医疗需求是政府的重要职责。多层次的医疗保障体系在我国逐步构建,但是医疗保障体系的覆盖面还有待提升。在城乡医疗保险统筹前,我国绝大多数农民和进城务工人员、城市下岗职工、失业人员、低保人员没有医疗保障,很多人由于经济条件所限,应就诊而不就诊,应住院而不住院,结果"小病磨,大病拖",酿成很多悲剧。这些弱势群体成为医疗保障被"遗忘的角落"。城乡居民医保政策是一项居民个人缴费少,财政补助多的利国利民好政策,是满足城乡居民基本医疗需求的一项国家制度安排,体现着社会公

---

[1]　张馨:《公共财政论纲》,北京经济科学出版社,1999 年,第 15～16 页。

平,也促进着社会和谐。特别是部分省市城乡居民医保在推进过程中,按照"应保尽保"的原则,在无偿为贫困群众缴纳医保费用的基础上,关注在校学生、外出务工人员、灵活就业人员等重点人群。突出予民所需,使真正生病的、有困难的人群得到帮助,筑牢人民的医疗保障"安全网",持续提高人民群众的获得感、幸福感,体现了公共财政的兜底特性,弥补了市场经济的缺陷。

三是公共财政是国家为满足社会公共需要而进行的社会集中性分配。我国实行分级财政体制,这样一种税种划分优势在于便于中央政府宏观调控的实施,即运用倾斜性财政政策,将公共财政由基本公共服务发达地区向落后地区转移,协调区域间由于财政差距导致的基本公共服务不平衡问题。在事权和财政支出责任划分上,地方政府主要处理辖区内具体事务,对辖区居民需求掌握更准确,其提供基本公共服务的效率更高。根据国家医疗保障局印发的《关于做好2019年城乡居民基本医疗保障工作的通知》,国家每年都会对城乡居民基本医疗保险筹资标准、报销比例、范围等作出明确规定。同时,要求各统筹地区要科学合理确定具体筹资标准并划分政府和个人分担比例,重点聚焦深度贫困地区和因病因残致贫返贫等特殊贫困人口,完善大病保险对贫困人口降低起付线,提高支付比例和封顶线等倾斜支付政策。但随着消费价格指数自然增长,以及新医药新技术的广泛应用,医疗费用逐年快速增长,各地区城乡居民医保筹资标准需合理调增,以支撑制度功能长期稳定发挥。

第四节　福利经济学理论与公共政策效果评价

20世纪初,福利经济学理论在英国得到发展,并经历了旧福利经济学和新福利经济学两个发展阶段。前者代表人物是英国的庇古,其在 1920 年出版的《福利经济学》第一次系统地论证了整个经济体系实现经济福利最大值的可能性;后者代表人物是意大利的帕累托,其考察了"集合体的效用极大化"问题,提出了"帕累托最适度条件"。

一、福利经济学理论的主要流派

(一)边沁的功利主义原则

18 世纪末,英国经济学家、哲学家边沁提出了功利主义原则,并在其著作《道德和立法原理导论》中对功利主义理论进行了阐述。① 边沁认为,人生的目的就是为了使自己获得最大幸福,增加幸福总量。边沁的功利主义原则奠定了福利经济学的基础。

边沁的功利主义原则有两个基本前提:一是功利原理或最大幸福原理。社会成员行为的准则往往以是否增加幸福为标准。社会个人行为选择或政府的政策措施都会受这一原理影响。社会是由每一个个体组成的集体,每一个个体都是社会不可或缺的重要组成部分。社会集体的幸福是社会中的每一个个体幸福累计的总和,并且以大多数个体的最大幸福来衡量。因此,如果一项政策增加最大多数人的幸福的倾向大于减少的倾向,则这项政策符合功利原理。二是自利选择原理。每一个个体是他自身幸福、快乐、痛苦的最好判断者。在理性人假设下,每一个个体都会追求自己的最大幸福,特别是在各种社会活动中,对于能给自己最大幸福带来最高贡献的选择,就是个体权力追求的目标,而不论这个选择会给自己以外的社会全体幸福带来什么样的后果。按照功利原理和自利选择原理,边沁认为,在社会经济活动

---

① ［英］边沁:《道德和立法原理导论》,时殷弘译,商务印书馆,2012 年,第 2 页。

中,国家的职能表达应该以个体的活动自由为原则,并仅限于保护社会个体的自由和财产安全,而对其他活动不做过多干涉。因此,放任自由式的经济政策可能更能满足当时社会发展的需要,最终达到社会生产最大化,收入分配均等化,社会整体幸福最大化。

(二)庇古的旧福利经济理论

20世纪20年代,庇古将如何增进一个国家或世界经济福利作为其理论研究对象。在庇古看来,福利是社会成员所感受到的心理满足。庇古将福利划分为社会福利和经济福利两部分,强调经济福利是能够用货币衡量的部分。庇古的福利理论奠定了福利经济学发展的基础。由于后期福利经济理论的发展,因此庇古的福利理论被称为旧福利经济学。

庇古的福利理论有两个基本福利命题:一是国民收入与社会经济福利正相关。前者总量越大,后者福利就越大。二是国民收入分配均等化程度越高,经济福利就越大。① 庇古指出,一个国家经济福利的整体程度取决于这个国民收入总量和国民收入在社会成员之间的分配情况。② 增加经济福利的两个重要途径是增加生产过程中的国民收入总量,解决国民收入分配不均等问题。庇古的第一个基本福利命题重点研究的是社会生产资源配置最优的问题。庇古指出,社会产量与国民收入总量存在正相关关系。要增加社会产量,必须依赖于社会生产资源的最优配置。而增加一个单位生产要素所获得的纯产品,从社会角度衡量和从个人角度衡量并不经常相等。③当边际社会纯产品大于边际私人纯产品时,国家应当通过补贴扩大生产;当

---

① [英]A.C.庇古:《福利经济学》,朱泱、张胜纪、吴良建译,商务印书馆,2006年,第88~89页。
② [美]戴安娜·M.迪尼托:《社会福利:政治与公共政策》,杨伟民译,中国人民大学出版社,2016年,第78~79页。
③ [英]庇古:《福利经济学》,金镝译,华夏出版社,2013年,第92、95页。

边际社会纯产品小于边际私人纯产品时,国家应当通过征税缩小生产。当每一种生产要素在其用途的边际社会纯产品都相等时,社会生产资源才能达到最优配置。庇古认为,自由竞争是经济福利可以达到最大化的重要前提。要使边际社会纯产品效能等同于边际私人纯产品,必须通过自由竞争,只有这样才能有效促进社会经济福利极大化。①

庇古的第二个基本福利命题重点研究收入分配均等化的问题。他认为,要增大社会经济福利,必须实现国民收入均等化。庇古强调,根据边际效用递减规律,货币的边际效用对于高收入者来说,要小于低收入者的货币边际效用。② 因此,国家应该通过累进所得税政策,把从富人那里征得的税收收入用来增加社会福利设施建设,供社会公民使用。庇古认为,通过以上方式实现的"将富人的一部分钱向穷人转移"所产生的"收入均等化",可以间接促进社会经济福利最大化。

(三)新福利经济理论

20 世纪 30 年代,庇古的福利经济学理论受到了罗宾斯的批判。此后,N. 卡尔多、J. R. 希克斯、A. P. 勒纳等在帕累托理论基础上,对庇古的福利经济学进行了批判,开始致力于将交换和生产的最优条件作为福利经济学研究的重点,③形成了新福利经济学流派。

新福利经济学根据帕累托最优状态和效用序数论提出了自己的福利命题:一是个人是他本人的福利的最好判断者;二是社会福利取决于社会中每一个成员个体的福利;三是在整个社会中,如果至少有一个社会成员的境况得到了改善,而没有其他社会成员的境况变坏,那么整个社会的福利状况应

---

① 马旭东、史岩:《福利经济学:缘起、发展与解构》,《经济问题》,2018 年第 2 期。
② 李特尔:《福利经济学评述》,商务印书馆,2014 年,第 36~37 页。
③ 李特尔:《福利经济学评述》,商务印书馆,2014 年,第 55~58 页。

该是变好了。① 在以上福利命题中,前两个命题是为了回避收入分配问题而设置的;后一个命题则将垄断资产阶级福利的增进说成是社会福利的增进。

新福利经济学理论的提出建立在两个基本原则之上:一是边际替代率效用递减理论。边际代替率是指消费者在保持某一固定的满足水平时,每增加一种商品的单位数量所必须减少的另一种商品的单位数量。新福利经济学认为,当整个社会交换的最优条件和生产的最优条件都同时得到满足时,也就是当整个社会的交换和生产都最有效率,都达到最优状态时,整个社会就达到最优状态,就达到最大社会福利。② 二是补偿原则。新福利经济学家认为,帕累托的最优状态不利于用来为资本主义辩解。为了扩大帕累托最优条件的适用性,一些新福利经济学家致力于研究福利标准和补偿原则。

(四)社会福利函数理论

新福利经济理论没有将实证问题和规范问题、效率问题和公平问题分开,这点成为了社会福利函数理论批判其的关键。20 世纪 40 年代,萨缪尔森等人在对新福利经济理论进行批判的基础上,利用社会福利函数拓展了福利经济理论研究的范畴,形成了福利经济学的社会福利函数理论。③ 该理论的主要观点包括:

一是萨缪尔森等人认为,社会整体福利是社会所有成员购买的商品和提供的要素及其他变量的函数,这些变量包括社会所有成员或家庭消费的所有商品的数量,所有社会成员从事的每一种劳动的数量,所有资本投入的

---

① [英]A.C.庇古:《福利经济学》,朱泱、张胜纪、吴良健译,商务印书馆,2006 年,第 92、95 页。
② 谭军、孙月平:《应用福利经济学》,经济管理出版社,2016 年,第 23、25 页。
③ 中国社会工作教育协会、钱宁编:《现代社会福利思想》(第 2 版),高等教育出版社,2013 年,第 56~57 页。

数量,等等。二是帕累托最优状态不是一个,而是有许多个。帕累托没有明确哪一种状态下社会福利是最优的。他认为,达到社会福利最优状态必须至少需要三个条件:一是交换的最优,二是生产的最优,三是社会福利能够在社会成员之间进行合理分配。特别是第三个条件,必须得到满足。[①] 三是社会经济效率是福利最大化的必要条件,而收入分配合理却是福利最大化的充分条件。社会福利函数论者根据社会无差异曲线和效用可能性曲线的切点,推断出了社会福利最大化的存在。

二、福利经济学理论对公共政策效果评价的启示

福利经济学强调社会整体福利,希望通过社会生产资源配置最优和收入分配的均等化,达到社会福利最大化的目标。如庇古的旧福利理论认为,国民收入与社会福利正相关。国民经济收入总量越大,社会福利就越大,国民收入分配均等化程度就越高,社会福利也就越大。新福利理论研究者提出了福利标准和福利补偿原则,并对交换和生产的帕累托最优状态进行研究,得出了社会经济效率是福利最大化的必要条件,而收入分配合理却是福利最大化的充分条件的结论。

福利经济学作为现代经济学新的研究视角,为社会保障领域问题研究提供了可靠的理论基础和依据。福利经济学研究重点在于通过社会资源配置提高社会经济发展效率,通过收入分配实现社会发展公平,从而达到社会福利最大化。在我国,城乡居民基本医疗保险受益群体以农村居民和城镇居民为主,这部分群体收入较低,医疗负担较重,国家通过个人缴纳和政府

---

① 欧阳葵、王国成:《社会福利函数的存在性与唯一性——兼论其在收入分配中的应用》,《数量经济技术经济研究》,2013 年第 2 期。

高额补贴的形式强制这部分群体参保。在福利经济学和新福利经济学理论指导下,为提高城乡居民医疗保障水平,政府可以采用国家经济干预措施实施社会资源重新分配,使收入在富人和穷困居民之间进行转移,以增进社会整体福利。我国是一个社会主义国家,人民当家作主的政治制度、生产资料公有制为主体的经济制度、社会化的生产力,以及在生产力提高的基础上不断满足人民群众物质文化生活需要的社会主义生产目的,决定了我国医疗保险必然具有福利性质。我国现在正处于社会主义初级阶段,由于受到社会经济发展水平等客观条件的限制,医疗保险的福利性还存在某些局限。但是随着我国国民经济和社会的发展,医疗保险制度的逐步完善,其福利性将日益充分显现,这正是社会主义制度优越性之所在。

城乡居民基本医疗保险构建的基本原则是低水平、广覆盖。因此,医疗保险的保障度是不能完全满足个人需求的,基本医疗保障只能是低水平的"保"而不是"包","保"只是一个基本的保障,超出部分主要应通过商业保险解决。在制度统一的过程中,要巩固城乡居民医保覆盖面,确保参保率不低于现有水平,参保连续稳定,做到应保尽保;完善新生儿、儿童、学生及进城务工人员等人群参保登记及缴费办法,避免重复参保;已有其他医疗保障制度安排的,不纳入城乡居民医保覆盖范围;妥善处理特殊问题、特殊政策,做好制度统一前后政策衔接,稳定待遇预期,防止泛福利化倾向。

城乡居民基本医疗保险筹资和待遇调整机制是全民医保制度建设的一项基础性制度安排,将逐步建立与经济社会发展水平、各方承受能力相适应的基本医保稳定可持续筹资机制,建立个人缴费标准与居民收入相挂钩的动态调整机制,明确待遇确定和调整的政策权限、调整依据和决策程序,使筹资标准、保障水平与经济发展水平相适应,待遇调整与筹资水平相适应。同时,积极推进医保省级统筹,按照分级管理、责任共担、统筹调剂、预算考核的思路,建立医保基金调剂平衡机制,增加医保基金共济能力,防范基金运行风险。

第五节　社会冲突论与公共政策效果评价

社会冲突理论的萌芽起源于 20 世纪之前,主要包括马克思的冲突理论和韦伯的冲突理论。作为社会冲突理论的开拓者,马克思在其《共产党宣言》中重点强调,冲突是社会的普遍现象,[①]人类社会发展的历史就是一部阶级斗争的历史。[②] 马克思认为,一定程度上,阶级冲突推动了历史的发展,也体现了社会发展的历史规律。[③] 而韦伯反对以经济基础作为决定社会结构和社会生活唯一条件,认为宗教、教育和政治党派与经济因素具有同样的作用。韦伯认为划分阶级的标准并不是唯一的,如财富、声望、权力等都可以作为阶级划分的要素,而非是否占有生产资料。[④] 当社会中的财富、声望、权力分配趋于相同时,阶级对立和阶级冲突会被加剧。当社会中的财富、声望、权力分配达到极端不平等时,阶级冲突发生的可能性会极大增加。在韦伯看来,当社会中的阶级流动难以实现时,阶级冲突发生的程度便会加剧。

20 世纪 40 年代中后期,结构功能主义被理论界所推崇。以 T. 帕森斯为代表的结构功能主义更加突出了社会成员价值观和价值取向对社会秩序稳定的重要作用,同时将社会冲突看作社会不稳定的重要影响因素,并努力探索消除社会冲突的有效机制。20 世纪 50 年代,在第二次世界大战之后,世

---

① 中共中央马克思恩格斯列宁斯大林编:《马克思恩格斯选集》(第 4 卷),人民出版社,1995年,第 20~25 页。

② 中共中央马克思恩格斯列宁斯大林编:《马克思恩格斯选集》(第 4 卷),人民出版社,1995年,第 122~124 页。

③ 刘雨、石镇平:《科学认识马克思的阶级斗争理论和阶级分析方法》,《延安大学学报(社会科学版)》,2018 年第 1 期。

④ 李强:《社会分层十讲》(第二版),社会科学文献出版社,2011 年。

界冲突不断激增。20世纪60年代,一些社会学家开始批判结构功能主义的片面性,重视马克思、韦伯等人的社会冲突理论的作用,并以此为理论基础解释社会冲突对社会的影响及引发的社会变迁,形成了社会冲突理论,并渗透到社会学各分支学科。社会冲突理论的代表人物主要有科塞、达伦多夫等,其研究重点是社会冲突的起因、形式、制约因素及影响,强调了社会冲突对社会巩固和社会发展的正面促进作用。

一、社会冲突理论的主要流派

(一)科塞的功能冲突论

刘易斯·科塞(Lewis Coser,1913—2003),德国社会学家,曾担任美国社会学会主席,任该执委10年。科塞的功能冲突理论是在对"社会冲突的功能"进行研究的基础上展开的。科塞将社会冲突定义为:社会冲突起源于价值观、信仰及稀少的地位、权力和资源分配,社会冲突的目的在于一方中和、伤害或消除另一方。

科塞将社会冲突分为四种类型:一是现实性冲突和非现实性冲突。科塞认为,现实冲突是为了实现某种目标所采取的手段,非现实冲突是目的。例如,工人为了拿到更多工资爆发的罢工行为是现实冲突,工人为了释放紧张情绪而产生的冲突为非现实冲突。二是亲密关系的冲突。在亲密关系中,科塞认为,关系越亲密的成员之间,感情投入越多,则越倾向于压抑敌对情感。当敌对情绪积累到一定程度时,一旦爆发就可能非常激烈。三是内群体冲突与外群体冲突。内群体冲突指群体内部成员之间的冲突,外群体冲突指的是群体之间的冲突。四是意识形态的冲突。意识形态冲突则是以集体目标为动机而产生的冲突。

同时,科塞将社会冲突的根源分为物质因素和非物质因素。物质因素即指社会上稀少的地位、权力和资源分配问题;非物质因素指的是个体价值观和信仰不一致问题。人们对物质分配不均产生的失望、不满情绪等是非物质因素。而科塞更加注重非物质因素在社会冲突中的作用。科塞认为,现实中的社会分配体系往往是不公平的,而这样的分配体系合法性的消解是引发社会冲突的重要前提。面对社会稀缺资源分配体系不平等问题,人们首先会质疑这种分配体系是否合理,其次会迅速发展为对分配体系合法性的质疑。当人们的相对剥夺感日益增强,而社会又缺乏疏通不满情绪的渠道时,社会冲突发生的可能性就会加大。而社会冲突的根源是人的本性。因为人的本性中与生俱来就潜在着敌对性和侵略性。[①] 因此,在科塞看来,社会冲突起源于人们对社会报酬分配不均,但最终以社会分配体系合法性的消解为导火索而爆发。

科塞认为,冲突具有正功能。对于不涉及核心价值观的群体内部冲突,其对社会结构发挥积极功能,否则,可能引发社会结构的瓦解;对于外群体之间的冲突,一方面可能增强群体内部的团结和整合,但另一方面可能导致缺乏内部团结的群体的瓦解。科塞的冲突理论的突出贡献在于提出了"安全阀理论"。科塞认为,"安全阀"可以被视为一个社会安全运行的调控机制。在科塞看来,一个社会内部敌对情绪并不完全等同于社会冲突。如果人们的敌对情绪能够通过恰当的渠道得到排解和发泄,社会冲突可能就不会发生。就像锅炉里过量的蒸汽通过安全阀适时排出能避免锅炉爆炸一样。科塞强调,越是僵化的社会结构,安全阀机制就越重要,政府应该促进安全阀机制的制度化,并通过合法的、制度化的社会运行安全机制,促进社会紧张、敌对情绪的释放,避免社会冲突的产生,最终促进社会系统的和谐、均衡、稳定发展。

---

① [美]L. 科塞:《社会冲突的功能》,孙立平等译,华夏出版社,1956 年,第 90 ~ 92 页。

（二）达伦多夫的辩证冲突理论

达伦多夫（Ralf Dahrendorf），德国社会学家。达伦多夫的冲突理论综合了马克思、韦伯的思想，并结合韦伯的权力、权威思想，形成了一种以"权威关系"为基础的辩证冲突论。达伦多夫认为权威的不平等分布是社会冲突的根源，制度化的权威和权力结构导致系统的社会冲突。和谐与秩序只是局部的和暂时的，强制和冲突则是普遍的和持久的。社会是冲突与和谐的循环过程，权力和抵制的辩证法是历史的推动力。

达伦多夫强调了社会冲突产生的必然性，认为社会冲突的产生需要基于一定的结构性条件，以及社会冲突中群体之间在客观对抗过程中，主观认识对社会冲突所产生的重要作用。[①] 达伦多夫认为，社会学发展需要社会冲突模型理论指导。[②] 达伦多夫将社会组织看作强制性协调联合体，同时也是一个不断失衡的社会系统。在一定条件下，社会组织在利益导向下，其成员作为集体行动者投入到公开的社会冲突活动中，从而导致社会组织内部权力和权威的再分配。[③] 这种权力和权威的再分配会推动社会暂时趋于一种和谐稳定，新的统治和被统治角色将逐步成熟并制度化。[④]

达伦多夫强调，社会中的每一个元素都对社会变迁起到了推动作用。作为稀缺资源，权力和权威是社会冲突产生的根源。[⑤] 社会冲突也是社会进步的动力源泉。由于社会中权力和权威是稀缺的，这种稀缺性造成了强制

---

① 朱玲淋：《从阶级冲突到社会冲突：马克思与达伦多夫的冲突理论比较》，《兰州学刊》，2013年第8期。

② Ralf Dahrendon, *Class and Class Conflict in Industrial Scoity*, Stanford University Press, 1957, pp. 59–64.

③ ［英］达伦多夫：《现代社会冲突》，中国社会科学出版社，1995年，第45页。

④ 赵华兴：《冲突与秩序——拉尔夫·达伦多夫的政治社会学思想研究述评》，《河南社会科学》，2009年第1期。

⑤ 苑国华：《达伦多夫的社会冲突思想评析》，《四川行政学院学报》，2010年第6期。

性协作组织内部群体之间的冲突,而冲突的结果必然造成组织内部权力结构的变革。但是社会冲突并不可怕。关键在于这个社会是否存在一套完整的、成熟的疏通或者调整社会冲突的机制。

与科塞冲突理论相比较,达伦多夫主要研究冲突的根源,而科塞着重分析冲突造成的后果,很少从制度上去探索、寻求冲突的根源;达伦多夫认为冲突能够直接导致社会变革,而科塞则认为冲突的功能具有双重性,既可使社会发生变革,又可使社会趋向稳定;达伦多夫把冲突的根源主要归结于权力分配不均,而科塞则归结为人性的原因。

二、社会冲突理论及其对公共政策效果评价的启示

冲突理论产生后,在西方社会学界引起了巨大反响。近几年,随着中国群体性事件增加,中国学者逐渐将社会冲突理论引入到社会研究领域,并结合马克思、科塞、达伦多夫等人的观点,对一些现象进行综合解释。科塞认为社会冲突起源于价值观、信仰及稀少的地位、权力和资源分配。不平等的社会资源分配体系会增加个体对社会分配体系合法性的质疑,进而增加社会冲突发生的可能性。政府应该构建"安全阀"机制,并促进其合法化、制度化,消除社会敌对情绪,促进社会系统的和谐。

城乡居民基本医疗保险统筹是政府在基本公共卫生服务领域要实现的目标,是政府部门为不同利益群体提供大致均等的服务的一套机制。城乡居民基本医疗保险统筹是消除社会敌对情绪的合法化、制度化的"安全阀",是疏通、调整社会冲突的机制,其最终要实现的是公共卫生服务的公平、合理,以及社会整体福利水平的普遍提高。因此,通过推进城乡居民基本医疗保险统筹,能够促进公平公正,不断优化利益结构,逐步缩小社会差距,这是化解无直接利益冲突的重要途径。政府应该通过职能转变,加强服务型政

府建设,以改善民生为重点,推进基本公共卫生服务均等化,让老百姓共享经济社会发展成果,尽最大努力消除冲突的社会诱因。

同时,社会冲突理论认为,处于社会底层的弱势群体更容易受社会阶层、相对剥夺感、情绪化传播等因素影响产生负面抵抗情绪,遇到不公平待遇更容易爆发社会冲突。在社会冲突发生过程中,同一阶层的人更容易抱团取暖,从而加剧冲突。社会冲突的参与者具有一定的"群意识"或"类意识",他们大多属于在政治、经济、文化和社会资源占有方面较少的弱势群体,没有话语权,利益表达渠道不畅。城乡居民基本医疗保险的服务对象尽管是所有人群,但更多的服务是面对老年人、妇女、儿童。特别是在农村社会公共卫生领域资金投入不足、医护人员短缺、卫生基础设施不健全的情况下,农村居民对健康的期望与政府提供的基本医疗保险不匹配,需求得不到充分满足。在农村社会群体利益诉求难以得到满足时,爆发社会冲突的可能性会随之加大。因而,城乡居民基本医疗保险统筹是解决我国公共卫生领域公平、合理问题,缓解农村社会冲突的重要途径之一。

城乡居民基本医疗保险统筹使"病有所医"的美好向往得到初步实现。同时,随着医保制度不断健全,政府投入逐年增加,保障水平稳步提高,人民群众基本医疗权益得到有力保障,看病难、看病贵问题有所缓解,因病致贫、因病返贫现象有所减少,对于维护社会稳定、促进经济发展和社会公平起到了重要作用,赢得了群众的广泛拥护,得到了国际社会的高度评价。

第六节　制度经济学理论与公共政策效果评价

制度指人际交往中的规则及社会组织的结构和机制。制度经济学起源于 19 世纪 40 年代。以 F. 李斯特为先驱,德国的历史学派主张从历史和国民经济社会发展的阶段性角度研究经济社会发展。19 世纪末 20 世纪初,以美国经济学家和社会学家 T. 凡勃伦、J. R. 康芒斯、W. C. 米切尔等为代表的经济学家们改变了以往经济学家们以客观经济指标衡量经济活动的方式。制度经济学家们更加重视非市场因素,诸如制度、法律、历史、社会、伦理等,尤其是制度因素对社会经济生活的影响。[①] 他们以制度为视角,研究"制度",分析"非制度因素"在社会经济发展中的作用。该理论的核心在于,重视社会个体之间的互动作用对经济活动的影响,而非客观指标。他们反对将人视为"经济人",认为个人应该是"社会人"和"组织人"。作为一种社会存在,个人除了追求物质利益之外,还有追求自尊、情感、社会地位等社会性的需要。而这些需要是个体在不断学习、日常生活经验积累,以及与他人相互作用的基础上产生的。因此,个体的行为是依赖于其所生活的社会环境的。因此,制度经济学对每一个民族或经济制度的研究都是在特定历史条件下的历史归纳分析或历史比较分析。这也是其与主流经济学的主要不同点。

一、制度经济学理论的主要流派

制度经济学认为,制度就是规则。制度分为正式制度和非正式制度。正式制度是指反映社会成员的意志,并通过国家机构确定或颁布的法律规范,包括宪法、地方法规等;非正式制度是指社会成员在社会交往中逐渐形成的、得到社会认可的一系列约束性规则,包括社会价值、传统文化、风俗习惯、社会伦理等。正式制度由政府部门确定或发布,一般具有强制性、非连

---

① ［德］斯蒂芬·沃依格特:《制度经济学》,史世伟、黄莎莉、刘斌、钟诚译,中国社会科学出版社,2016 年,第 33、37 页。

续性。正式制度的转变可以在一夜之间形成。而非正式制度是社会成员自发形成的,它的形成时间比较缓慢,且具有非强制性、广泛性和可持续性等特点。在日常生活中,社会成员的生活主要由非正式制度进行规范,而正式制度占社会约束的比例较低。

制度是公众追求一定社会秩序的结果,并希望通过这些制度为自己搭建一个相对稳定的生活空间。正式制度的建立是基于人类理性思考基础上的,是社会公众对未来的一种构思,是一种法治社会;非正式制度的建立依赖于人类社会的原发性规则,如风俗习惯、社会伦理、道德、意识形态等,是一种伦理社会。伦理社会制度的建立要先于法治社会。社会发展的趋势是正式制度逐渐取代非正式制度。正式制度具有强制性,其对社会成员的影响将更为明确、直接。随着社会经济发展,为了提高经济效率,社会需要明确的制度规范来引导。因此,社会成员才会逐步反思现有制度的不足,并不断加以完善。

二、制度经济学理论对公共政策效果评价的启示

改革开放初期,制度经济学就引起了我国学者的注意,并用来分析中国的经济现象,希望从中找到中国改革的理论依据。特别是与非正式制度相比,正式制度更体现了社会人的理性思考的选择,是社会发展的趋势,对社会成员的行为规范强制力更大。非正式制度构成了法治社会之前的秩序,而正式制度是法治社会的必然选择。

近几年,党和国家领导人对"制度"越来越重视。习近平在 2016 年 7月 1 日庆祝中国共产党成立 95 周年大会上指出:"中国特色社会主义制度是当代中国发展进步的根本制度保障,是具有鲜明中国特色、明显制度优势、强大自我完善能力的先进制度。"党的十九大报告提出,要实施健康中国战略;

要完善国民健康政策,为人民群众提供全方位全周期健康服务。

截至 2007 年,中国社会医疗保险碎片化的制度结构使得不同群体间医疗保险管理分属不同部门,不同群体缴费水平、费用报销水平等存在较大差异,而且很多地区仍有很多人员未参保,碎片化的医疗保险制度结构成为我国全民医保制度构建的一大障碍。2009 年,在国家政策指导下,新医改方案明确强调要做好医疗保险制度衔接工作,通过有效整合社会医疗资源,逐步提高医疗保险统筹层次,实现城乡居民医疗保险一体化。我国城乡居民基本医疗保险逐渐实现从无到有的构建过程。为不断提高医疗保险保障水平,必须对医疗资源分配制度、医保支付制度等进行系统改革。从资源配置角度,我国长期以来形成的医疗资源配置不均,导致优势资源向大城市的大医院集中,严重影响了医疗服务体系的治理效能。分级诊疗制度在新时代为了调整医疗资源分配,可以起到宏观调控的作用,同时又涉及精细化管理和服务,是提升城乡居民基本医疗保障的制度选择。从缓解百姓"看病难"来说,分级诊疗可积极推动基层医院和大医院形成不同功能定位,让大医院回归学术和诊治疑难杂症的定位,而基层医疗机构做好常见病和慢病的防治。如此,科学合理地分流患者,将使医疗资源得到更加合理的运用。因此,从制度建设角度看,分级诊疗是必须做的,不是可有可无的。

城乡医疗保险制度统筹是我国医疗保险制度的发展趋势。随着社会发展制度不断完善,为居民提供的服务范围和服务水平将不断提升,基本公共卫生服务内容不断增加,重大疾病和主要健康危险因素得到有效控制,让广大城乡居民真正享受更多的医疗服务,城乡居民基本医疗保险逐步实现覆盖全人群、全过程。城乡居民基本医疗保险统筹的过程,就是中国特色社会主义制度不断完善的过程,是充分发挥制度优势,解决全面深化改革过程中基本公共卫生领域出现的各种问题,用制度完善促进我国城乡居民基本医疗保险统筹发展的历史,①保证每一个城乡居民都能得到实惠。

第七节　政策过程理论与公共政策效果评价

一、政策过程理论的主要流派

政策过程理论是公共政策制定的主要理论之一。该理论认为政策制定应该是由一系列环节构成,更加强调政策过程的阶段性、动态性、制度理性选择等。政策过程理论由美国著名公共政策学者保罗·A.萨巴蒂尔(Paul A. Sabatier)教授进行过系统性研究,并在其代表著作《政策过程理论》中进行了详细阐述,同时,该书汇集了西方国家具有代表性的学者关于政策过程理论的代表观点。该书对我国公共政策研究具有典型指导意义。

政策过程理论框架的主要内容之一即阶段启发框架。该理论认为政策过程应该是一系列的过程,包括政策问题确认、政策议程设定、公共政策制定、政策合法化阶段、公共政策执行、公共政策评估和公共政策终结等,而公共政策制定过程又包括政策目标制定、政策方案设计、政策方案论证与抉择。阶段启发理论主要应用于20世纪70年代,它将复杂政策过程分解为分散的阶段,并对各阶段影响因素进行深入研究。对于我国这样一个国情、政情都比较特殊的国家而言,阶段启发法有助于提高决策的科学化、民主化水平。

---

① 李戈、张帆、贝文、卢中南:《浅论社会卫生监督员制度的社会功能及制度经济学》,《中国卫生事业管理》,2007年第3期。

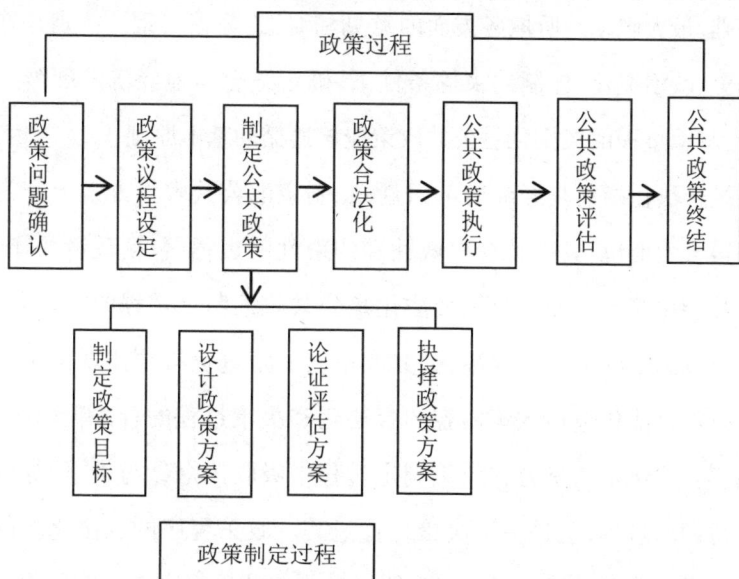

图2-1 政策过程的阶段启发框架

由阶段启发理论可知,公共政策针对特定社会问题,由政府列入政策议程并采取行动才能对问题进行解决与实现。而在社会公众所要求解决的社会问题中,往往只有一小部分才能被公共政策制定者所关注,"那些被决策者选中或决策者感到必须对之采取行动的要求构成了政策议程"。国家行政价值偏离、政府行政体系封闭、公共政策决策者的承受能力、民意表达方式是否准确等都会影响社会问题进入公共政策议程的选择。公共政策方案制定的过程涉及不同利益主体之间的平衡和协调,包括公民个人、利益集团等。在政策制定过程中,政策目标的确定应该从多目标中进行平衡,政策方案应具备效益、效率、公平、回应和适当等特征。政策目标的实现需要以社会公众意见表达的充分性为前提。政策执行过程中也强调与利益主体之间的沟通,以促进公共政策目标的实现。因此,政策过程理论认为公共政策在制定过程中要更加强调民主,强调民意表达,从政策问题确定,到政策议程制定、政策方案设计、政策落地实施都需要以广大人民群众的根本利益与要求为基础,最大限度地听取各方面的意见和看法,完善决策。特别是在尊重本国历史、政治文化、体制约束等条件下,确定适合本地经济发展需要的民主决策,政策过程的民主化是公共政策应该遵循的基本原则。

政策合法化指的是经政府部门规划、制定的公共政策方案上升为法律或者获得合法地位,具有社会权威性和约束性的过程,包括政策法律化、法规化和社会化三个方面。政策合法化是公共政策制定过程的重要阶段,也是公共政策制定的前提和保障,公共政策的制定过程必须体现民主和法治精神。政策合法化包括政策内容的合法化和决策过程的合法化两个方面。政策内容合法化指的是公共政策制定过程中吸收民众参与决策、加强政治沟通与协调的过程,也是一个决策择优过程。政策程序的合法化指的是经过评估选择的公共政策实施方案必须经过一定的程序审查才能取得合法地位,才能在社会中具有约束力和权威,才能够进入实施环节。关于如何在社会保险政策制定过程中充分表达民意,协商民主理论、公共选择理论和委托代理理论为此提供了新的逻辑关系和设想,为社会保险制定中的民意表达奠定了一定的理论基础。

协商民主理论起源于 20 世纪末,是西方政治学界提出的一种新的民主理论范式。关于协商民主的内涵,目前学术界主要存在三种观点:一是将协商民主看作公共政策的决策模式。在这种模式下,社会公民都可以平等参与公共政策的制定过程,充分表达自己的意见。政府部门在充分考虑各主体观点、意见的基础上,在协商过程中作出理性的、具有集体约束力的决策;二是将协商民主看作社会治理的一种方式;三是将协商民主看作社团组织形式,而社团事务应由其成员共同协商完成。因此,协商民主指的是在政治共同体中,一个国家的公民能够在政策制定过程中表达自己的观点,并充分考虑其他人的偏好以修正自己的观点,达到偏好转换,批判性审视各种政策意见和建议,最终在达成共识的基础上赋予其立法权和决策权,以实现政策意见和建议的合法性。协商民主的形式有民主恳谈会等。

公共选择理论研究者将经济学的研究方法引入政府公共管理活动中进行分析,逐步形成公共政策制定过程中民意表达的重要理论之一。公共选择理论的代表人物是布坎南。其理论逻辑起点是经济学中的"经济人"假设。该理论认为,个体是理性的自利主义者,无论个体从事什么职业或处于哪种阶层,其总是希望以最小付出换取自身最大利益,个体的行为动机就是追求其自身利益最大化。在这种观点的支配下,公共选择理论将政治活动假设为经济学意义上的交易市场,在该市场活动中,政府机构和官员是市场的供给方,老百姓和社会团体是市场的需求方,市场双方的行为都遵循利益最大化原则。例如,它认为政府官员关心的不是老百姓福祉、公共利益,而是自身利益,甚至会为了达成自己的目的不惜牺牲民众利益;政府行为在很多方面不具有有效性。因此,该理论认为政府应该"掌舵",而不是"划桨",在公共物品和公共服务供给过程中,政府部门不是唯一提供者或垄断者,应该允许更多的社会组织参与到公共物品和服务的提供过程。依此类推,社会公民参与政策政策制定的过程就犹如市场上顾客"购物",公民可以选择不同的公共产品和服务,促进公共产品的生产效率提升及服务质量的提高。

委托代理理论(合同理论),指的是由于专业化分工,社会个体不可能完全实现自给自足,为了实现效用最大化,委托人授权代理人行使一定权限,完成既定工作事项。委托代理理论的核心是如何将代理人的行为限制在符合委托人的利益范围之内。委托代理理论最关心三个主要问题:一是代理人的选择和对代理人的激励;二是减少代理成本或由代理所引起的资源耗费;三是签订最优合同,防止双方尤其是代理方寻机违约为自己谋利。

委托代理理论最早用于解决企业所有权与经营权分离所引发的问题,后来该理论被应用于社会、政治、经济生活的各个领域。根据该理论,国家的一切权利属于人民,政府权力只是建立在公众权利基础上的派生权力,人民经由国家代议机关将公权力委托给各级政府行使,所以在人民与政府之间存在着一种委托与被委托的关系。作为被委托人(代理人)的政府各级机构在行使行政权力的过程中,必须对委托人(公民)负责,为人民提供符合其需求的价廉质优的公共产品和公共服务,制定符合社会公共利益的公共政策。

二、政策过程理论对公共政策效果评价的启示

一是政策过程理论认为公共政策制定过程中要更加强调民主,强调民意表达,从政策问题确定,到政策议程制定、政策方案设计、政策落地实施都需要以广大人民群众的根本利益与要求为基础,最大限度地听取各方面的意见和看法,完善决策。

城乡居民基本医疗保险制定、政策实施及过程监管都需要政府及其相关部门站在人民的立场,促进公平、效率,为社会公众提供价廉质优的医疗产品和医疗服务。如果医疗保险政策的构建偏离了以上的发展目标,如骗保、基金不可持续等事件发生,引发大多数社会公众的不满,则可能引发上访、聚访等群体性事件,影响政府正常运行,影响政府公信力。因此,政府权力来源于人民,应该坚持"以人民为中心"的基本原则,构建相应的社会保障制度体系,增进民生福祉,维护社会稳定。

二是政策过程理论强调的民主,必须通过特定的机制才能实现,包括协商民主、公共选择和委托代理等。政策过程阶段化有助于提高决策的科学化、民主化水平。一方面,城乡居民基本医疗保险作为一项公共政策,事关老百姓的医疗、养老、工伤、失业、生育等各方面的利益,其决策制定过程中应充分考虑社会公共的不同意见和建议,应该是具有理性的、集体约束力决

策的集合。特别是其中的医疗保险,涉及群体多元化,涉及内容复杂化,而且涉及老百姓保障程度、地区间的群体攀比等现实问题。另一方面,城乡居民基本医疗保险是政府"兜底"的重要组成部分,并且以"兜底"为指导思想,对残疾、特困等弱势群体进行基本医疗保障,对普通大众起到摆脱因病致贫的困境,因此城乡居民基本医疗保险政策应该体现社会公众的最大利益原则。将协商民主理论、公共选择理论等运用到城乡居民基本医疗保险政策制定过程中,充分考虑民众的意见,逐渐完善各项制度,促进其科学、合理,保障不同群体利益的公平。城乡居民基本医疗保险政策在制定过程中有社会公众参与,也可避免政府部门的垄断行为,也可在民意推动下,选择有能力的第三方参与医疗保险服务的供给,促进城乡居民基本医疗保险服务内容的多样化、灵活化。

第八节 本章小结

城乡居民基本医疗保险制度是一项系统工程,涉及制度整合、医疗保险缴费、医疗保险报销、支付制度改革、医疗资源分配等各方面的事情。必须全面理顺管理制度,做好政策的衔接,统筹推进医改工作,破解改革的难题,强化管理,才能够真正达到城乡居民基本医疗保险城乡统筹实效。本章综合梳理了国内外公共政策评价相关理论,包括正义论、新公共服务理论、公共财政理论、福利经济学理论、社会冲突理论、制度经济学理论和政策过程理论。这些理论将为城乡居民基本医疗保险制度评价提供价值遵循和理论标准。

第三章　基本医疗保险制度效果综合评价研究

本章研究内容主要由三部分构成:首先,通过对城乡居民基本医疗保险制度试点工作现状的介绍,有针对性地建立制度评价指标体系,采用纵横向拉开档次方法,对城乡居民基本医疗保险制度效果进行省际间横向比较研究;其次,以天津市城乡居民基本医疗保险制度为重点,对城乡居民基本医疗保险制度效果进行纵向年度比较研究;最后,对研究结果进行概括。

第一节　城乡居民基本医疗保险制度效果纵向发展比较研究

2009 年,国务院颁布了《关于深化医药卫生体制改革的意见》,该文件重点阐述了做好城镇职工医疗保险、城镇居民医疗保险及新农合制度衔接的重要性、紧迫性,强调了该项工作的重要意义。自 2009 年开始,全国各地如天津、成都、重庆、杭州、珠海等积极探索建立城乡居民基本医疗保险制度。

该制度旨在打破城市、农村户籍限制,解决我国医疗保险制度碎片化、条块分割等制度设计问题,为城乡医疗保险制度统筹奠定良好基础。[①] 截至 2013 年底,天津、青海、山东、重庆、广东、宁夏、浙江等、成都、杭州、珠海等多地已经完成了城镇居民医疗保险和新农合制度统筹,并构建起统一的、城乡一体的居民基本医疗保险制度。到目前为止,该制度已经运行四年有余,各地人力资源和社会保障部门不断出台相关政策文献,对参保缴费报销标准、经办机构执行、医疗服务机构等方面不断完善。

2010 年,天津市城乡居民基本医疗保险制度正式运行,成为了全国第一个城乡居民基本医疗保险统筹的市级单位。为积极开发和探索制度运行过程中存在的问题,本章以天津市为典型代表,通过实践调查和深入访谈形式,对城乡居民基本医疗保险制度效果进行深层次分析。

一、天津市城乡居民基本医疗保险制度构建历程

天津市城乡居民基本医疗保险制度的建立经过了一个平稳有序的过程,通过新农合制度的建立与发展、城镇居民医保制度的建立与完善、新农合划转与移交,以及城乡居民医保制度的确立与发展四个阶段,最终构成了统一的城乡居民基本医疗保险制度。

---

① 参见孙晓军、田丁、王永超等:《宁夏城乡医保一体化对农村居民就医的影响》,《中国医疗保险》,2013 年第 11 期;杨小丽:《重庆市统筹城乡医疗保障制度的实践探索》,《中国卫生经济》,2011 年第 4 期。

表3-1　天津市城乡居民基本医疗保险政策文本汇总

年份	颁布单位	政策名称	政策基本内容
2004 年	市卫生局等三部门	《天津市新型农村合作医疗管理办法》（津政发〔2004〕32 号）	天津市新农合制度的正式建立。
2007 年	天津市政府及市人社局等部门	《天津市城镇居民基本医疗保险暂行规定》《天津市城镇居民基本医疗保险暂行规定实施细则》《天津市城镇居民基本医疗保险经办管理办法》	自 2008 年 1 月 1 日起在全市范围内推行以大病统筹为主的城镇居民基本医疗保险制度。
2009 年	天津市政府天津市人社局	《关于印发天津市城乡居民基本医疗保险规定的通知》《天津市城乡居民基本医疗保险规定实施细则》《天津市城乡居民基本医疗保险经办管理办法》《关于城乡居民基本医疗保险经办管理有关问题的通知》	天津市正式建立起城乡一体化的居民医保制度体系。
2013 年	天津市人社局	《城乡居民基本医疗保险参保缴费和待遇享受有关问题的通知》《关于提高城乡居民基本医疗保险筹资标准的通知》	对天津市城乡居民医保制度完善和补充

资料来源：根据天津市医疗保险政策内容汇总

第一阶段：新农合制度建立。2003 年，在国家卫生部等部门《关于建立新型农村合作医疗制度的意见》政策指导下，天津市政府首先选择东丽区、北辰区、大港区、静海县作为新农合制度的试点区域，进行新农合试点工作；2004 年，天津市卫生局等三部门联合制定《天津市新型农村合作医疗管理办法》，该文件的颁布代表天津市新农合制度的正式建立，该制度在很大程度上解决了农民"看病贵、看病难"的问题。

第二阶段：城镇居民医疗保险制度建立。2007 年，在国务院政策文件指引下，天津市通过《天津市城镇居民基本医疗保险暂行规定》等一系列政策文件的颁布，逐步构建起天津市城镇居民基本医疗保险制度。经过一年的准备期,2008年,天津市城镇居民医疗保险制度正式运行。天津市人力资源和社会保障局积极开展惠民扩面工作,将离休干部、无固定收入配偶或遗孀、大学生和优抚对象相继纳入城镇居民医保范围之内,进一步提升了本市医疗保险覆盖率。

第三阶段:城乡居民基本医疗保险制度建立。2009年,在国务院《关于深化医药卫生体制改革的意见》指导下,天津市政府下发了《关于印发天津市城乡居民基本医疗保险规定的通知》,并进行制度建设相关准备工作。经过一年准备期,2010年,天津市城乡居民基本医疗保险制度正式运行,该制度提高了当地医疗保险统筹层次,同时根据城乡居民收入水平的不同制定了多个参保档次,将居民医疗保险缴费与医疗待遇挂钩,激励当地居民的参保积极性,以及提高医疗保险制度的公平性;利用政策工具引导城乡居民向基层医疗机构(一级、二级医院)就医,提高社区医疗机构卫生资源利用效率,同时解决了过去城镇居民医疗保险没有门诊报销的问题。

第四阶段:城乡居民基本医疗保险制度完善。经过四年发展,天津市城乡居民基本医疗保险制度得到不断巩固,但其发展过程中仍有一些问题迫切需要解决,如医保基金可持续性、居民医疗保障水平提升等。因此,2013年,天津市人社局颁布了《城乡居民基本医疗保险参保缴费和待遇享受有关问题的通知》《关于提高城乡居民基本医疗保险筹资标准的通知》,进一步对天津市城乡居民医保制度建设进行补充和完善。

具体的天津市政策内容见表3-1。天津市城乡居民基本医疗保险缴费水平和医疗费用政策报销水平见附录1。

二、天津市城乡居民基本医疗保险制度参保对象

(一)参保群体数量发展趋势

自区域统筹的城乡居民基本医疗保险制度实施以来,四年间,天津市城乡居民参保总人数呈现逐年上升趋势(如图 3-1 所示),由 2010 年的 476.44 万人增加至 2013 年的 543.95 万人,四年间增加了 67.51 万人,年均增长率 4.5%。

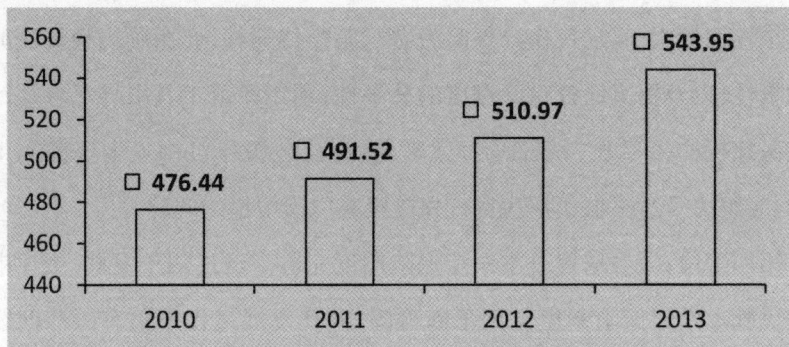

图3-1　城乡居民基本医疗保险制度参保人数发展趋势

(二)参保人员群体特征

该制度覆盖人群主要包括城乡居民中未工作的成年人和学生儿童两类,其中成年居民占绝大多数。2010 年,参保人员中成年居民占参保总人数的 63.47%,但随着高校学生社会保障意识不断增强,以及社会公众对社会保障特别是养老保险和医疗保险重视程度的逐渐提高,学生儿童参保人数逐年增加,成年居民占比逐年下降。2013 年,天津市参保人员中成年居民占比 57.41%,学生儿童占比 42.59%。

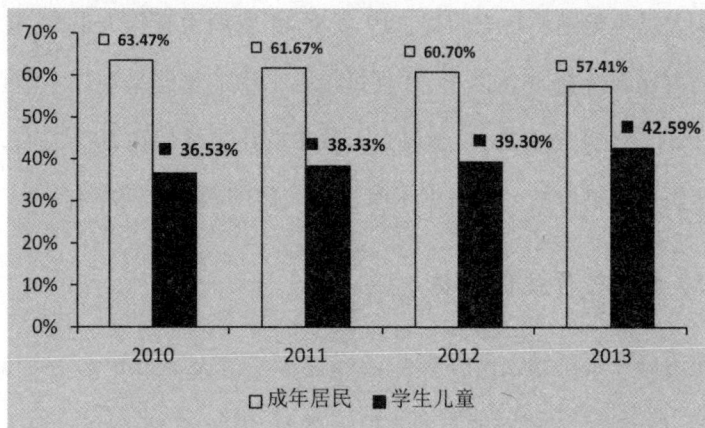

图3-2 城乡居民基本医疗保险参保人员构成

综合上述参保人员总数和群体特征,在天津市城乡居民基本医疗保险制度缴费和医疗保险报销政策中,学生儿童年度个人缴纳费用最低,2010年至2012年均为50元/年,2014年提高为60元/年,但学生儿童住院政策报销比与最高档缴费参保人员一致,这使得学生儿童参保人数越多,学生儿童在总参保人数中所占比例越高,医疗保险基金负担将受到一定影响。

(三)参保人员年龄特征

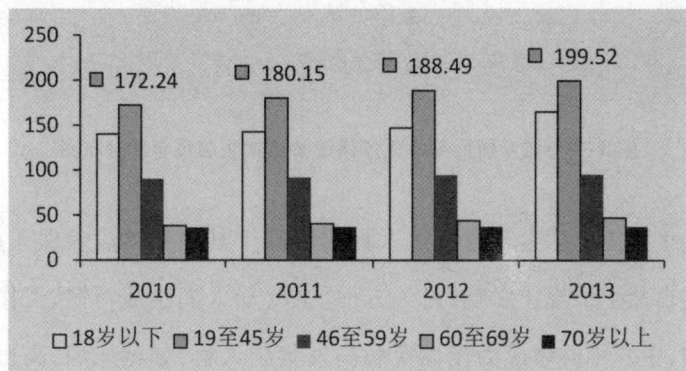

图3-3 城乡居民基本保险参保人年龄构成

参保人员年龄结构特点明显。19 岁至 45 岁的中青年人最多,在参保总人数中的占比维持在 36% 以上,并且每年以平稳的增速呈现逐年增长态势。18 岁以下的学生儿童次之,在参保总人数中的比重维持在 30% 左右,从此可以看出这两个年龄段的人群占据了参保总人数的四分之三左右。

(四)参保人员就医特征

天津市城乡居民基本医疗保险的参保人员就医人群年龄分布见图 3-4。从图 3-4 可知,在所有就医的参保人员中,40 岁至 55 岁年龄段人群占据了最大比例,并且呈现逐年上升趋势,2010 年该群体就医为 116.53 万元,2013 年达到 220.87 万人,四年间就医人数增长了一倍;56 岁以上老年群体就医人数较高;18 岁以下的群体就医人数也比较高。

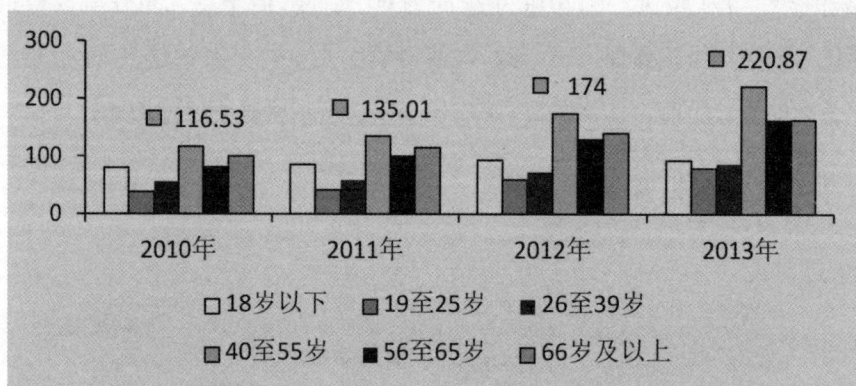

图 3-4　城乡居民基本医疗保险参保就医居民年龄分布图

中老年群体和学生儿童就医人数明显高于其他年龄段参保人员,一方面受身体自然生长规律影响;另一方面,主要受人们生活习惯、工作节奏等因素影响,中老年群体成为慢性疾病高发集中人群,如糖尿病、高血压等疾病在中老年群体中最为常见。

三、天津市城乡居民基本医疗保险制度政策引导

(一)参保缴费政策引导

由于参保人员经济条件和医疗需求差异,天津市城乡居民基本医疗保险缴费政策对参保人员缴费具有高、中、低三档设置,同时缴费标准与医疗保险政策报销水平相挂钩,缴费越多,医疗保险政策报销水平越高。随着城乡居民基本医疗保险制度的不断宣传和深入开展,越来越多的潜在参保人员对其有了更为透彻和明晰的认识,吸引着参保人员在经济能力许可范围内,尽量参保或者提高医疗保险缴费标准,进而提高医疗保险基金筹集能力。

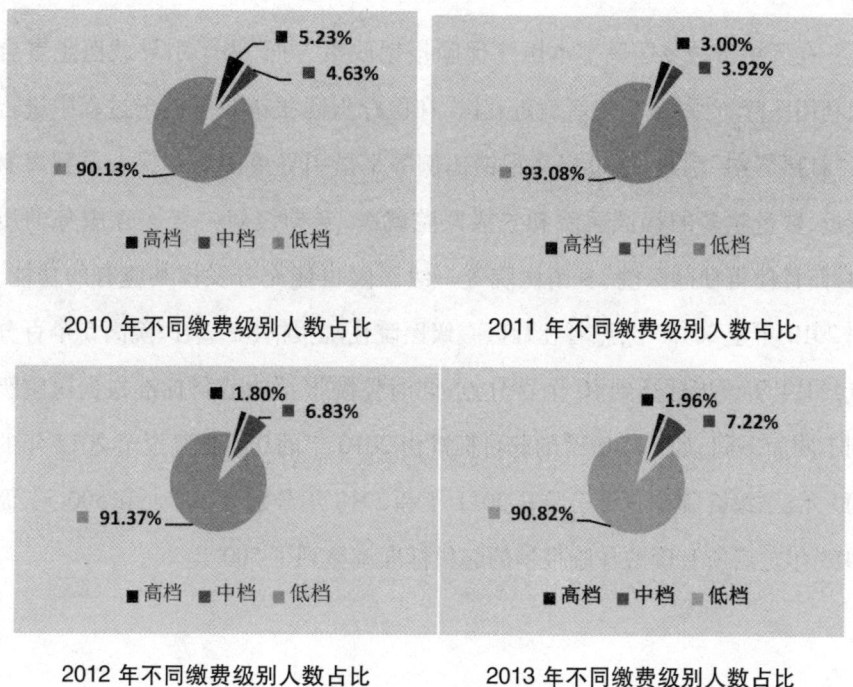

2010 年不同缴费级别人数占比

2011 年不同缴费级别人数占比

2012 年不同缴费级别人数占比

2013 年不同缴费级别人数占比

图3-5　城乡居民医疗保险参保缴费级别比较

根据图 3-5 可以看出,2010 年至 2013 年以来,天津市城乡居民基本医疗保险制度参保群体以低档缴费群体人数居多,每年占 90% 以上,其次为中档群体,高档缴费群体人数最少,2013 年只有 1.96%。

参保人员中 90% 以上的选择了较低层次的低档缴费水平,选择中、高档缴费水平的参保人员还不到参保总人数的 10%。由此,我们可以发现相对于 95% 的高覆盖率来说,天津市城乡居民基本医疗保险缴费水平还比较低,相对于较高层次的待遇标准来说,天津市城乡居民基本医疗保险基金筹资水平层次比较低,必然会导致政府财政补助大幅度提升,这对于政府和相关部门基金管理人员来说在保持医疗保险基金收支平衡方面是一个更巨大的挑战。

(二)参保患者就医行为引导

在天津市城乡居民基本医疗保险报销政策方面,为了引导就医患者合理利用医疗资源,吸引患者就近就医,在医疗保险报销政策制定过程中进行了"社区导向"引导,通过提高报销比例等举措引导更多的参保人员到离家较近、数量颇多的社区医院和二级医院就医,希望缓解一级医疗服务的压力,而且使得社区医院、乡镇医院等一级医院也能充分发挥其应有的功能。如 2010 年至 2013 年,患者在社区一级医院住院报销比二级医院高 5 个百分点,2014 年该指标达到 10 个百分点;同时住院报销的起付标准根据医院级别不同而不同,如一级医院的起付标准由 2010 年的 0 元提高至了 2012 年的 300 元,二级医院和三级医院在 2011 年和 2012 年分别为 300 元和 500 元,而 2013 年之后所有医院住院报销的起付标准调整到了 500 元。

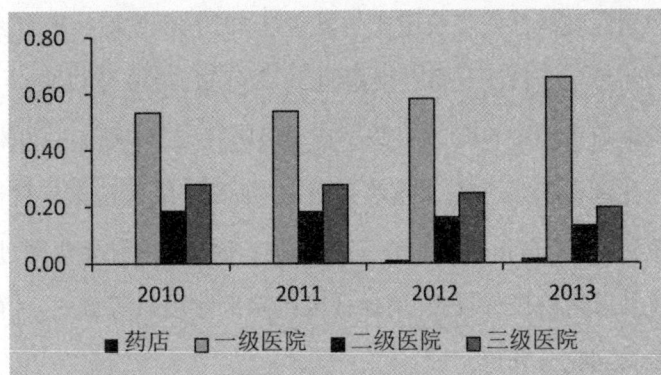

图3-6 天津市不同级别医疗机构患者就医分布图

图3-6显示了不同级别医疗机构对就医人员的吸引能力。2010年以来,50%的患者倾向于在一级医院就医,而且这一比例随着年度增长出现提高趋势;2013年,64.2%的参保人员选择在一级医院就医。同时,患者在三级医院就医人数比呈缓慢下降趋势,二级医院和三级医院就诊人数分别由18%、27.5%逐年下降为13.7%和20%。一级医院和药店吸引参保人就医的能力呈现逐年增加趋势,而二、三级医院吸引就医能力逐年递减,某种程度上反映出了城乡居民基本医疗保险制度引导患者就医政策亟须进一步完善,缓解一级医院就医压力问题。

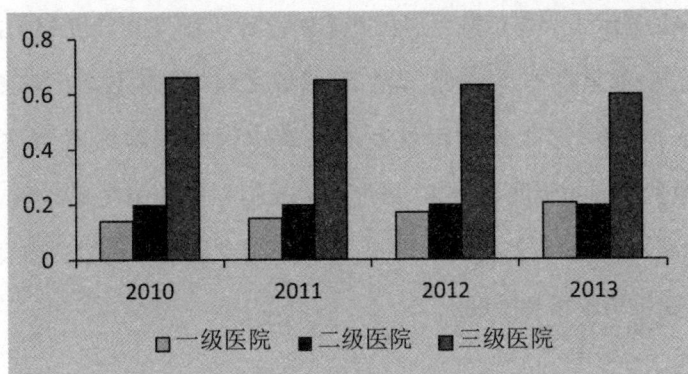

图3-7 天津市不同级别医疗机构医疗费用分布图

不同级别医院医疗发生费用比主要通过 2010 年以来一级、二级和三级医院医疗费用发生金额比获得。根据图 3-7 可知,2010 年以来,一级、二级和三级医院医疗费用中 60% 左右集中在三级医院,二级医院占 20% 左右,一级医院所占比例在 18% 左右。虽然一级、二级和三级医院医疗费用发生金额有一定改善,但还是相对集中在三级医院。因此,在引导就医过程中,只有通过完善社区医院硬件设施,增加社区医院医疗项目等方式,才能进一步使医疗资源得到充分利用。

四、天津市城乡居民基本医疗保险制度政策知晓度

城乡居民基本医疗保险制度知晓度、政策满意度和支持度体现了该地区制度宣传和实施工作取得的成效。为了更好从参保患者角度反映天津市城乡居民基本医疗保险制度宣传、实施效果,本研究主要通过设计调查问卷和深度访问的方式,以天津市南开区嘉陵道社区、西青东马庄村、天津大学、南开大学为依托,获得参保人员调查问卷 500 份,其中学生儿童 200 份,成年人 300 份,对天津市城乡居民基本医疗保险制度知晓度、政策满意度和政策支持度进行进一步研究。

图 3-8 显示了天津市城乡居民基本医疗保险制度知晓度相关内容,由图 3-8 可知,如果将"非常清楚""清楚"频数之和与总频数之比来衡量对医保制度的知晓度,那么天津市城乡居民基本医疗保险缴费层次知晓度 66.2%,缴费标准知晓度 64.8%,医疗保险报销程序知晓度 59.0%,医疗保险报销标准知晓度 56.2%,由此可知,天津市城乡居民医保缴费内容知晓度略高于医保报销政策知晓度。

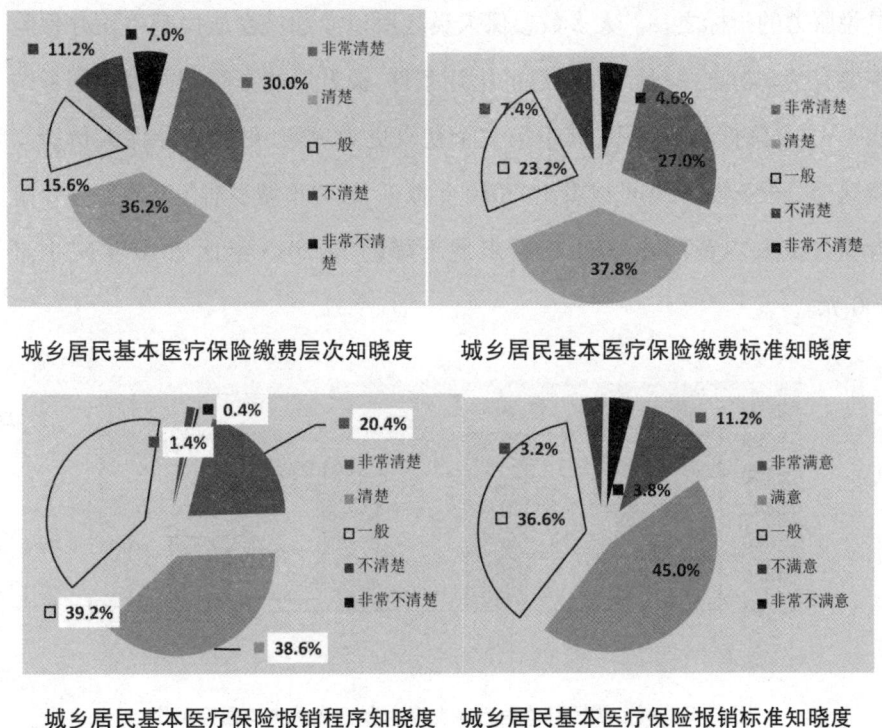

城乡居民基本医疗保险缴费层次知晓度　　城乡居民基本医疗保险缴费标准知晓度

城乡居民基本医疗保险报销程序知晓度　　城乡居民基本医疗保险报销标准知晓度

图3-8　城乡居民基本医疗保险制度知晓度

通过调查问卷进一步了解到,天津市城乡居民对医疗保险政策内容的知晓途径主要来源于医院、社区中心或者亲戚、朋友,通过报纸、电视对制度了解程度居中,以网络主动学习、了解医保制度的形式排最后。医疗保险政策内容知晓度对居民参保、提高保险层次等存在一定影响,因此大部分参保患者在对政策内容了解不足的情况下,更倾向于采用"从众"模式选择最低缴费层次的医疗保险,对高档缴费级别保险基本不考虑,购买倾向较小。

五、天津市城乡居民基本医疗保险制度满意度与支持度

参保人员人均医疗费用是考察城乡居民基本医疗保险制度运行情况最

具说服力的指标之一。大多数参保人员之所以参加城乡居民基本医疗保险主要有两个初衷:一是改善自己的医疗条件,提升所能享受到的医疗服务的水平;二是降低看病费用,其中第二个初衷更为现实,更能为参保人员所亲身感受。根据图3-9可以看出,2010年以来,天津市城乡居民基本医疗保险参保人员人均费用在2011年后出现下降趋势,2013年比2010年减少近300元。

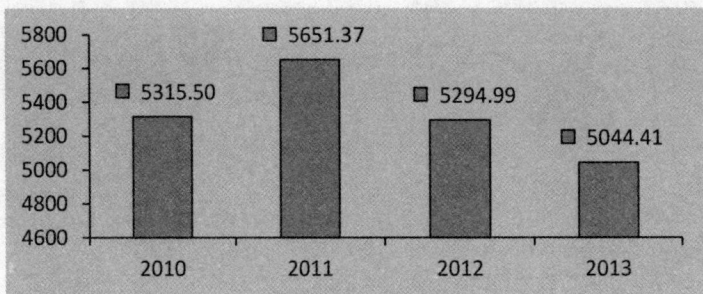

图3-9 城乡居民基本医疗保险参保就医人员人均医疗费用

图3-10描述了天津市城乡居民基本医疗保险制度满意度相关内容,如果用"非常满意""满意"频数之和与总频数之比来衡量对医保制度的满意度,那么天津市城乡居民基本医疗保险缴费满意度71.4%,天津市城乡居民医保报销比例满意度56.8%,天津市城乡居民医院服务满意度50.2%,天津市城乡居民基本医疗保险制度整体满意度60.8%,参保者缴费满意度高于费用报销满意度,天津市城乡居民基本医疗保险制度整体满意度还有很大提升空间。

医保制度社会支持度主要通过患者对城乡居民基本医疗保险制度支持度获得。调查过程中,关于"明年你是否愿意继续参保"题项,92.4%的人选择愿意;关于"明年你是否愿意提高缴费档次",86.2%的人选择愿意,指标数值较高是因为制度建立以来给城乡居民带来了实实在在的好处。城乡居民在收入较好、对医疗保险政策内容熟知的情况下,愿意通过提高缴费层次来提高个人医疗保障水平。

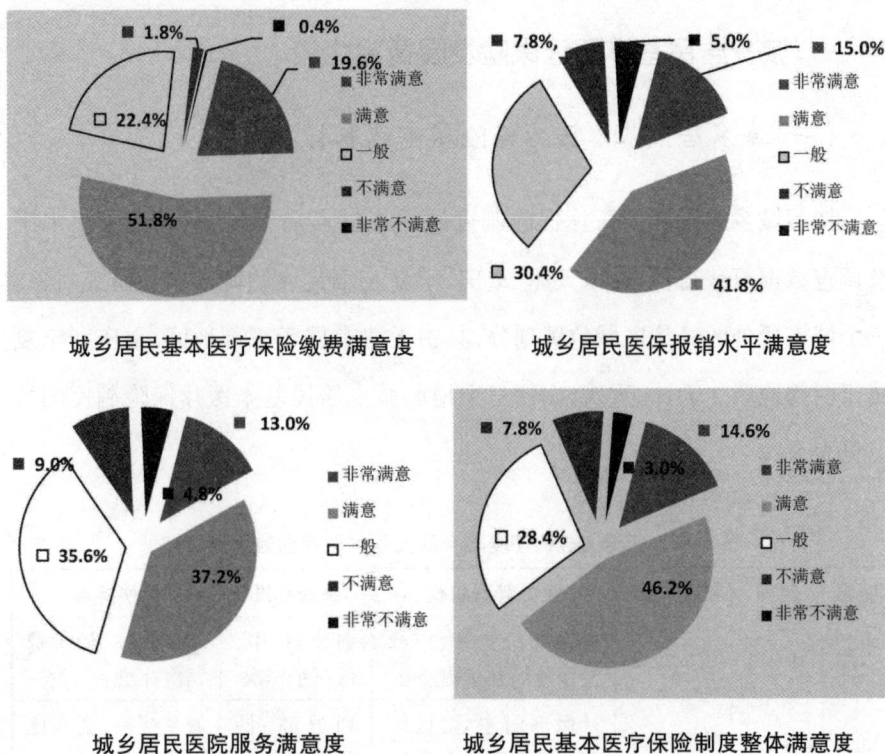

城乡居民基本医疗保险缴费满意度

城乡居民医保报销水平满意度

城乡居民医院服务满意度

城乡居民基本医疗保险制度整体满意度

图3-10 城乡居民基本医疗保险制度居民满意度

第二节 城乡居民基本医疗保险
制度效果横向比较研究

本部分以天津、重庆、宁夏三个城市城乡居民基本医疗保险制度运行为基础,对城乡统筹背景下制度效果进行省际比较研究,为下一步其他省市城乡居民基本医疗保险制度发展,以及我国医疗保险制度全国统筹做好铺垫,为相关政府部门提供决策依据。

一、城乡居民基本医疗保险发展情况比较

(一)城乡居民基本医疗保险城市选取标准

按照城乡居民基本医疗保险制度试点市试点启动时间、经济发展水平及调查数据可获得性,选取天津、重庆、宁夏三个代表性城市作为研究对象。三个城市所处的经济区域位置划分,其中天津市属于东部地区,重庆和宁夏属于西部地区。天津、重庆、宁夏三个地区城乡居民基本医疗保险制度的特点见表3-2。

表3-2　天津、重庆、宁夏城乡居民基本医疗保险制度特点

城市	时间	统筹层次	经办管理机构	筹资标准	补偿标准
天津	2010年	市级统筹	社保部门主管、市社会保险经办机构经办	划分高、中、低三个档次	城乡统一、依缴费档次补偿
重庆	2010年	市级统筹	社保部门主管、区医疗保险管理中心经办	划分高、低两个档次	城乡统一、高档比低档高百分之五
宁夏	2012年	全区统筹	社保部门主管、区社会保险经办机构经办	划分高、中、低三个档次	城乡统一、依缴费档次补偿

资料来源:根据各地医疗保险政策文件整理①

从表3-2可以看出,从统筹年份来看,天津、重庆均是在2010年开始全面实行城乡居民基本医疗保险制度。调研结果显示,天津早在2008年即开

---

① 参见江金启:《新农合政策与农村居民的就医地点选择变化》,《南方经济》,2013年第2期;王亚东、关静等:《全国社区卫生服务现状调查——影响社区居民选择就诊机构的因素分析》,《中国全科医学》,2006年第13期;王翌秋、张兵:《农村居民就诊单位选择影响因素的实证分析》,《中国农村经济》,2009年第2期。

始城乡居民基本医疗保险制度建设的前期准备工作,首先将"新农合"并入人力资源社会保障部门,通过2009年全年的准备在2010年才真正完全开始制度试点工作;重庆是自2007年首先在其市内五区开展城乡居民基本医疗保险试点工作;宁夏城乡居民基本医疗保险制度在2010年开始试点工作,直至2012年该制度才在全区实行统筹发展。

在制度实行力度方面,天津城乡居民基本医保制度贯彻得最为彻底,已经完全取消新农合,而重庆、宁夏却仍有少部分人参加新农合。

在统筹层次方面,天津市在制度刚实施时便做到了市级统筹,而重庆则是在2012年12月才全面实施制度的市级统筹,宁夏目前仍以地市为统筹单位。较高的统筹层次可以扩大基金规模,制度设计也可避免太过保守,出现基金冗余、赤字现象的概率会有所降低。

在经办机构的设置方面,天津和宁夏选择当地的市社保部门和经办机构管理,而重庆则选择由社保部门主管,区医疗保险管理中心经办,三个地区经办机构分工明确,给当地医保信息化建设、网络工作协调带来了很大便利。

在筹资标准方面,城乡居民基本医疗保险筹资普遍采用个人缴费加政府补助形式,其中个人缴费标准包括多个档次,以适应不同收入群体投保需求。如天津采用高、中、低三档缴费模式,宁夏与天津相同,重庆采用高、低两档模式。

在医疗保险政策补偿方面,为吸引参保者提高参保缴费档次,三个城市城乡居民基本医疗保险政策补偿与个人缴费标准相挂钩。

（二）城乡居民医保参保对象覆盖范围

表3-3　天津、重庆、宁夏城乡居民基本医疗保险制度覆盖范围

地区	参保对象
天津	①具有本市农业户籍的全体居民。 ②在本市所属各类普通高等院校(全日制学历教育)、普通中小学校、中等专业学校、技工学校、职业高中、特殊教育学校等全日制学校就读的非在职学生和幼儿园、托儿所、保育院的儿童,以及其他未成年人(含新生婴儿)。 ③男满60周岁、女满50周岁(含参保缴费期次年男满60周岁、女满50周岁),不具备领取城镇职工基本养老保险金资格的老年居民。 ④男不满60周岁、女不满50周岁,丧失劳动能力并且尚未参加基本医疗保险的成年居民。 ⑤城镇非从业居民中男不满60周岁、女不满50周岁,未就业、灵活就业并且尚未参加基本医疗保险的成年居民。
重庆	①户籍在本市且未参加城镇职工医疗保险的城乡居民,包括中小学校、中等职业学校、特殊教育学校在册学生和托幼机构在园幼儿(不含户籍未转的高校参保的大学生)。 ②在渝高校(含民办高校、科研院所)全日制本、专科生,研究生(统称在渝高校大学生)。 ③具有本市户籍的新生儿(独立参保)。
宁夏	①具有我区户籍且不属于城镇职工基本医疗保险参保范围的城乡居民。 ②在我区大中专院校就读的在校学生。 ③在我区长期投资经商和务工的外省区人员的未成年子女。 ④国家和自治区另行规定的其他人员。

资料来源:根据各地医疗保险政策文件整理

城乡居民基本医疗保险制度参保对象主要是本地城乡居民和学生、儿童,其中天津市对非在职学生进行了详细说明,同时将城镇非从业居民中男不满60周岁、女不满50周岁未就业纳入城乡居民基本医疗保险范畴;宁夏市将在本地长期投资经商和务工的外省区人员的学生、儿童纳入报销范畴。

（三）城乡居民基本医疗保险参保缴费标准

在筹资标准方面，根据不同地区的不同情况，天津和宁夏采用三档制，重庆则采用两档制。

从表3-4可知，作为已经实现城乡居民基本医疗保险制度全面统筹的三个地区，天津、重庆和宁夏都在不断探索，对城乡居民基本医疗保险制度参保人范围，筹资比例和个人、政府缴纳标准进行了详细规定。

在缴费群体上，天津将城乡居民细分为成年人和学生儿童，缴费级别成年人分三个档次，学生儿童自属一档；重庆和宁夏城乡居民缴费层次分为两档和三档。三个地区成年人/城乡居民都以自愿作为参保原则，自由选择参保缴费级别，使参保患者缴费级别与其经济收入水平挂钩，这样能保证所有城乡居民都能在相应条件下参保，提高参保率，保证参保公平。

表3-4　天津、重庆、宁夏城乡居民基本医疗保险参保缴费

城市	缴费人群	缴费层次	每年医保缴费标准（元）		
			年度缴纳	个人缴纳	政府补贴
天津	成年人	第一档	1130	610	520
		第二档	830	310	520
		第三档	600	80	520
	学生、儿童		580	60	520
重庆	城乡居民	一档	380	60	320
		二档	470	150	320
宁夏	城乡居民	一档	390	50	340
		二档	510	170	340
		三档	640	300	340

资料来源：根据各地医疗保险政策文件整理

从不同参保级别缴费标准来看，在2013年和2014年新调整的参保群体缴费标准中，平均每人年度缴费总额和政府补贴额度标准，天津市年度缴纳

医疗保险费用相对较高,宁夏次之,重庆平均每人年度缴费最低。从不同参保级别医疗保险缴费政府补贴来看,三个地区对于不同级别参保者缴费政府补贴均是相同的,最大区别只是每个缴费级别中个人缴纳差异,体现了政府补贴的绝对公平性。

(四)城乡居民基本医疗保险费用报销标准

表3-5　天津、重庆、宁夏城乡居民基本医疗保险费用报销

城市	报销项目	缴费层次	起付线	报销上限	医院级别与费用报销比 %			
					一级	二级	三级	
天津	住院	1130 元	500 元	18 万	80	70	60	
		830 元			75	65	55	
		600 元			70	60	50	
		580 元			80	70	60	
	门(急)诊		500 元	3000 元	50	—		
重庆	住院	380 元	100 元 * 300 元 ** 800 元 ***	8 万	80	60	40	
		470 元		12 万	85	65	45	
	门诊	普通门诊实行定额报销,每年按照一档个人缴纳的居民医疗保险费标准确定,在定额报销额度内使用不设封顶线和报销比例						
宁夏	住院	390 元	200 元 * 400 元 ** 700 元 1 1000 元 2	7 万	85	80	701	452
		510 元		12 万	90	85	801	602
		640 元		16 万	95	90	851	652
	普通门诊	年度最高支付限额 330 元(含一般诊疗费)。报销比例:社区服务站和村卫生室 70%,社区服务中心和乡镇卫生院 60%,县级医疗机构 35%。						

　注: *代表一级医院及以下, ** 代表二级医院, *** 代表三级医院;1 代表三级乙等医院,2 代表三级甲等医院,3 代表乡镇卫生院、社区卫生服务中心

从表3-5可以看出,三个地区住院报销标准,宁夏住院费用报销比例最高,其次为重庆,最后为天津。如住院费用报销标准中,缴费最低层次者在一级及以下医疗机构住院费用报销比宁夏85%,重庆80%,天津70%;缴费级别最高者在一级以下医疗机构住院费用报销比宁夏95%,重庆85%,天津80%。

住院报销标准比较:①三个试点城市城乡居民基本医疗保险住院报销水平不仅与参保者缴费级别相关,而且与参保患者就医医院级别相关,缴费级别越高,就医医院级别越低,其医疗费用报销越多。补偿标准与筹资标准、就医医院级别挂钩,参保人所享受的报销待遇与其选择的筹资级别相关,且顾及了不同经济状况的人群,体现了城乡居民基本医疗保险保障水平的相对公平性;②三个城市城乡居民基本医疗保险不同级别医院住院费用报销比体现阶梯型发展趋势,一级医院报销比例最高,二级医院其次,三级医院最低,体现了城乡居民基本医疗保险政策引导就医,使医疗服务下沉基层医疗机构的趋势;③三个试点城市纵向比较,不同级别的就医医院住院费用比较,宁夏住院费用报销比例相对最高,其次为重庆,最后为天津。如宁夏缴费390元的参保者在一级医院住院报销比为85%,重庆缴费380元的参保者在一级医院住院报销比为80%,天津缴费600元参保者在一级医院住院报销比只有70%,天津的缴费水平和报销比相对低一些。

门诊报销标准比较:2013年至2014年,城乡居民医疗保险政策调整后,三个城市门诊报销差异较大。天津规定了门(急)诊的起付线和封顶线,而且只在一级及以下医疗机构报销50%;重庆每年按照普通门诊实行定额报销,在定额报销额度内不设封顶线和报销比例;宁夏年度最高支付限额330元,医疗费用报销比例在35%~70%之间。

（五）城乡居民基本医疗保险制度试点参保具体情况

表3-6 天津、重庆、宁夏城市人口、经济和卫生条件比较

	单位	天津	重庆	宁夏
参保人数	万人	544	2695	457
农村居民年人均可支配收入	元	15405	8332	6931
医保基金收入	万元	194,866	808,937	187,416
医保基金支出*	万元	168,281	709,460	127,188
人均医疗保险基金收入	元	381.36	297.11	411.72
人均医疗保险基金支出	元	329.33	260.58	279.41
卫生技术人员数	万人	8.1	14.21	3.735
床位数	万张	5.77	14.89	3.03

注：*号部分为2012年基金收入和支出，其余均为2013年数据资料

资料来源：2012年至2013年各城市国民经济和社会发展统计公报

城乡居民基本医疗保险制度参保人群以城镇和农村居民为主，且三个试点城市参保覆盖率均达95%以上。参保人数体现了制度负担大小及制度实施的难易程度，2013年重庆市城乡居民基本医疗保险制度参保人数2695万人，天津544万人，宁夏457万人，重庆负担明显高于天津和宁夏；因城镇居民参保者大多属于无工作、需要靠政府补助的人群，因此以农村居民年人均可支配收入作为城乡居民基本医疗保险制度参保者参保缴费能力评价指标，2013年天津市村居民年人均可支配收入最高15405元，其次是重庆8332元，宁夏居第三6931元。

医保基金收入和支出体现了城乡居民基本医疗保险制度基金运行情况，是该制度可持续发展的前提，从医保基金收入和支出总额看，2012年重庆医保基金收入和支出最高，但以人均医保基金收入和医保基金支出核算后发现，宁夏以人均医保基金收入411.72元居首位，天津人均医保基金收入

为381.36元居第二,重庆为297.11元,位列第三;人均医疗保险基金支出指标,天津329.33元位居第一,其次是宁夏279.41元,最后是重庆260.58元;卫生技术人员数和医疗机构床位数从侧面反映了城乡居民基本医疗保险制度参保者可享受的医疗服务水平。2013年,卫生技术人员数和床位数总量重庆位列第一,但如果以人均指标核算,天津第一,宁夏第二,重庆第三。

二、城乡居民医疗保险制度效果评价指标体系建立

城乡统筹医疗保险制度涉及多方面内容,在制度政策制定方面就包含医疗保险缴费和费用报销两大方面,城乡统筹医疗保险制度运行更涉及制度运行环境、制度运行基金等多方面内容,只有各部分、各环节相互协调,才能保持制度运行的公平性和可持续性,因此制度效果评价需要运用综合指标体系。

(一)指标体系构建原则

根据国内外医疗保险制度评价指标体系构建基本原则,[1]我国城乡居民基本医疗保险制度效果评价指标体系构建应满足以下儿点:

(1)科学性。城乡居民基本医疗保险制度评价指标体系应遵循科学性原则,客观、真实反映制度运行状态,指标体系构成必须是经过资料整理、调研、测试、评议等方式得到的定性或定量的结果。

---

[1] 参见曹俊山:《上海城镇居民基本医疗保险制度评价与完善研究》,复旦大学博士学位论文,2011年;林毓铭:《中国社会保障制度可持续发展的分析与评估》,武汉大学博士学位论文,2004年;余昕:《江西省城镇居民基本医疗保险制度运行效果评价及制度完善》,南昌大学硕士学位论文,2008年;李妍婷、赵明、丁蕾等:《医疗保障体系改革效果评估指标体系的研究》,《上海交通大学学报(医学版)》,2011年第2期;刘春生、代涛、朱坤、张小娟:《常熟市居民基本医疗保险运行效果分析》,《中国社会医学杂志》,2012年第2期。

（2）系统性。城乡居民基本医疗保险制度运行是一个包含医疗保险政府部门、制度运行环境和医疗保险基金等多方面的复杂系统,在指标体系设计过程中应尽量从多角度对制度进行诠释,使评价结果更加全面。

（3）层次性。由于城乡居民基本医疗保险制度运行受多因素综合影响,制度评价指标体系被划分为几个方面,每个方面由不同指标进行诠释,通过指标体系的层级概念来表达评价角度的多面性,最后所有指标构成评价整体。

（4）可行性。指标体系包含指标应该能够进行量化,样本数据容易收集并容易计算,以降低主观臆断错误。

（二）指标体系的构建

根据城乡统筹医疗保险制度发展现状和指标体系构建原则,借鉴相关学者医疗保险制度评价指标体系建立经验,[①]城乡统筹医疗保险制度综合评价指标应可以从以下四个角度来衡量:医保政策保障水平、医保服务保障水平、医保制度公平性和医保制度可持续性。

医保政策保障水平。医疗保险政策是医疗保险城乡统筹发展的前提,医保缴费、参保患者医疗保障都需要通过政策工具来实现。因此,选取医保个人缴费占比、医保缴费与居民收入适应性、医保缴费与经济发展适应性和住院保障水平四个指标作为各直辖市医疗保险政策保障评价指标。

---

① 参见 Scheil – Adlung X. and F. Bonnet, Beyond Legal Coverage Assessing the Performance of Social Health Protection, *International Social Security Review*, 2011, (3); Cardon J H Hendel I., Asymmetric Information in Health Insurance Evidence from the National Medical Expenditure Survey, *Journal of Economics*, 2001; 代涛、朱坤、张小娟:《我国新型农村合作医疗制度运行效果分析》,《中国卫生政策研究》, 2013 年第 6 期。

表3-7　城乡居民基本医疗保险制度效果评价指标体系

目标层	准则层	指标层	单位	计算公式
城乡居民基本医疗保险制度实施效果评价指标体系	医保政策保障水平（A1）	医保个人缴费占比（B1）	%	平均个人缴费/平均年度缴费
		医保缴费与居民收入适应性（B2）	%	人均医疗保险缴费/人均收入
		医保缴费与经济发展适应性（B3）	%	人均医疗保险政府补贴/人均GDP
		医疗保险住院保障水（B4）	%	不同医院平均住院报销比
	医保服务保障水平（A2）	卫生机构密度（B5）	（个/百人）	卫生机构数/户籍人口数
		床位密度（B6）	张/十人	床位数/户籍人口数
		卫生技术人员密度（B7）	人/十人	卫生技术人员数/户籍人口数
	医保制度公平性（A3）	参保率（B8）	%	实际参保人数/应参保人数
		参保人数增长率（B9）	%	（当年参保人数－去年）/去年
		低档参保者受益保障（B10）	—	低档参保者一级医院住院报销比例/个人缴费占总费比例
		城乡床位密度比（B11）	—	农村每万人口拥有床位数/城市每万人口拥有床位数
	医保制度可持续性（A4）	医保基金支出经济适应性（B12）	—	医保基金支出增速/GDP增速
		医保基金支出财政适应性（B13）	—	医保基金支出增速/财政支出增速
		当期医保基金结余率（B14）	%	当期基金结余额/基金收入
		累计基金结余率（B15）	%	累计基金结余/当年基金收入

医保服务保障水平。医疗服务环境是制度运行的有力保障,直接影响制度运行质量,因此我们选择卫生机构密度、床位密度、卫生技术人员密度衡量该地区整体的医疗服务条件。

医保制度公平性。人人享有医疗保险,平等获得医疗服务的权利是城乡统筹医保制度目标之一,同时由于城乡统筹医保制度在建立之初,大部分城乡居民会选取低档保险,因此我们选取参保率、参保人数增长率、低档参保者受益保障和城乡床位密度比衡量城乡统筹医保制度公平性。

医保制度可持续性。2013 年中共十八届三中全会也指出:"要建立公平更加可持续的社会保障制度",城乡居民基本医疗保险自建立以来,在确保保障水平基础上,制度可持续性成为我国医疗改革的核心,其中医疗保险基金的可持续性尤为重要。在控制医保基金支出水平,在"收支平衡,或略有结余"的原则下,我们选择医疗保险基金支出经济适应性、医保基金支出财政适应性、当期医保基金结余率和累计基金结余率评价城乡统筹医保制度可持续性。随着城乡统筹医疗保险制度的发展与完善,医保基金支出应与地区经济和财政支出相匹配,医保基金支出越高于经济和财政支出水平,医保可持续性越差,因此医保基金支出经济适应性和医保基金支出财政适应性为两个负向指标。在医保基金结余率方面,目前公认的医疗保险统筹基金结余已经越来越接近于6—9 个月的医保基金收入标准。计算三个地区的医保基金当期结余率和累计结余率,这两个指标越高越好,为正向指标。

基于四个层次指标选取建立的城乡居民医疗保险制度评价指标体系见上表3-7。

三、城乡居民基本医疗保险制度评价方法

为充分挖掘数据所含信息,最大限度地体现评价对象差异性,本书采用纵横向拉开档次法对城乡统筹下三个地区城乡医疗保险指标体系进行时序综合权重的计算和对评价单元进行综合比较。

纵横向拉开档次法是以时间序列数据为样本数据的评价方法。[1] 设有 n 个被评价单元 $s_1, s_2, \cdots, s_n$ 和 m 个评价指标 $x_1, x_2, \cdots, x_n$ 在 $t_k(k = 1, 2, \cdots, T)$ 时刻指标样本数据记为 $x_m(t_k)$，被评价单元在不同时点呈现状态可由指标向量：

$$x(t_k) = (x_1(t_k), x_2(t_k), \cdots, x_m(t_k))^T \quad (k = 1, 2, \cdots, T)$$

来表示，综合评级函数为：

$$y_k(t_k) = \sum w_j(x_{ij}) \qquad\qquad 公式(3-1)$$

$$k = 1, 2, \cdots, T \quad i = 1, 2, \cdots, n \quad j = 1, 2, \cdots, m,$$

通过在样本时间序列数据中尽最大概率提炼各评价单元中间差别的方式确定权重系数 $w_j(j = 1, 2, \cdots, m)$，原始数据标准化处理之后，$y_m(t_k)$ 总离差平方和为：

$$e^2 = \sum w^T H_t w = w^T H w \qquad\qquad 公式(3-2)$$

其中，$w = (w_1, w_2, \cdots, w_m)^T$，$m * m$ 阶对称矩阵，

$H_k = x_k^T x_k (k = 1, 2, \cdots, T)$，$x_k$ 为时序立体数据表。

基于前面构建的城乡统筹医疗保险制度评价指标体系，应用纵横向拉开档次法确定评价指标权重，同时计算三个评价单元总得分，同时作比较研究。

四、城乡居民基本医疗保险制度效果评价结果分析

数据主要来源于天津、重庆和宁夏国民经济和社会发展统计公报

---

[1] 郭亚军：《综合评价理论与方法》，科学出版社，2002 年；欧阳森、石怡理、刘洋：《基于纵横向拉开档次法的电能质量动态评估》，《华南理工大学学报（自然科学版）》，2013 年第 4 期；魏明华、黄强、邱林、郑志宏：《基于"纵横向拉开档次法"的水资源环境综合评价》，《沈阳农业大学学报》，2010 年第 1 期。

（2010—2013）和地区统计年鉴,各指标原始数据见表3-8。

表3-8　城乡居民基本医疗保险制度评价样本数据

各项指标	指标正负	天津	重庆	宁夏
1 医保政策保障水平*				
1.1 医疗保险个人缴费占比	+	33.8	24.7	33.8
1.2 医疗保险缴费与当地居民收入适应性	+	1.72	1.26	2.50
1.3 医疗保险缴费与当地经济发展适应性	+	3.05	3.11	2.39
1.4 医疗保险住院保障水平	+	66.3	62.5	77.5
2 医疗服务保障水平*				
2.1 卫生机构密度(个/千人)	+	0.32	0.64	0.65
2.2 床位密度(张/百人)	+	0.39	0.50	0.46
2.3 卫生技术人员密度(人/百人)	+	0.55	0.48	0.57
3 医保制度公平性*				
3.1 参保率(%)	+	96	95	97.2
3.2 参保人数增长率(%)	+	6.45	-1.0	0.38
3.3 低档参保者受益保障	+	5.25	5.07	6.63
3.4 城乡床位密度比	+	0.66	0.91	0.35
4 医保制度可持续性**				
4.1 医保基金支出经济适应性	-	1.47	45.25	37.82
4.2 医保基金支出财政适应性	-	1.05	30.92	19.16
4.3 当期医保基金结余率(%)	+	13.6	12.3	32.1
4.4 累计基金结余率(%)	+	21.5	48.5	71.1

注: *代表指标体系采用2013年数据资料, **代表指标体系采用2012年数据资料。

　　为消除量纲影响,对数据进行标准化处理后再进行下一步的模型测算,其中,对于负指标先取正再进行标准化,标准化公式见式(3-3)。

$$y_k(x_k) = \frac{x_i - min(x_i)}{max(x_i) - min(x_i)} \qquad 公式(3-3)$$

利用纵横拉开档次法获得标准化数据的正对称矩阵 H,然后利用 Mat-lab7.0 软件计算矩阵 H 最大特征值对应的特征向量为:

$$w^T = (0.098, 0.074, 0.056, 0.069, 0.080, 0.059, 0.089$$
$$0.077, 0.049, 0.064, 0.043, 0.048, 0.062, 0.071)$$

将观测值代入公式(3-1)得到三个地区城乡统筹医疗保险综合评价值,见图 3-11、表 3-8 和表 3-9。

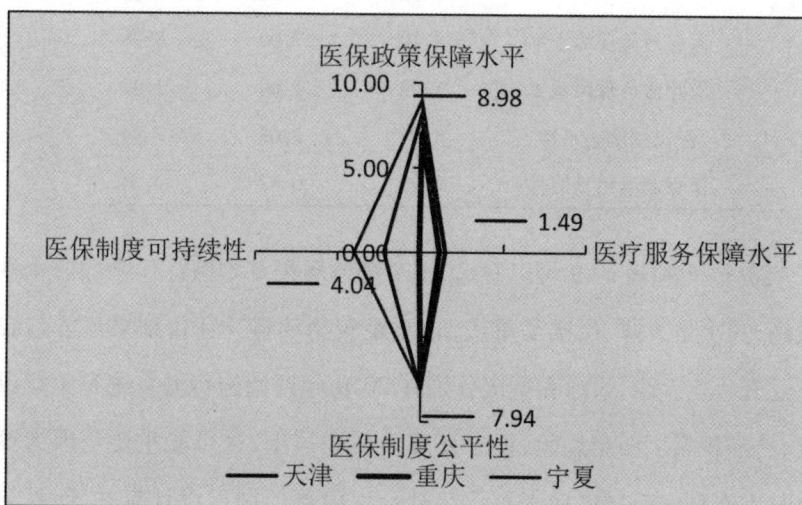

图 3-11　城乡居民医疗保险制度综合评价子系统得分图

从图 3-11 可以看出,四个子系统中医疗政策保障水平和医保制度公平性得分较高,医保制度可持续性次之,医疗服务保障水平最差。说明在城乡统筹医疗保险制度构建过程中,制度设计和制度全覆盖比较容易做到,但制度运行过程中医保基金控制是三个地区普遍面临的问题,医疗服务设施完善和保障水平的提高更是制度运行迫切需要解决的问题。

表3-9 城乡居民基本医疗保险制度综合评价结果

地区	综合评价值	排序
天津	19.93	2
重庆	15.84	3
宁夏	22.44	1

表3-10 城乡居民基本医疗保险制度评价子系统得分

	天津	重庆	宁夏
医保政策保障水平	8.19	7.00	8.98
医疗服务保障水平	1.43	1.09	1.49
医保制度公平性	8.07	7.63	7.94
医保制度可持续性	2.23	0.12	4.04

从表3-8和表3-9可以看出,城乡统筹居民基本医疗保险综合水平宁夏最高,其次是天津,最次是重庆,且差距较为明显。评价结果可能与我们的感受有一定差距,天津和重庆分别在2010年开始施行城乡统筹医疗保险制度,已经积累了一定经验,但宁夏反而后来居上,这可能主要是因为城乡居民基本医疗保险制度效果不仅与社会保障部门制度设计有关,而且与当地经济发展水平、人口数量、医疗服务设施水平及多部门配合相关,宁夏城乡居民基本医疗保险参保人数最少,其制度效果最明显。

从天津来看,其医保制度公平性明显高于其他两个地区,主要是因为经过4年不断完善,天津市城乡居民参保率达96%以上,参保人数一直在增加,2013年天津城乡居民参保人数增长6.45个百分点;城乡床位密度比应与城乡人口比相一致,2013年天津农村人口与城镇人口比为0.59∶1,城乡床位密度比(0.66)与城乡人口比相一致,医保制度覆盖面和医保设施分布较为理想;天津市医疗保险政策保障和医保制度可持续性相对较高,从2010年城乡统筹医保制度建立以来,天津市逐年提高居民和政府医保缴费水平,提高住院费用报销比,使得医疗保险缴费和费用报销得到一定保障;医疗保险基金控制也比较突出,2012年医保基金支出与当地经济和财政支出适应性较高。

从宁夏来看,其综合评价得分较高,主要是因为宁夏人口较少,城乡统筹医保制度建立较晚,但在吸收其他省市经验基础上起点较高。如医保政策保障水平方面,重庆市2013年新调整的住院保障水平平均值高达77.5%,远高于天津和宁夏;医疗服务保障水平方面,整体来看,重庆的医疗卫生机构数量、床位数和卫生技术人员总量均远超天津和宁夏,天津又高于宁夏整体水平。但如果按户籍人口测算,2013年重庆户籍人口3358.42万人,天津1003.97万人,宁夏约572万人,因此宁夏的卫生机构密度、床位密度和卫生技术人员密度指标均高于重庆和天津。医疗制度公平性方面,重庆城乡居民参保率高达97.2%,且参保人数仍在缓慢增加,2013年宁夏农村人口与城镇人口比1.65∶1,城乡床位密度比(0.35)相对较低;由于宁夏城乡医保制度刚刚建立,其医保基金支出增加速度高于当期经济发展水平和财政支出水平,但其医保基金当期结余率均高于天津和重庆,可能是因为该制度在宁夏实行,需要积累更多的资金去建设信息平台,安排调度相关人力资源等。

从重庆来看,经过4年城乡医保制度发展,重庆城乡医保也有很多可圈可点之处,但由于重庆人口数量远高于天津和宁夏,因此制度发展需要付出更多努力。2013年,重庆城乡居民参保率95%,由于一定的原因,重庆参保人数由2012年的2723万人下降为2013年的2695.26万人,下降了1个百分点;其医保缴费水平和医疗费用住院报销水平在逐年提升;城乡医疗服务设施保障方面,2013年重庆农村人口与城镇人口比为1.51,但城乡床位密度比(0.91)低于该数值,农村基层医疗服务设施需要进一步加强;医保基金控制和医保基金结余在逐年改善,但仍有很大提升空间。

第三节　城乡居民基本医疗保险制度与城镇职工医保制度比较研究

为更好研究制度运行情况,将天津、重庆、宁夏城乡居民基本医疗保险政策与三个城市城镇职工医保制度进行比较分析。根据前面分析,目前我国医疗保险制度仍处于完善阶段,因此制度保障水平和可持续性成为关注焦点,将运行获得的数据资料整合为四个指标,并将其与城乡居民进行比较分析。

其中,个人缴费占缴费总额比、个人缴费占收入比分别表示参保者缴费水平,医疗保险住院报销比代表医疗保险体制对参保者医疗保障水平,医保基金累计结余率体现医疗保险制度可持续性。其中,三个指标计算公式分别为:

个人缴费占个人总缴费比 = 每年个人缴费金额/每年个人缴费总额 * 100

个人缴费占年人均收入比 = 每年个人缴费金额/每年居民可支配收入或者每年职工医保缴费基数 * 100

医保基金累计结余率 = 医保基金累计结余/当年医保基金收入 * 100

从个人缴费占人均收入比来看,城镇职工保险中,根据津政发〔2001〕80号文件规定,天津市城镇职工医疗保险职工缴费按照本人上年度月平均工资的2%进行缴纳,单位缴纳9%,缴费比例11%。在后期发展中,天津对城镇职工医疗保险缴费基数最低和最高标准进行调整,但缴费比例并没有发生变化;2013年,重庆医疗保险政策解读文件中指明重庆在职职工按本人缴费基数的2%缴纳,单位缴费8%;宁夏在1999年颁布政策指明宁夏城镇职工医保用人单位缴费率按照测算的实际比例为职工工资总额的6%左右,职工个人缴费率,起步阶段按本人工资收入的2%缴纳,同时在起付标准、最高支付限额、报销比例及统筹基金中,个人负担比例的具体管理办法由各市、县研究确定。城乡居民基本医疗保险制度是在以新农合和城镇居民医保制度基础上建立起来的,这两个群体收入普遍低于城镇职工群体收入,为保持医保制度的覆盖率和可持续性,个人缴费占个人收入在制度建立之初均沿用新农合缴费标准,为0.5%。2012年以后,随着农村居民人均收入水平提升,各省市逐渐缓慢提高个人缴费比,如2013—2014年以最低档参保者缴费核算的指标数值看,天津0.52%,重庆0.72%,宁夏0.72%,个人缴费占个人收入水平比均低于城镇职工的2%。

表3-11 城乡居民基本医疗保险制度和城镇职工医保制度比较

		天津	重庆	宁夏
城乡居民	个人缴费占总缴费比*	13.33%	15.79%	12.82%
	个人缴费占年人均收入比*	0.52%	0.72%	0.72%
	医疗保险住院报销比	50%-70%	40%-80%	45%-85%
	医保基金累计结余率**	21.5%	48.5%	71.1%
城镇职工	个人缴费占总筹资比	18.18% a	20% b	20% c
	个人缴费占人均收入比	2% a	2% b	2% c
	医疗保险住院报销比	80%-92%	85%-90%	75% d
	医保基金累计结余率**	53.4%	121.44%	124.48%

注:因为城乡居民基本医疗保险缴费中95%以上的参保者选择最低档参保,因此带*指标以2013—2014年最低档参保者缴费核算;** 指标采用2012年指标计算得到;a:2001年标准;b:2013年标准;c:1999年标准;d:宁夏银川市标准。

资料来源:由2012—2013年《中国统计年鉴》、2013年各城市国民经济和社会发展统计公报整理获得

从个人缴费占总缴费金额比来看,城镇职工医疗保险基金筹集模式采用个人、单位缴纳模式,城乡居民医疗保险基金筹集模式采用个人和政府补贴模式。根据城镇职工医疗保险基金筹集模式和各省市个人、单位缴纳百

分比计算可知,天津、重庆和宁夏城镇职工医保基金个人缴费占总缴费金额比分别达到 18.18%、20%、20%,城乡居民基本医疗保险个人筹资占总筹资比相对较低,如天津、重庆和宁夏分别为 13.33%、15.79% 和 12.82%,说明与城镇职工相比,政府对城乡居民基本医疗保险基金补贴力度相对较大,这是由于城乡居民基本医疗保险制度建立初期,提高制度覆盖率和医疗保障水平是首要目标。

从住院报销比来看,三个试点城市城乡居民基本医疗保险保障水平远低于城镇职工医疗保险。2013—2014 年度宁夏城乡居民基本医疗保险住院报销比最高(45% 和 85%),但其最低报销水平(45%)低于宁夏银川市住院最低报销水平(75%,三级医院住院报销比);天津城乡居民基本医疗保险住院补偿比最高达 70%,低于城镇职工指标值(92%)。

从医保基金累计结余率来看,2012 年三个试点城市城乡居民医保基金累计结余率远低于城镇职工医保制度水平,重庆和宁夏的累计基金结余率高达 120% 以上。虽然有学者曾指出,医保基金适度结余率应以 6—9 个月医保基金支出水平为宜,较高的医保基金结余率虽能加强医保制度的可持续性,但不利于医疗保险基金的合理利用,因此医保基金结余应保持在适度水平为宜。

第四节　本章小结

本部分主要从三个方面展开了比较研究:一是对城乡居民基本医疗保险制度现状进行介绍,构建制度评价指标体系,采用纵横向拉开档次方法,对制度效果进行省际间横向比较研究;二是以天津城乡居民基本医疗保险制度为重点,对制度效果进行纵向年度比较研究;三是将城乡居民基本医疗保险制度与城镇职工医保制度进行比较研究。研究结果发现：

第一，通过对天津城乡居民基本医疗保险制度发展实践调查可知，一方面，2010年以来，参保人数在逐年增加，其中学生、儿童参保人数比例逐年提高，学生儿童年度个人缴纳费用最低，但学生儿童住院政策报销比与最高档缴费参保人员一致；同时由于居民医疗保险缴费和报销政策知晓度有待提高，参保人员大多存在"从众"心理，90%以上的选择了较低层次的低档缴费，使得城乡居民基本医疗保险基金筹集存在一定的压力；另一方面，在城乡居民基本医疗保险政策"引导就医"过程中，在一级社区医院就医人群占比逐渐提高，但大型医疗机构就医人数比仍较高；患者医疗保险费用有了一定程度下降，参保居民对制度整体满意度还有很大提升空间，但患者对制度支持度较高，说明该制度自建立以来给城乡居民带来了实实在在的好处，城乡居民在收入较好、对医疗保险政策内容熟知的情况下，也愿意通过提高缴费层次来提高个人医疗保障水平。

第二，比较研究各省市城乡居民基本医疗保险制度医保政策保障水平、医疗服务保障水平、医保制度公平性和医保制度可持续性四个方面，目前我国城乡居民基本医疗保险制度在参保公平性和政策保障方面基本发挥了作用；但同时受各地经济发展水平、医疗保险服务投入等因素影响，医疗服务保障水平和医疗保险可持续性仍是我国城乡居民基本医疗保险制度发展的短板，同时也是未来制度努力的方向。

第三，与城镇职工医保制度相比，我国城乡居民基本医疗保险制度前期发展主要依托于政府补贴，居民个人缴费较低，个人缴费增长幅度慢于收入增长速度，但政策报销比在逐年提高，导致城乡居民基本医疗保险基金累计结余低于城镇职工制度发展水平，这不利于城乡居民基本医疗保险制度可持续发展。

第四章　城乡居民基本医疗保险真实保障水平研究

医疗保障水平方面,学者们主要从两个方面对医疗保险保障水平进行研究:一是从宏观角度衡量医疗保障水平与当地经济发展是否相适应,如邵平(2012)从宏观角度分析认为,一国医疗保障水平可以用医疗保险支出占国内生产总值的百分比表示,同时认为目前我国医疗保障水平基本与经济发展是同步的,但远落后于发达国家的保障程度;[①]二是利用参保者住院费用补偿比来衡量参保者医疗保障水平,如张英洁(2007)、张柠(2014)、王娟(2014)和郑振佺(2013)以新型农村合作医疗制度为研究对象,对参保者住院保障水平进行研究,研究结果认为受多重因素影响,我国农村居民医疗保障水平得到有效缓解,但仍低于政策保障水平;[②]三是提高医疗保险保障水

---

① 邵平:《医疗保障水平的测定与分析》,《中国卫生经济》,2012 年第 2 期。
② 参见张英洁、李士雪、李永秋:《参加新型农村合作医疗农民住院费用分析》,《卫生经济研究》,2007 年第 1 期;张柠、马骋宇:《新型农村合作医疗住院实际补偿比适宜性研究》,《中国初级卫生保健》,2014 年第 3 期;王娟、王家骥、王心旺:《新型农村合作医疗住院受益情况分析》,《中国初级卫生保健》,2014 年第 7 期;郑振佺、潘宝骏:《福建省新型农村合作医疗住院费用与实际补偿比影响因素研究.》,《中国卫生统计》,2013 年第 2 期。

平解决办法方面,毛正中(2011)、李亚青(2013)、焦克源(2011)、周绿林(2014)等学者认为,应明确辨析参保者医疗保险政策保障水平和实际保障水平之间的差距,设定医疗保险保障水平上限和下限,并通过提高医疗保险覆盖率、提高医疗保险政策保障水平和二次补偿比等方式提高我国医疗保险制度保障水平,[①]但这些对于提高我国医疗保险保障水平而言作用有限。

　　基于微观个体数据的城乡居民基本医疗保险真实保障水平研究。首先,对医疗保险保障水平研究成果进行介绍;其次,利用频数分布和虚拟变量回归模型方法对不同参保类型、不同缴费级别和不同年龄的天津城乡参保居民就医微观数据进行统计分析,同时利用虚拟变量回归模型对影响城乡居民真实保障水平的因素进行模型量化分析。

第一节　研究背景

　　长期以来,为推动城乡居民医疗保障水平提升,专家学者及政府部门领导更倾向于不断提高医疗费用政策报销比这一指标,并以医疗费用政策报销比指标数值的提升来衡量当地医疗保险保障力度水平的提升。2014 年,

---

① 参见毛正中:《政策范围内补偿比与实际补偿比辨析》,《中国卫生人才》,2011 年第 5 期;李亚青:《城镇居民医疗保险的真实保障水平研究——基于广东典型地区的实证分析》,《人口与发展》,2013 年第 3 期;焦克源、侯春燕、李魁:《公平与效率视角下新农合二次补偿制度的困境与出路——基于甘肃省的调查研究》,《人口与发展》,2011 年第 5 期;周绿林、蒋欣、詹常春:《我国新型农村合作医疗保障水平测量和适度性研究》,《华东经济管理》,2014 年第 2 期;Lei, X., and W. Lin, The New Cooperative Medical Scheme in Rural China: Does More Coverage Mean More Service and Better Health?, *Health Economics*, 2009, (2); Qian, D., R. Pong, A. Yin, V. Nagarajan, and Q. Meng, *Determinants of Health Care Demand in Poor, Rural China: The Case of Gansu Province*, Health Policy and Planning, 2009, (5); Wagstaff, A, M. Lindelow, J. Gao, L. Xu, and J. Qian, Extending Health Insurance to the Rural Population: An Impact Evaluation of China's New Cooperative Medical Scheme, *Journal of Health Economics*, 2009, (1).

宁夏城乡居民医疗保险制度规定,参保患者在社区、乡镇等医疗机构的门诊费用报销比为60%,在村卫生室等机构的门诊费用报销比为70%;2014年,天津市城乡居民住院医疗费用补偿比例设定为70%~80%,其门诊费用补偿比为50%;但各地医疗费用政策报销比的逐年提高真能代表当地居民医保保障的提升吗? 为了回答这一问题,有学者对参保患者医疗保险感受进行了相应调查,研究结果表明,受访者中有95.6%的参保者觉得虽然自己参加了医疗保险,但该制度仍未能有效解决参保者看病贵的问题,56.8%的参保者表示目前参保过程中自己需支付的医疗缴费偏高,62.7%的参保者表示就医过程中医保基金统筹支付部分比例较低。可见,在我们不断提高我国社会医疗保险统筹层次,提高居民实际医疗保障的同时,参保患者实际医疗保障与政策保障水平仍有较大差距,城乡居民医疗保险保障水平仍有很大提升空间。

医疗保险保障水平是医疗保险制度效果的集中体现。为准确了解和掌握目前我国城乡居民医疗保障水平,有必要对医疗保险制度的政策保障和参保患者医保真实保障这两个概念进行有效区分。根据学者们的研究成果,医疗保险政策保障水平衡量指标通常用医疗保险政策范围内报销比表示,如住院政策范围内报销比和门诊政策范围内报销比。医疗保险住院政策范围内报销比指参保患者在就医过程中,基本医疗保险规定范围内的住院医疗费用中,起付线以上、封顶线以下由基本医疗保险统筹基金支付的比例(门诊政策范围内报销比同上)。医疗保险政策范围内报销比是针对参保人员设定的固定报销比例,各地区政策报销比通常按医院级别、参保人员类别进行调整。医疗保险真实保障水平衡量指标通常用医疗保险实际报销比表示,主要指就医个体获得的医疗保险基金报销金额占其实际发生的全部医疗费用之比,医疗保险实际报销比同样包括"住院实际报销比"和"门诊实际报销比"两部分。[1]

医疗保险政策实施过程中,由于医疗保险"三大目录"和医疗保险三大政策工具(起付线、封顶线、政策范围内报销比)的存在,因此参保人员在就医时因病发生的医疗费用属于医疗保险"三大目录"之外部分,因不属于基本医疗保险规定的支付范畴而得不到补偿,对于属于基本医疗保险支付范畴内的部分还要扣掉起付钱,对年度最高支付限额范围内部分按政策报销比例进行报销,同时,医疗机构因经济利益产生的过度医疗行为,就医者实际医疗保险报销比远低于医疗保险政策范围内报销比。[2]

学者们对一国社会医疗保障水平的衡量主要通过医疗费用占国内生产总值百分比或卫生总费用占国内生产总值百分比来表示,利用这些指标测算的结果显示,目前我国社会医疗保障发展滞后于经济发展速度,居民医疗保险保障程度仍有很大提升空间,同时与发达国家相比也有一定差距。[3]在医疗保险真实保障水平影响因素研究方面,有学者从微观角度研究认为参保人员身体健康程度、患病率、药品利用程度、个体生活规律等均会对参保患者医疗保障有明显作用;[4]有的学者从参保患者年龄角度对我国医疗保险

[1]　参见 Wagstaff, A, M. Lindelow, J. Gao, L. Xu, and J. Qian, Extending Health Insurance to the Rural Population: An Impact Evaluation of China s New Cooperative Medical Scheme, *Journal of Health Economics*, 2009, (1);李玲:《新医改的进展评述》,《中国卫生经济》,2012 年第 3 期;夏迎秋、景鑫亮、段沁江:《我国城乡居民基本医疗保险制度衔接的现状、问题与建议》,《中国卫生政策研究》,2010 年第 1 期。

[2]　参见朱坤、张小娟:《不同管理体制下城乡居民基本医疗保险运行效果比较—来自苏州市的实证分析》,《中国卫生政策研究》,2013 年第 6 期;王保真、徐宁、孙菊:《统筹城乡医疗保障的实质及发展趋势》,《中国卫生政策研究》,2009 年第 2 期。

[3]　参见 Fernandez Olanoa C, Hidalgo J D, Cerda Daz R, et al., Factors Associated with Health Care Utilization by the Elderly in a Public Health Care System, *Health policy*, 2006, (2); Blanco Moreno A, Urbanos Garrido Rosa M, Thuissard Vasallo I J, Public Health Care Expenditure in Spain: Measuring the Impact of Driving Factors, *Health Policy*, 2013, (11)。

[4]　参见 Gravelle, Wildman and Sutton, Income Inequality and Health: What can We Learn from Aggregate Data?, *Social Science&Medicine*, 2002, (4); Li and Zhu, Income, Inequality, and Health: Evidence from China, *Journal of Comparative Economics*, 2006, (4)。

政策进行分析,该研究明确指出了阶梯式医疗保险个人支付率的思路,即按照参保患者年龄与医疗保险支付比进行阶梯式设置,以期提高参保患者医疗保障水平;[①]有的学者认为居民医疗保障水平提升除了受医保政策影响外,还与一国经济、社会、人口等因素相关,因此可通过建立与居民收入相挂钩的筹资机制,建立居民医保二次补偿机制等措施提高居民真实保障水平。[②]

对学者们的研究成果进行分析可知,以往学者的研究成果为我国医疗保障水平研究积累了丰富的经验,但同时需要指出,利用宏观指标计算的医疗保障水平与利用微观调研数据测量的医保患者真实保障水平之间存在明显差异,不能完全代表参保患者真实医疗费用的发生与报销情况;此外,宏观指标数据分析无法对一国居民真实医疗保障水平与政策范围内保障水平差距进行定量性、准确性的科学研究。相反,以微观个体数据分析计算的医疗保险保障水平更加真实和具有说服力。所以以天津市城乡居民医疗保险为例,利用天津市人力资源和社会保障局提供的个体数据,对城乡居民医疗保险真实保障水平进行深入研究,为我国城乡居民医疗制度改革提供量化依据。

第二节 调查资料与研究方法

本部分调查资料来自于 2010—2013 年天津市人力资源社会保障局资料

---

① 参见张晓娣:《阶梯式医疗保险支付率改革的增长和福利效应——动态 CGE 框架下的政策模拟》,《经济学家》,2014 年第 1 期。

② 参见王伟、邢明浩:《影响我国城镇居民医疗保障水平的因素探讨——以江苏省为例的实证分析》,《价格理论与实践》,2013 年第 3 期;董曙辉:《应该缩小医疗费用报销比例与医疗保险保障水平的差距》,《中国医疗保险》,2014 年第 5 期。

库,数据提取过程主要通过区域、参保患者缴费类型、缴费档次三个字段进行多阶段分层随机抽样获得,其中每年成年人参保记录12000条,学生儿童参保记录5500条。为获得不同参保群体、不同缴费档次、不同年龄参保者实际医疗保障水平差异及其影响因素,分别采用stata11.0软件和SPSS 19.0对调研资料进行频数统计和虚拟变量回归研究。

天津市城乡居民基本医疗保险制度的基金补偿见表3-1和表3-2。根据表3-1,天津市城乡居民基本医疗保险制度参保人群主要包括成年人和学生儿童两个群体,学生儿童参保缴费只有一个缴费级别,成年人参保缴费有三个档次选择,第一档缴费标准最高,第三档缴费标准最低。根据缴费越高,费用补偿越高原则,2010—2014年,第一档缴费参保患者在一级、二级、三级医院的住院政策范围内报销比均高于第二档参保患者,第二档高于第三档。需要指出的是,2010—2013年所有参保人群在不同级别医院平均住院报销比为56%。2014年,天津市城乡居民基本医疗保险政策保障水平明显提升,该指标提高到66%。

根据表4-1,2010—2014年天津市城乡居民基本医疗保险天津市城乡居民参保人群门(急)诊费用报销起付线和上限相同,在医疗机构费用报销比的区别主要来源于参保人员缴费级别。缴费级别越高,医疗费用补偿比也越高。如2010—2013年第一档参保缴费人员门(急)诊报销比40%,比第二档参保缴费人员高5个百分点,比第三档参保缴费人员高10个百分点。

表4-1　2010—2014年城乡居民基本医疗保险住院政策范围内报销比

参保人群	缴费层次	起付标准	报销上限	一级医院	二级医院	三级医院
2010—2013年	成年人	第一档	300元*	11万	65%	60%	55%
		第二档	400元**	9万	60%	55%	50%
		第三档	500元***	7万	55%	50%	45%
	学生、儿童			11万	65%	60%	55%

	参保人群	缴费层次	起付标准	报销上限	一级医院	二级医院	三级医院
2014 年	成年人	第一档	500 元	18 万	80%	70%	60%
		第二档			75%	65%	55%
		第三档			70%	60%	50%
	学生、儿童				80%	70%	60%

资料来源:根据天津市城乡居民基本医疗保险政策文本整理获得,2010—2013 年起付标准指的是 2013 年起付标准,＊代表一级医院起付标准,＊＊代表二级医院起付标准,＊＊＊代表三级医院起付标准

表 4-2　2010—2014 年天津城乡居民门(急)诊政策范围内报销比

年份	参保人群	缴费层次	起付标准	报销上限	一级医院和社区医疗机构
2010—2013 年	成年人	第一档	800 元	3000 元	40%
		第二档			35%
		第三档			30%
	学生、儿童				30%
2014 年	成年人、学生、儿童	所有缴费级别	500 元	3000 元	50%

资料来源:根据天津市城乡居民基本医疗保险政策文本整理获得

第三节　城乡居民基本医疗保险真实保障水平频数分布

一、不同类型参保群体住院和门诊真实保障水平

根据数据资料统计,2010—2013 年天津市城乡居民中成年人和学生儿童住院实际报销比主要集中于 30%~45% 之间,其次是 45%~60% 所占人口较多。

根据图4-1,成年人中11.39%的群体住院实际报销比低于30%,
11.82%的群体住院实际报销比高于60%;学生儿童中19.59%群体住院实
际报销比低于30%,另外有16.22%群体享受了超过60%的高水平报销。
通过测算得知,成年人和学生儿童住院实际报销比均值分别为48%和42%,
由此可知,成年人住院实际报销比高于学生儿童住院实际报销比,但成年人
和学生儿童住院实际报销比均低于政策平均住院报销比56%。

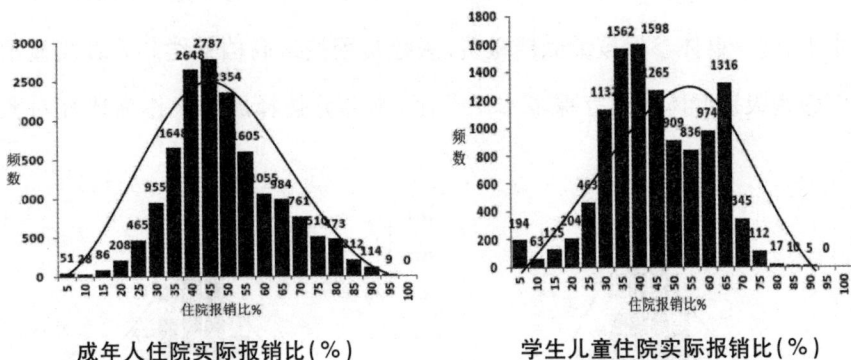

图4-1 2010—2013年天津市城乡居民基本医疗保险实际补偿比频数分布

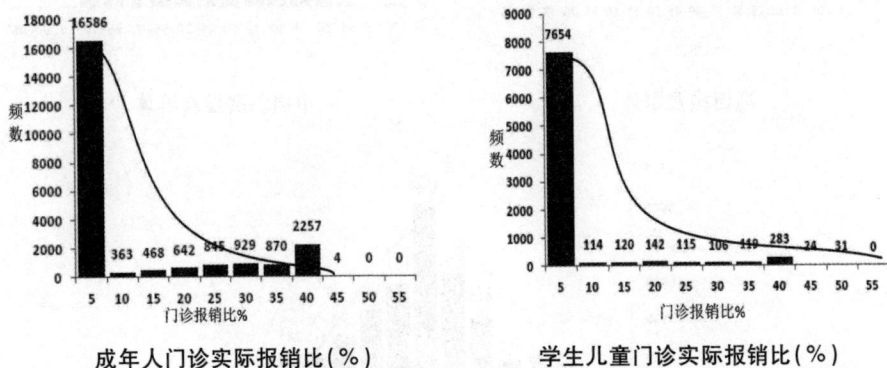

图4-2 2010—2013年天津市城乡居民基本医疗保险门诊实际补偿比频数分布

根据图4-2,城乡居民参保人群门诊实际报销比均呈右偏分布,75%以
上成年人门诊实际报销比集中于15%以下,90%以上学生儿童门诊实际报

销比集中于 15% 以下。根据测算结果,成年人和学生儿童门诊实际报销比
均值分别为 12.03% 和 7.83% ,远低于 2010—2013 年门诊政策报销比 34% ,
也低于 2014 年的 50% 。

二、不同缴费级别参保群体医疗保险真实保障水平

根据城乡居民医疗保险政策内容规定,为确保学生儿童群体的医疗保
障水平,这一群体参保按最低档缴费,医疗费用按最高档补偿。为真实显示
不同缴费级别群体的医疗保障水平差距,本部分选择成年人作为研究对象

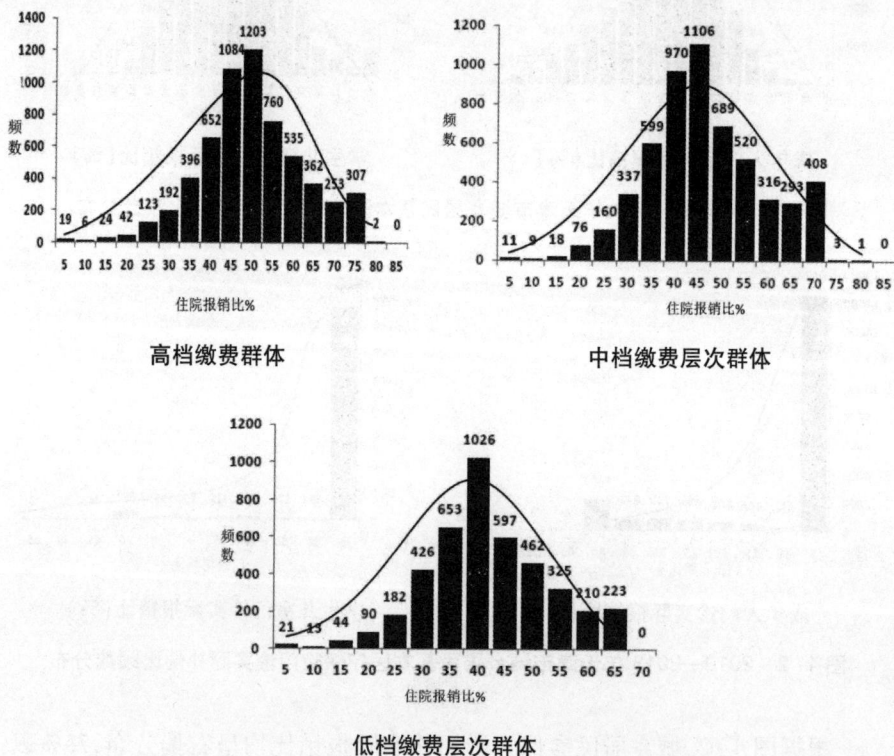

高档缴费群体

中档缴费层次群体

低档缴费层次群体

图 4-3 2010—2013 年天津市不同缴费水平医保患者住院实际报销比分布

展开研究。

由图4-3可知,2010—2013年不同缴费级别参保群体住院实际报销比呈右偏分布,其中高档群体41.91%人群住院实际报销比集中于45%~60%,中档群体中48.47%的人群住院实际报销比集中于30%~45%,低档群体中53.28%的人群住院实际报销比集中于30%~45%;同时高档群体有6.81%患者住院实际报销比低于30%,中档群体该比例为11.07%,低档群体该比例为18.17%。进一步测算得知,高档缴费层次群体平均住院报销比为50%,中档缴费群体平均住院报销比为47%,低档缴费层次群体平均住院报销比为46%,由此可知,城乡居民基本医疗保险实际保障水平与缴费级别呈正相关,缴费级别越高,平均住院报销比例越高。

三、不同年龄参保群体医疗保险真实保障水平

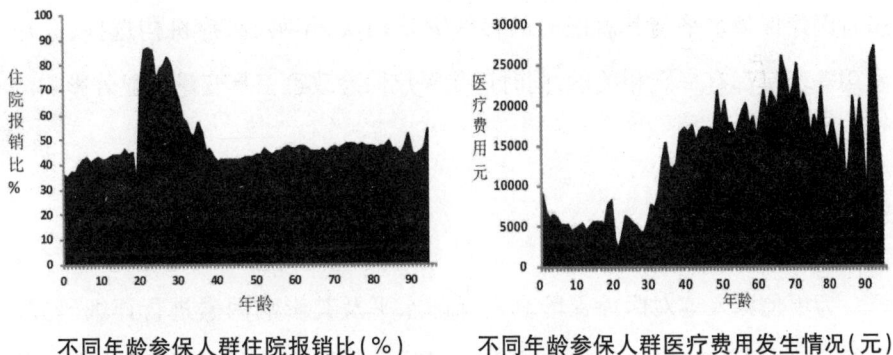

不同年龄参保人群住院报销比(%)　　不同年龄参保人群医疗费用发生情况(元)

图4-4　2010—2013年天津市不同年龄参保者医疗费用和住院报销比

图4-4描述的是不同年龄参保人群住院实际报销比和年平均医疗费用发生情况,可以看出18岁及以下的学生儿童住院实际报销比最低,成年人中19—35岁的青年人住院实际报销比异常高,36—55岁的成年人住院实际报销比相对稳定在43.85%左右,56岁及以上的成年人住院实际报销比高

于 46%。

通过不同年龄参保人群住院实际报销比与其年平均医疗费用可以看出,参保群体年平均医疗费用随年龄增加基本是逐渐上涨的。19—25 岁成年人由于身体健康良好,医疗费用是最低的,正是由于其医疗费用最低,其住院实际报销比在所有年龄阶段群体中是最高的;56—75 岁老年人年平均医疗费用最高,为 20283.80 元。

第四节　城乡居民基本医疗保险真实保障水平及其影响因素实证分析

根据城乡居民真实医疗保障水平的定量研究可以看出,参保患者医疗保障程度与政策保障水平还有一定差距。在医疗保险政策实施过程中,参保患者医疗保障水平与其就医时的参保缴费档次、年龄、医疗机构选择、医疗费用等变量都有一定相关性,同时还受医疗保险政策工具变量的显著影响。

一、研究假设

为更加深入地对医疗保险真实保障水平及其影响因素进行详细研究,本部分根据天津市城乡居民基本医疗保险实际情况,将医疗保险政策变量及参保个体就医信息变量进行量化,建立以下虚拟变量回归模型:

$$R_{ij} = \alpha_j + \beta_{1j} * N_{ij} + \beta_{2j} * X_{ij} + \varepsilon_{ij} \qquad \text{公式}(4-1)$$

公式(4-1)中,i 代表第 i 个个体记录,j 代表不同项目保障水平测量,其取值为 1 和 2,1 代表住院保障水平测量,2 代表门诊保障水平测量;R_{i1} 代表第 i 个个体的住院实际报销比,N_{i1} 代表第 i 个个体住院政策范围内报销比;

R_{i2}代表第i个个体的门诊实际报销比，N_{i2}代表第i个个体门诊政策范围内报销比；X_i为控制变量，分别表示影响住院保障水平和门诊保障水平的因素，包括起付线、最高支付限额、参保人年龄、缴费档次、医疗费用发生金额等；β_{1j}、β_{2j}分别表示住院和门诊模型中待估参数，ε_{ij}表示模型随机干扰项，假设其满足古典正态分布，并提出以下六个假设：

假设一：政策范围内报销比和实际报销比正相关关系显著，即政策范围内报销比参数符号为正，政策范围内报销比数值越高，患者医疗保险实际报销比也越高。

假设二：医疗保险起付线与医疗保险实际报销比负相关，医疗保险起付线参数符号为负，起付线越低，参保患者实际报销比越高。

假设三：缴费水平与医疗保险实际报销比正相关，患者缴费水平参数符号为正。缴费级别越高，参保患者实际报销比越高。

假设四：医院级别与医疗保险实际报销比负相关，一方面，根据医疗保险政策内容分析，为引导患者合理就医，使医疗资源合理利用，医院级别越高，参保患者实际报销比越低；另一方面，医院级别越高，医疗服务供应方过度医疗机会越大，患者实际医疗保障水平越低。

假设五：患者年龄与医疗保险实际报销比正相关，根据人体身体健康生理发展趋势，年龄越大的参保患者，其身体健康程度越差，在最高限额范围内，其医疗保险利用水平越高。

假设六：患者医疗费用与医疗保险实际报销比正相关，根据医疗保险政策内容分析，在基本医疗保险报销范围内，患者医疗费用越高，其医疗保险共担比越低，医疗保险实际利用水平越高。

二、研究结果分析

模型中，城乡居民住院和门诊实际报销比及其影响因素指标统计描述见表4-3,模型回归结果见表4-4。由表4-4可知,政策范围内报销比系数估计值在住院和门诊两个模型中在1%水平下显著,住院政策范围内报销比系数相对较高,处于0.74~0.81之间;门诊政策报销比系数相对较低,处于0.336~0.483之间,假设一成立。根据实证分析结果可推断,住院政策范围内报销比提高1个百分点,医疗保险实际报销比大约提高0.74~0.81个百分点;门诊政策范围内报销比提高1个百分点,医疗保险实际报销比大约提高0.34~0.48个百分点;如果不考虑其他方面约束,城乡居民住院政策范围内报销比实行100%的补偿比,实际报销比最高也将只有81%左右。换言之,二者之间有19%~26%的显著差距;如果不考虑其他方面约束,城乡居民门诊政策范围内报销比实行100%的补偿比,门诊实际报销比也将只有48%左右,换言之,二者之间有52%~64%的差距。

表4-3 城乡居民住院和门诊实际报销比影响因素主要指标统计描述

	变量名称	观测数	均值	标准差	最大值	最小值
住院	实际报销比(%)	16953	47.96	18.70	96.43	0
	政策范围内报销比(%)	16953	56.42	6.63	65	45
	起付线(元)	16953	353.48	177.97	500	0
	高档缴费(哑变量)	6275	–	–	1	0
	中档缴费(哑变量)	5884	–	–	1	0
	二级医院(哑变量)	4169	–	–	1	0
	三级医院(哑变量)	4668	–	–	1	0
	年龄	16953	50.56	12.99	100	19
	医疗费用发生额(元)	16953	16851	24944	377194	25.84

续表

	变量名称	观测数	均值	标准差	最大值	最小值
门诊	实际报销比(%)	24404	7.83	13.62	41.23	0
	政策范围内报销比(%)	24404	34	4.78	65	30
	起付线(元)	24404	284.33	202.45	800	0
	高档缴费(哑变量)	7842	–	–	1	0
	中档缴费(哑变量)	8209	–	–	1	0
	年龄	24404	50.48	11.17	95	19
	医疗费用发生额(元)	24404	696	1020	14262	0

表4-4　城乡居民住院和门诊实际报销比影响因素分析结果

变量名称	住院			门诊		
	(1)	(2)	(3)	(1)	(2)	(3)
政策范围内报销比(%)	0.813 *** (0.000)	0.794 *** (0.000)	0.747 *** (0.000)	0.483 *** (0.000)	0.351 *** (0.000)	0.336 *** (0.000)
起付线的对数		−3.72 *** (0.000)	−5.06 ** (0.021)		−4.16 ** (0.037)	−5.71 (0.114)
高档缴费(哑变量)			0.38 ** (0.035)			0.35 ** (0.047)
中档缴费(哑变量)			0.13 *** (0.000)			0.28 *** (0.000)
二级医院(哑变量)			−1.61 *** (0.000)			—
三级医院(哑变量)			−2.32 ** (0.047)			—
年龄		0.081 *** (0.000)	0.079 ** (0.043)		0.062 *** (0.000)	0.068 * (0.089)
医疗费用的对数		0.104 *** (0.000)	0.118 *** (0.000)		0.077 *** (0.000)	0.083 ** (0.064)
常数项	−15.32 *** (0.008)	−12.96 *** (0.007)	−17.51 ** (0.011)	−28.15 ** (0.013)	−24.30 * (0.059)	−26.92 (0.275)

续表

变量名称	住院			门诊		
	(1)	(2)	(3)	(1)	(2)	(3)
Adjusted R-Squared	0.428	0.517	0.536	0.302	0.317	0.419

注:括号内为 P 值,*** 表示 1% 显著水平,** 表示 5% 显著水平,* 表示 10% 显著水平

通过对表 4-4 中起付线对数、缴费级别、医院级别、患者年龄、医疗费用的对数变量前面系数观察可知,起付线、缴费级别、医院级别、患者年龄、医疗费用均对城乡居民实际医疗保险保障水平产生影响,且影响显著,假设二、假设三、假设四、假设五和假设六均成立,医疗保险缴费水平、患者年龄、医疗费用在政策范围内报销比和患者实际报销比之间起正向推动作用,患者参保缴费水平越高,年龄越大,医疗费用越多,其医疗保险利用水平越高,医疗保障水平越高;医疗保险起付线、医院级别在政策范围内报销比和患者实际报销比之间起逆向推动作用,医疗保险起付线越高,参保患者就医级别越高,医疗保险报销水平越低。

第五节　本章小结

在调研过程中,城乡居民反映在就医过程中医疗保险实际报销比与政策报销比感觉存在一定差异。本部分以天津市医疗保险制度为例,以天津市人力资源社会保障局提供的微观个体数据为基础,对我国医疗保障水平分析得出的结果认为:

第一,在城乡居民基本医疗保险真实保障水平方面,受医疗保险"三大目录"和医疗保险政策工具的影响,成年人和学生儿童住院实际报销比均低

于政策平均住院报销比,同时成年人住院实际报销比高于学生儿童住院实际报销比;不同缴费档次参保居民医保实际保障水平与其缴费级别呈正相关,缴费级别越高,平均住院报销比例越高;不同年龄参保人群年平均医疗费用随年龄增加基本是逐渐上涨的,这一亟须解决疾病和医疗费用需求群体的实际住院报销费用水平并没有显著提高。

第二,城乡居民基本医疗保险真实保障水平影响因素实证研究表明,起付线、缴费级别、医院级别、患者年龄、医疗费用均对城乡居民实际医疗保险保障水平产生显著影响;医疗保险缴费水平、患者年龄、医疗费用在政策范围内报销比和患者实际报销比之间起正向推动作用,患者参保缴费水平越高,年龄越大,医疗费用越多,其医疗保险利用水平越高,医疗保障水平越高;医疗保险起付线、医院级别在政策范围内报销比和患者实际报销比之间起逆向推动作用,医疗保险起付线越高,参保患者就医级别越高,其医疗保险报销水平越低。

第五章 城乡居民基本医疗保险基金结余水平研究

在医疗保险基金方面,学者们的研究主要分三个方面:一是医疗保险费率测算。如穆怀中(1998)、黄丞(2004)、贾洪波(2009)等在对社会保障适度水平进行测算过程中,对我国医疗保险的适度水平、医疗保险缴费水平进行了研究,为医疗保险基金筹资标准提供了参考;①二是对医疗保险基金筹集和医疗保险基金运行风险进行分析,如田国栋(2006)、唐艳林(2011)、徐伟(2013)、申曙光(2012)研究认为患者住院率、医疗费用补偿水平、参保者收入水平、政府补贴金额等都会对参保者未来参保医院和医疗保险缴费产生

---

① 参见穆怀中:《中国社会保障适度水平研究》,辽宁大学出版社,1998 年;黄丞、刘欣:《基本医疗保险适度水平相关研究综述和启示》,《系统工程理论方法应用》,2004 年第 2 期;刘小兵:《中国医疗保险费率水平研究》,《管理世界》,2002 年第 7 期;贾洪波:《我国基本医疗保险适度缴费率测算》,《价格理论与实践》,2009 年;贾洪波:《中国基本医疗保险适度缴费率研究》,吉林大学出版社,2009 年。

显著影响;①钟邃(2006)、路云等(2012)对我国医疗保险基金运行平衡能力进行风险分析,并构建了风险预警体系,提出风险预警方案;②三是对医疗保险基金结余水平进行研究。如黄凯阳(2008)、徐伟(2013)对地区医疗保险基金当年结余和累计结余进行分析,认为我国目前医疗保险基金结余存在显著地区差异,有的地区入不敷出,有的地区结余过量,其中地区经济发展水平、居民医疗保险缴费等都对医疗保险基金结余有显著影响,研究认为各地应根据当地医疗保险基金现状,探讨影响基金结余的各因素,并有针对性地提出解决办法。③

近几年,随着系统动力学方法的引入和推广,学者们将该研究方法引入社会保障领域和医疗保险领域,采用复杂系统相关理论及系统动力学原理,综合分析主体行为特征,该方法为系统研究医疗保险奠定了理论基础。④ 基于系统动力学的城乡居民基本医疗保险基金适度结余水平研究,一是对医疗保险基金结余水平研究成果进行回顾;二是根据城乡居民基本医疗保险基金结余现状及其影响因素进行因果关系研究,构建医疗保险基金运行的

---

① 参见田国栋:《城镇职工基本医疗保险基金平衡的影响因素及对策研究》,复旦大学博士学位论义,2006 年;唐艳林、谈未来、龚地兰、詹长春、李君荣:《构建城镇职工基本医疗保险基金运行管理的指标体系》,《山西财经大学学报》,2011 年第 11 期;徐伟、罗雪燕:《江苏省城镇居民基本医疗保险筹资标准影响因素分析》,《中国卫生经济》,2013 年第 3 期;申曙光、瞿婷婷:《社会医疗保险基金收支风险评估研究——基于广东省 A 市的微观证据》,《华中师范大学学报(人文社会科学版)》,2012 年第 6 期。

② 参见钟邃:《职工基本医疗保险统筹基金风险预警系统的探索性研究》,四川大学硕士学位论文,2006 年;路云、许珍子:《社会医疗保险基金运行平衡的预警机制研究》,《东南大学学报(哲学社会科学版)》,2012 年第 6 期。

③ 参见黄凯阳:《新型农村合作医疗保险的适度性水平研究——以广州市白云区为例》,《人口与经济》,2008 年第 4 期;徐伟、李静:《江苏省城镇居民基本医疗保险基金结余分析》,《卫生经济研究》,2013 年第 3 期。

④ 参见陈启鸿等:《社区卫生服务纳入基本医疗保险问题分析与政策研究》,《中华医院管理杂志》,2002 年第 1 期;董有方、刘可:《新型农村合作医疗基金预警系统的建立与应用》,《中国农村卫生事业管理》,2004 年第 3 期;李林贵、张魁斌、杨竞妍、陈钊娇、林韬:《新型农村合作医疗预警监测指标体系建立的研究》,《中国卫生事业管理》,2007 年第 3 期。

系统动力学模型;三是根据天津市城乡居民基本医疗保险发展现状设置模型基本假设和模型参数;四是对城乡居民基本医疗保险基金结余率仿真输出结果进行分析;五是对研究结果进行比较分析,得出研究结论。

第一节　研究背景

基金动态平衡是医保制度可持续的前提,医保基金动态平衡对保障参保人员医疗保险权益,降低参保者医疗负担起着重要作用。2013 年,相关数据资料表明,我国城镇职工医疗保险基金收不抵支的省份占比达 32%,其中有 22 个省、市每年累计基金结余均为零。2014 年,有专家学者同样指出,目前我国医疗保险基金支出水平远大于基金收入,部分地区医疗保险支出增长过快,已超出统筹地区基金承受能力。在城乡居民基本医疗保险方面,有 108 个地区医疗保险基金收不抵支,医疗保险基金不堪重负。因此,医保基金结余水平研究和医保基金动态平衡分析成为重要课题。

近几年,各地城乡居民基本医疗保险制度逐步进入完善阶段。与城镇职工医疗保险制度相比,在"现收现付"原则下,城乡居民基本医疗保险筹资水平远低于城镇职工保障水平,但城乡居民政策报销比较高。在城乡居民基本医疗保险制度内部,因经济发展条件差异,各地筹资和政策报销水平也有很大差异,但相同的是各省市普遍采取大幅度提高政府财政支出对医疗保险筹资补贴,不断提升医疗保险政策报销水平的方式,维持城乡居民基本医疗保险制度发展,吸引更多居民参保。2010 年和 2013 年,天津市城乡居民基本医疗保险基金累计结余率分别为 1.7% 和 10.6%,累计基金可支付 1.63 个月和 2.0 个月,累计基金结余偏低直接影响城乡居民基本医疗保险基金可持续性。2010—2013 年天津市城乡居民基本医疗保险基金运行现状见图5-1。

在医疗保险基金结余率概念的界定方面,有的学者认为,从长远角度来看,适宜的医保基金结余率应该是前一年的医保基金累计结余加上当年医保基金筹集总额能够在95%的概率上使当年医保基金不会出现赤字,因此对医保基金适度结余水平的研究应该指的是基金的累计结余水平。还有的学者利用全国数据,在考虑医疗保险系统性风险、居民医疗费用、参保者年龄等条件下,指出我国医疗保险基金累计结余水平应该是20%,即平均可支付2.4个月为宜。

也有的学者对医疗保险基金结余状态进行详细分类,设定医疗保险基金动态平衡区间,见表5-2和图5-2。

表5-1　医疗保险基金结余状态分类表

结余状态	结余率(Ⅰ类地区)		结余率(Ⅱ类地区)	
	下限	上限	下限	上限
过少		12%		20%
偏少	12%	20%	20%	50%
正常	20%	50%	50%	75%
偏多	50%	75%	75%	100%
过多	75%		100%	

注:Ⅰ类地区指地级以上统筹、Ⅱ类地区指县级统筹

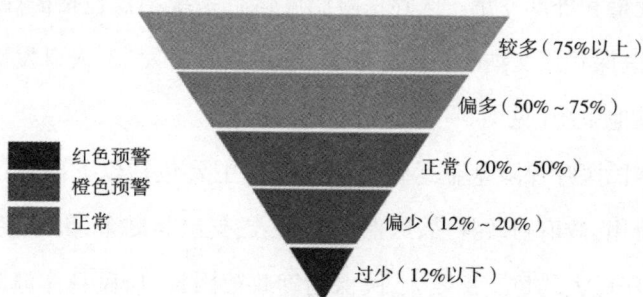

图5-2　医疗保险基金动态平衡区间设置图

以上分析以理论探讨居多,目前我国学者并没有专门针对城乡居民基本医疗保险进行过系统分析。系统动力学理论以研究对象的行为特征及其内部运行机制为分析重点,运用系统动力模型绘制研究对象所在系统的因果关系,在进行系统参数设置基础上,用相关软件模拟系统内部变量改变对系统的作用。以城乡居民基本医疗保险为研究对象,利用系统动力学理论,从医疗保险基金筹集和供给两个角度构建城乡医保基金系统动力模型,以医疗保险基金适度结余为目标,模拟城乡居民基本医疗保险适度筹资标准和政策报销水平,为我国城乡居民基本医疗保险制度基金结余、筹资政策和医疗保险报销政策提供理论和现实依据。

第二节　模型设计

一、系统边界确定

根据系统动力学研究理论,系统行为主要来源于其内部要素相互作用,与系统外部因素的改变没有直接或间接关系,另外系统外部因素改变同样与内部因素无关。因此,系统动力学分析的前提即确定系统边界,明确系统内部主要变量和外部变量。医疗保险制度运行系统不仅包括医疗保险费用标准制定、医保费用交纳和支出等环节,还包括经济发展、人口发展、医疗服务供应等其他系统(见图5-3)。

城乡居民医疗保险基金运行系统的界限主要包括以下内容:医疗保险个人缴纳费用,政府财政补贴,医保基金收入、支出与结余,天津市城乡居民参保人数,居民人均可支配收入,医保制度政策因素,居民身体健康程度,医疗服务供应水平,医疗服务价格水平等。此外,还有许多其他因素,如商业保险参保人数、参保量等。

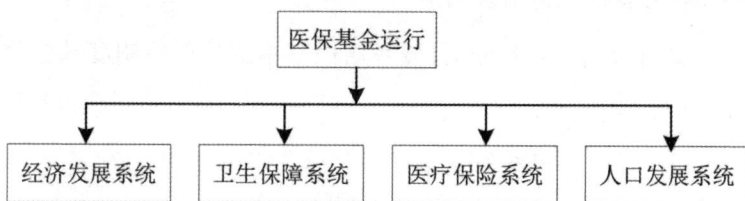

图 5-3　城乡居民基本医疗保险制度运行结构图

二、模型变量因果关系

在了解系统动力学知识基础上,针对研究内容进行因果关系分析。通过文献整理可知,[①]对医疗保险基金收入产生作用的因素主要包括:参保率、参保者收入水平、缴费比例、财政补贴等;对医疗保险基金支出产生作用的因素主要包括:老龄化、参保者健康意识、参保者身体健康水平、消费心理、医疗服务机构数量、医疗信息化程度、卫生机构服务能力、医药价格、医疗监管、医保政策宽松度等。

为达到研究目的,我们将模型进行简化处理,其中我们不考虑骗保等道德风险因素;将由医疗机构过度医疗、药品价格、检查设备更新引起的医疗保险基金支付调整为居民医疗费用;将医疗资源配置效率问题调整为就医群体人数。综合而言,居民收入增加、医疗保险参保观念改善、参保人数增加、政府医疗保险财政补贴增加均有利于促进医疗保险基金结余增加;人口

---

① 参见尹爱田、井珊珊:《山东省统筹城乡医疗保险制度建设的目标研究》,《山东社会科学》,2012 年第 7 期;李丛、张健明、李慧娟:《北京、上海、广州城镇居民基本医疗保险政策比较分析》,《劳动保障世界》,2011 年第 8 期;李佳佳、顾海、徐凌忠:《统筹城乡医疗保障制度的福利分配效应——来自江苏省的实地调查数据》,《公共经济与管理》,2013 年第 3 期;仇雨临、郝佳:《城乡医疗保障制度统筹发展的路径研究—基于东莞 太仓 成都和西安的实地调研》,《人口与经济》,2011 年第 4 期。

老龄化加剧、参保人员身体健康程度恶化、就医人数增加、医疗保险需求提高均会导致医疗保险基金结余减少。

结合前文对影响因素的分析,城乡居民基本医疗保险制度基金收支因果关系可见图5-4。

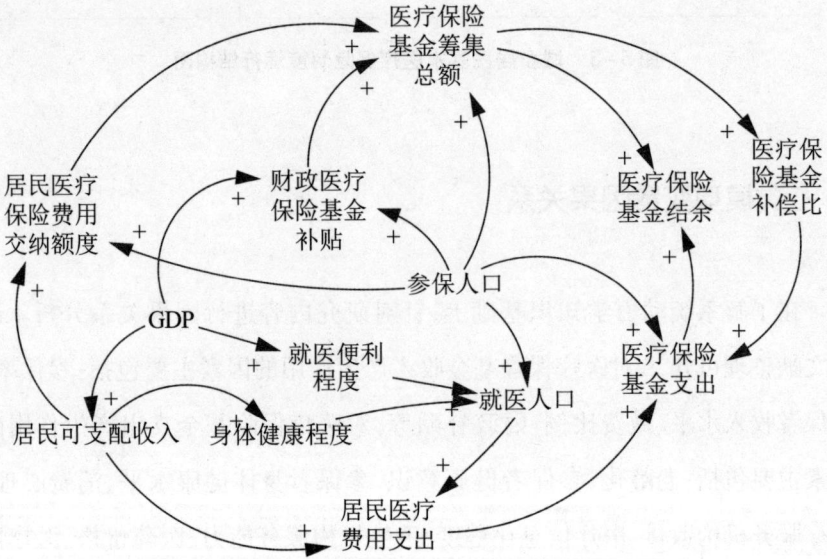

图5-4　城乡居民基本医疗保险基金收支因果关系图

三、系统动力学模型

系统内部因素相互作用的关系构成了系统变化的反馈回路,但这仍只属于定性关系研究,这种研究未能完全确定系统内部变量变化程度及对其他变量影响程度,因此有必要对模型进行定量研究。因此,在系统中纳入水平变量、速率变量、信息流等因素,引入辅助变量,最终形成城乡居民基本医疗保险基金收支系统动力学流图(见图5-5)。

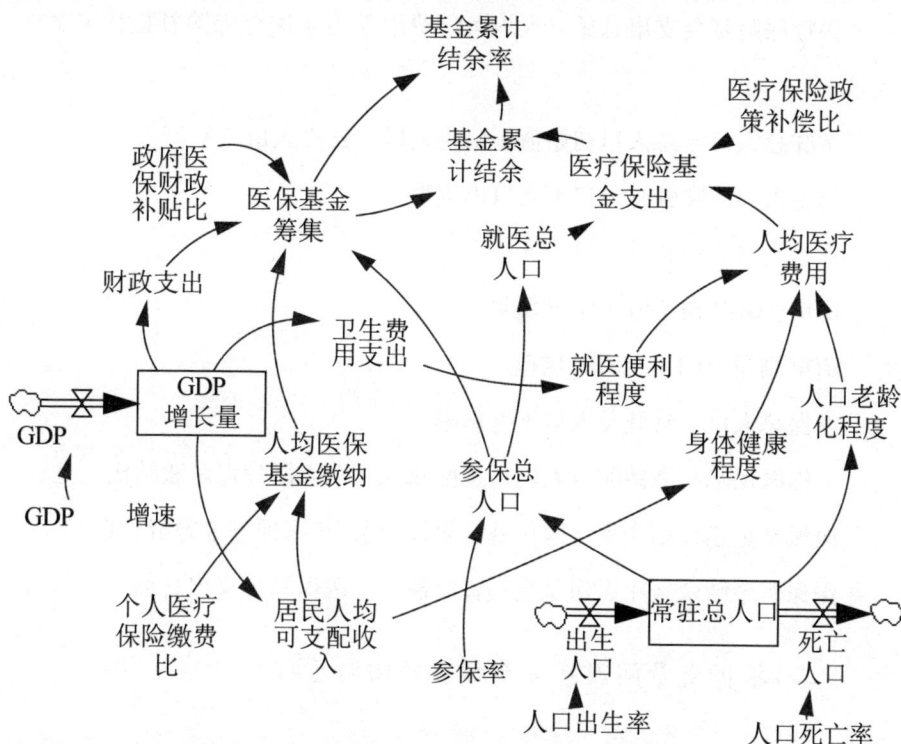

图5-5　城乡居民基本医疗保险基金收支系统动力图

四、系统动力学方程的建立

为了更好地分析城乡居民基本医疗保险基金运行机理,对系统内部参数进行设置,对医疗保险基金适度结余进行有效模拟,采用 Vensim 建模软件构建的系统动力流程图中的各因素的方程如下:

(一)根据变量逻辑关系确定的方程

医疗保险基金筹集 = 年人均医疗保险基金缴纳 * 参保总人口 + 财政支出 * 政府医保财政补贴比

医疗保险基金支出总额 = 人均医疗费用支出 * 医疗保险补偿比 * 就医人数

常驻总人口 = 总人口初始值 + 出生人口 – 死亡人口

出生人口 = 常驻总人口 * 人口出生率

死亡人口 = 常驻总人口 * 死亡率

GDP = GDP 初始值 + GDP 增量

GDP 增量 = GDP * GDP 增速

参保总人口 = 常驻总人口 * 参保率

人均医保基金缴纳额 = 人均可支配收入 * 个人医疗保险缴纳比

医保基金累计结余率 = 医保基金累计结余/年医保基金筹资总量

医保基金结余 = 年医保基金筹资总额 – 年医保基金支出总额

(二)根据变量间因果关系拟合的回归方程

居民人均可支配收入 = B * GDP + A

财政支出 = C * GDP + D

卫生费用支出 = E * GDP + F

就医总人口 = 参保总人口 * G + H

就医便利程度 = 卫生费用支出 * K + L

身体健康程度 = 居民人均可支配收入 * M + N

人口老龄化程度 = 常驻总人口 * P + Q

人均医疗费用 = R * 身体健康程度 + S * 就医便利程度 + T * 人口老龄化程度 + U

第三节　模型参数估计

系统动力学模型参数获得主要有三种途径：一是通过国家政策文件、统计年鉴等文献梳理获得部分参数，如模型中参保率、GDP 增长速度等变量；二是通过统计学、数学方法，如变量间有因果关系的模型参数确定；三是通过模型的参考行为特征或者专家评估估计参数值。

在天津市城乡居民基本医疗保险基金适度水平模型研究中，参数的选取主要来源于国家政策层面、天津市医疗保险政策梳理和天津市统计年鉴，样本初始数据和一些常数的确定主要由人力资源社会保障局和天津市医疗保险研究会提供。

一、常数值的确定

在城乡居民基本医疗保险基金收支系统动力图中，需要确定的常数主要有四个：城乡居民参保率、城乡居民人口出生率、死亡率和 GDP 增速。

城乡居民基本医疗保险参保率。2010 年，在天津市城乡居民基本医疗保险建立之初，居民参保率达 90%，2013 年参保率达 96% 以上，基本全覆盖。但制度理想水平总是与现实有一定差距，因此参保率设置为 0.96。

根据天津市历年统计年鉴数据显示，天津市 2007—2013 年人口出生率均值为 0.83%，人口死亡率均值为 0.59%。2011 年和 2012 年恰逢 20 世纪 80 年代人口生育高峰期，2013 年人口出生率和人口死亡率均出现下降趋势。随着城乡居民生活条件改善和生活观念改变，未来 20 年人口出生率会有一定幅度下降，人口死亡率也会降低。因此，假定人口出生率为 0.8%，人口死亡率为 0.5% 。

根据天津市历年统计年鉴数据显示,天津市近几年经济增长速度维持在 7.8% 左右,在未来经济发展中,以 GDP 为主导的粗放型经济发展模式将被打破,整个社会将更加注重全面发展,因此假定 GDP 增长速度为 6.8% 。

二、因果关系模型参数确定

为了获得天津市城乡居民基本医疗保险基金结余系统仿真结果,我们利用天津市城乡居民数据资料对系统动力图中的方程参数进行模拟。由于天津市城乡居民基本医疗保险制度自 2007 年规划,2009 年正式建立,但直到 2010 年才步入正轨,因此为使参数确定更加客观、准确,在变量间关系拟合过程中,对于涉及城乡居民参保的数据资料采用 2010—2013 年数据资料进行参数估计,对于天津市宏观变量之间的参数确定采用 2007—2013 年数据资料进行参数估计。

(一)人均可支配收入与 GDP 参数确定

对于城乡居民基本医疗保险,其参保对象为城镇和农村居民,相对于城镇职工,未就业的城镇居民收入水平明显较低,同样农村居民以土地收入为主,其收入水平也不高。为了体现研究对象收入水平,以农村居民可支配收入作为城乡居民收入水平来进行测算。

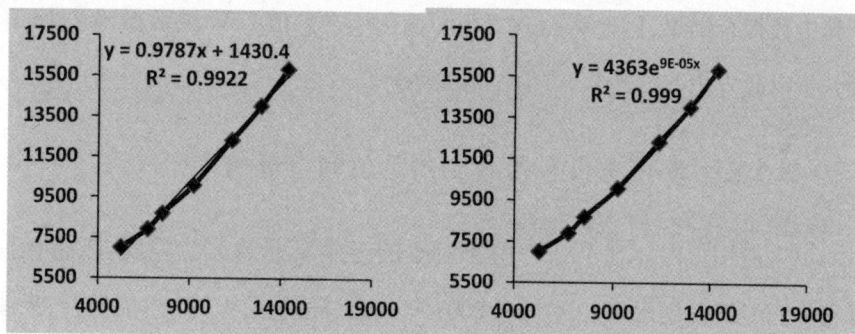

图 5-6　城乡居民人均可支配收入与 GDP 拟合结果

由图 5-6 中二者关系拟合结果来看,随着国内生产总值提升,城乡居民收入也在逐步提高,而且指数拟合效果要优于线性拟合结果。因此,将二者关系调整为指数形式:

$$人均可支配收入 = 4367e^{9E-05GDP}$$

(二)财政支出与国内生产总值 GDP 参数确定

一国财政支出水平主要受其国内生产总值的影响,通过图 5-7 对二者关系拟合来看,自 2007 年以来,随着国内生产总值提升,天津市政府财政支出以一定比例在逐年提高。同时,从拟合效果来看,二者线性拟合结果要优

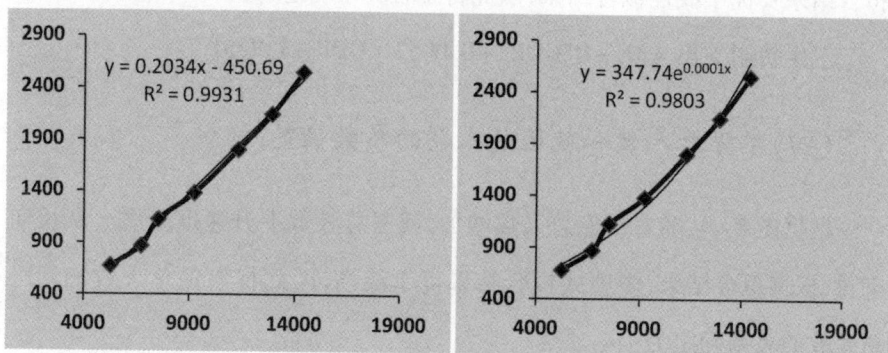

图 5-7　政府财政支出与国内生产总值拟合结果

于其指数拟合结果,因此将财政支出与国内生产总值 GDP 的关系确定为:

年财政支出 $= 0.2034 * GDP - 450.69$

(三)卫生费用支出和国内生产总值的参数确定

卫生费用支出体现了一个国家对本国卫生事业的关注程度,该指标同时与一国经济发展水平相关。自 2007 年以来,随着国内生产总值提升,天津市财政支出中卫生费用支出在逐年提高。

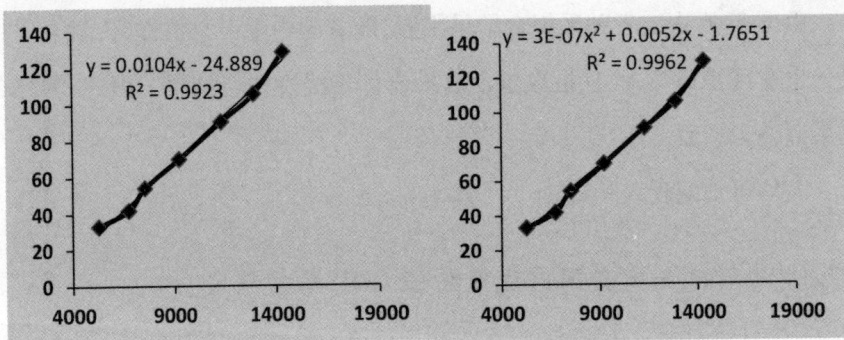

图 5-8 卫生费用支出与国内生产总值拟合结果

根据图 5-8,从卫生费用支出和国内生产总值的拟合结果来看,多项式拟合结果要优于线性拟合结果,因此将二者关系确定为:

卫生费用支出 $= 3E - 07GDP^2 + 0.0052 * GDP - 1.7651$

(四)参保总人数和就医总人数的参数确定

根据图 5-9,随着参保总人数增加,就医总人数上升速度变缓。从长期来看,根据拟合结果,多项式拟合结果优于线性,因此将参保总人数和就医总人数的关系确定为:

就医总人口 $= -0.0019 * 参保总人数^2 + 2.4674 * 参保总人数 - 686.86$

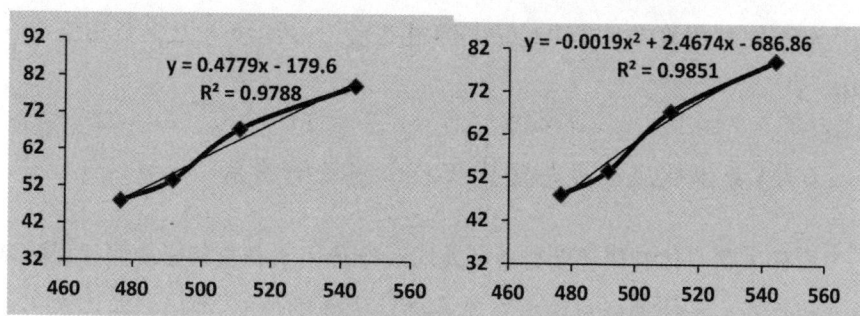

图 5-9 城乡居民参保总人数和就医人数拟合结果

(五)就医便利程度和卫生费用支出的参数确定

就医便利程度主要指参保患者就医路上需要时间、等待就医时间、就医接受服务便利情况等,主要用患者平均每次就医时长来表示患者就医便利程度。在调查过程中,采用问卷调查方式获得患者平均每次就医时长变量。同时,就医便利程度主要受医疗机构数量、分布、医疗机构资源等因素影响,而这些因素的改善很大程度上取决于卫生医疗费用的提升。

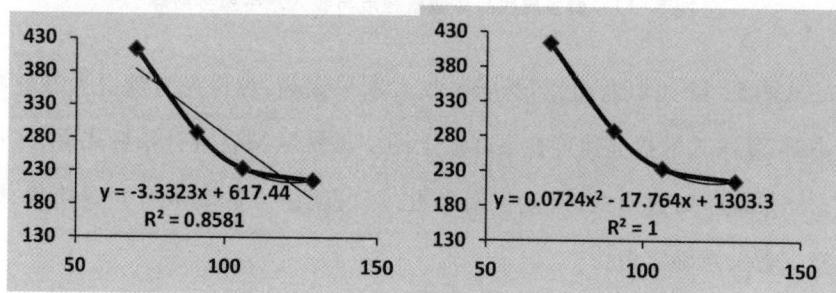

图 5-10 城乡居民就医便利程度与卫生费用支出拟合结果

从图 5-10 可以看出,自城乡居民基本医疗保险制度建立以来,随着卫生费用支出增长,城乡居民就医所用时长在减少,就医便利程度在提高。拟合结果中多项式方式要优于线性拟合结果,因此二者关系为:

就医便利程度 = 0.074 * 卫生费用支出^2 - 17.76 * 卫生费用支出 + 1303.3

(六)身体健康程度与居民收入水平之间关系

参保人员身体健康程度会通过人均医疗费用上升直接影响医疗保险基金支出变化。为体现城乡居民参保人员身体健康程度,现用就医人数占参保总人数比表示。同时,我们假设参保人员身体健康程度受居民收入水平影响。

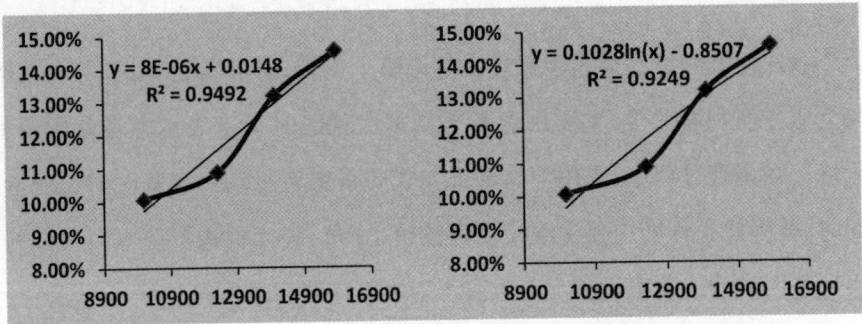

图 5-11　城乡居民身体健康程度与收入水平拟合结果

从图 5-11 可以看出,随着居民收入水平提高,参保患者就医人数比在提高,但就医人数提高速度在下降。上图中虽然从拟合统计指标来看,线性拟合结果优于对数形式,但就长期来看,居民就医人数应该有减缓趋势,因此将二者关系确定为:

身体健康程度 = 0.1028 * ln(人均可支配收入) - 08507

(七)人口老龄化程度与常住人口之间关系

人口老龄化程度一般指 60 岁以上老龄人口占总人口的比例。学者们曾指出,在国家层面上,如果当地 60 岁以上人口占比达到 10% 或 65 岁以上人口占比达7%,则该地区应该被列为人口老龄化地区。根据资料显示,我国目前农村人口老龄化程度达15%,正逐步迈入老龄化社会。

人口老龄化程度加重,会增加城乡居民对医疗保险整体需求,直接表现就是国家层面上人均医疗费用的上升。同时,人口老龄化与我国"4-2-1"的家庭结构相关,我国人口基数较大,在人口总数提高的同时老年人口在以更快的比例增加,年轻一代负担加重。虽然我国医疗保险是现收现付制度,但为更好体现医疗保险中年轻一代对老年人医疗保障的负担程度,因此用老年人口抚养比指标来表示老龄化程度。

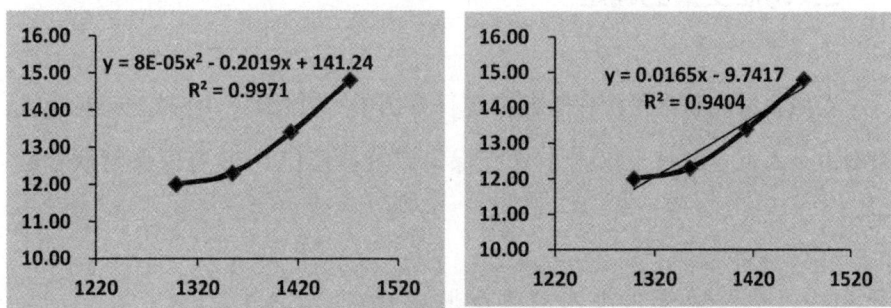

图5-12　城乡居民人口老龄化程度与总人口拟合结果

图5-12显示,多项式拟合结果更能体现人口老龄化岁常住人口发展变化,因此将二者之间关系确定为:

人口老龄化程度 = 8E - 05 * 常驻人口^2 - 0.2019 * 常驻人口 + 141.24

(八)人均医疗费用与身体健康程度、就医便利程度和人口老龄化之间关系

身体健康状况、就医便利程度和人口老龄化程度都会对城乡参保居民医疗费用产生显著影响。通过前面指标界定和指标相关系数计算,人均医疗费用与三者相关系数较大,相关性较高。利用回归模型模拟结果,得到人

均医疗费用表达式为：

人均医疗费用 = –27440 * 身体健康程度 – 4.98 * 就医便利程度 + 8.87 *
人口老龄化程度 + 10342

需要说明的是，为了简单方便，4.2.4 章节针对城乡居民基本医疗保险
系统动力图设置的变量关系多为线性关系。在 5.3 章节中已被证明的是变
量间关系不仅线性一种，因此以 5.3 章节中变量方程关系对 5.2.4 进行
修正。

三、调控变量的确定

在城乡居民基本医疗保险制度运行系统中，共设置 3 个调控变量：个人
缴费占个人可支配收入比例 a，医疗保险政策补偿比 b，政府医保财政补贴
比 c。

（一）个人缴费占个人可支配收入比例

作为新型农村合作医疗保险和城镇居民医疗保险统筹结果，城乡居民
基本医疗保险个人缴费标准应以新农合为基础，并随着经济发展和居民收
入水平提高而逐渐调整。由卫生部相关政策文件可知，2012 年我国新农合
制度参保者缴费标准为 290 元，其中个人缴纳 50 元，政府补助 240 元；2013
年参保者缴费标准为 340 元，其中个人缴纳 60 元，政府补助 280 元。2007
年自新农合制度建立以来，农村个人参保缴费大概占农村人均可支配收入
的 0.5%；1998 年国务院关于城镇职工基本医疗保险缴费率政策规定，职工
所在单位医保缴纳费率为职工工资收入的六个百分点，职工本人医保缴纳
费率占工资收入的两个百分点。虽然文件中提到职工所在单位和职工个人
的医保缴费率应随着经济发展水平变化进行适度调整，但多年以来，我国大

部分地区职工医疗保险缴费率基本维持在职工收入的八个百分点上。

2010—2014 年,天津市城乡居民基本医疗保险缴费个人缴纳标准分别为 60 元、60 元、70 元和 80 元,其占当年个人可支配收入比分别为 0.60%、0.49%、0.50% 和 0.50%。对于城乡居民基本医疗保险制度而言,个人医保基金缴纳占个人可支配收入比以 0.5% 为基础相对较低,与城镇职工相一致的 2% 标准农民又无法接受,因此推断,城乡居民基本医疗保险筹资居民个人缴费占个人可支配收入比例应确定在 0.6%～1.2% 之间较为符合实际。

学者们对我国医疗保险适度缴费水平展开过一定的研究,如贾洪波(2010)研究表明医疗保险适度缴费率应该从医疗保险供给、需求和经济效率三个角度进行适度性判断,使其与经济发展水平和医疗保险功能相适应,同时要有利于参保者基本医疗需求,有利于医疗资源利用和优化配置。城乡居民基本医疗保险有个人缴纳和政府补贴两种途径,参保群体覆盖成年人、学生儿童,并且以家庭年度缴费为主。因此,城乡居民基本医疗保险适度缴费水平主要指城乡居民参保者个人年度缴费占个人收入比。

(二)医疗保险政策补偿比

对我国卫生部门政策文件梳理可知,2011 年我国新农合费用中医保基金报销比为 70%,2012 年该指标提高到 90%。但根据学者们调研结果显示,新农合医保基金补偿比基本维持在 50%～80%,很少有参保人员医疗费用报销能达到 90% 的高度。

2010—2013 年,天津市城乡居民基本医疗保险住院政策补偿比波动范围为 45%～65%,2014 年调整为 50%～80%,但重庆、宁夏城乡居民基本医疗保险住院政策补偿比达到了 85% 和 90%。医疗保险政策补偿比是控制医疗保险基金结余的有效变量,该指标数值过低或者过高都不利于医疗保险制度功能发挥。综上,将城乡居民医保制度政策补偿比设定为四个级别:

50%、60%、70%、80%，同时在模型中分别固定政策补偿比，获得不同政策条件下需要的医疗保险人均筹资标准。

(三)政府医保财政补贴比

2010—2013 年,在天津市城乡居民基本医疗保险制度缴费中,医疗保险政府财政补贴占财政支出比分别是 0.23%、0.33%、0.42% 和 0.49%,并且该指标数值在逐年提高。根据未来城乡居民医疗保险基金筹集发展趋势,我们将医疗保险筹资过程中政府财政对医保基金补贴比分别设定为0.40%、0.50%、0.60% 和 0.70% 进行仿真运算。

四、初始值的确定

在城乡居民基本医疗保险制度运行系统中,共有 3 个状态变量需要设置初始值:医疗保险基金结余、GDP 和城乡居民总人口。虽然前面系统动力学因果关系回归方程是由 2007—2013 年数据拟合,但天津市城乡居民基本医疗保险制度在 2010 年才正式建立,因此设定 2010 年的数据为仿真的初始值。

根据《天津统计年鉴》和《天津市国民经济和社会发展统计公报》及天津市人力资源社会保障局所提供统计数据,天津市城乡居民基本医疗保险基金系统动力模型中内部变量初始值见表5-2。

表5-2　医疗保险系统模型变量初始值

变量名	初始值	单位
医疗保险基金结余	17497	万元
GDP	9224.46	亿元
总人口	1299	万人

数据来源:天津市人力资源社会保障局

第四节 医疗保险结余率的仿真输出

仿真时,在 a、b、c 参数的设置下,运用控制变量法,控制其中一个变量不变,对另外两个变量分别取值,仿真城乡居民基本医疗保险基金结余的数值。仿真的最终目的是得到趋于稳定的城乡居民基本医疗保险基金结余数值,得到医保基金结余率的较小的波动空间。但同时,我国城乡居民基本医疗保险统筹是在国家主导下的居民参保模式,城乡统筹是未来发展趋势,因此初始设定一个中期仿真周期:2010—2050 年。

仿真是基于反复试验得出相应结果的复杂过程,在 a、b、c 参数设置条件下,医疗保险基金结余率应有一个变化范围。从医疗保险制度可持续发展角度和医疗保险基金供需平衡角度,医疗保险基金累计结余率在相当长时间内应是一个稳定值(大于零),同时不能超过一定范围。根据医疗保险基金结余率的含义,以及城乡居民基本医疗保险可持续发展趋势,设定其最小值为 0,最大值为 50% 作为仿真输出的阈值,仿真数值逸出时,即作为不合理结果。因此,设定医疗保险基金累计结余率仿真数据将要逸出时候的临界状态为最适当输出,设定医疗保险基金结余率在 10 年内波动幅度小于 5% 的参数为其最适当水平值。

运用控制变量的方法,在医疗保险筹资过程中政府财政对医保基金补贴比分别为 0.40%、0.50%、0.60% 和 0.70% 的情形下,设置个人医疗保险基金缴纳比例系数 a 从 0.6% 开始逐渐增加,分别选取 0.60%、0.70%、0.80%、0.90%、1.00%、1.10% 和 1.2%;医疗保险政策补偿比 b 从 50% 逐渐增加,分别选取 50%、60%、70%、80%、90%。在 a,b 参数的设置条件下,进行医疗保险基金结余率的仿真测算。

在 c = 0.40 时，a = 0.60，b = 54.2 的医疗保险基金累计结余率输出为原始输出，如图 5.2 所示。仿真时，先限定 a = 0.60，b 从 50.0 开始逐渐增加，直至 b = 54.2 出现数据逸出，则 b = 54.2 时的医疗保险基金结余率输出即为临界状态；同理在 c = 0.50 时，a = 0.60、a = 0.70、a = 0.80、a = 0.90、a = 1.00、a = 1.10、a = 1.20 等情形下依次类推，以及 c = 0.60、c = 0.70 等情形依次类推。最终得出医疗保险基金结余率临界状态下的参数组合如表 5 - 3 所示。

表 5-3　城乡居民基本医疗保险基金结余率临界状态参数组合

	c = 0.40	c = 0.50	c = 0.60	c = 0.70
a = 0.60	b = 54.2	b = 56.4	b = 58.4	b = 60.0
a = 0.70	b = 56.4	b = 58.4	b = 60.0	b = 61.4
a = 0.80	b = 58.4	b = 60.1	b = 61.4	b = 62.5
a = 0.90	b = 60.1	b = 61.5	b = 62.6	b = 63.7
a = 1.00	b = 61.5	b = 62.6	b = 63.7	b = 64.6
a = 1.10	b = 62.6	b = 63.7	b = 64.6	b = 65.4

当政府财政对医保基金补贴比 c 一定时，随着个人医疗保险基金缴纳比例系数 a 增加，医疗保险政策补偿比 b 逐渐增加，但 b 增加的幅度在逐渐减小；当个人医疗保险基金缴纳比例系数 a 一定时，随着政府财政对医保基金补贴比 c 的增加，医疗保险政策补偿比 b 逐渐增大，且 b 增大的幅度在逐渐降低。

其中 c = 0.40 时，a = 0.60，b = 54.2；c = 0.50 时，a = 0.70，b = 59.4；c = 0.60 时，a = 0.90，b = 69.5 三种临界状态下的医疗保险基金累计结余率输出，如图 4-6 所示。

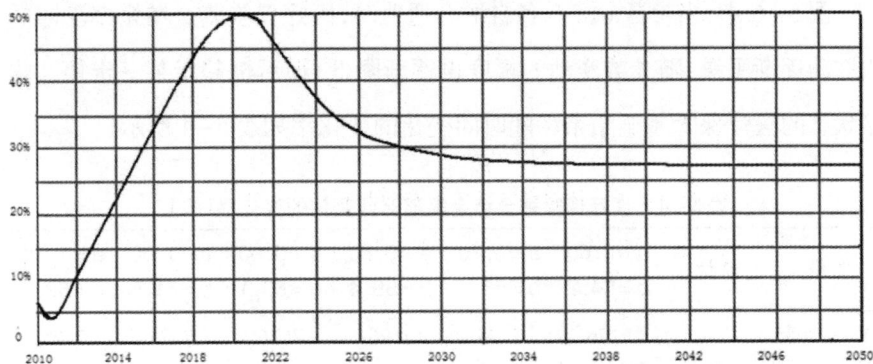

c＝0.40 a＝0.60,b＝54.2 时结余率仿真输出

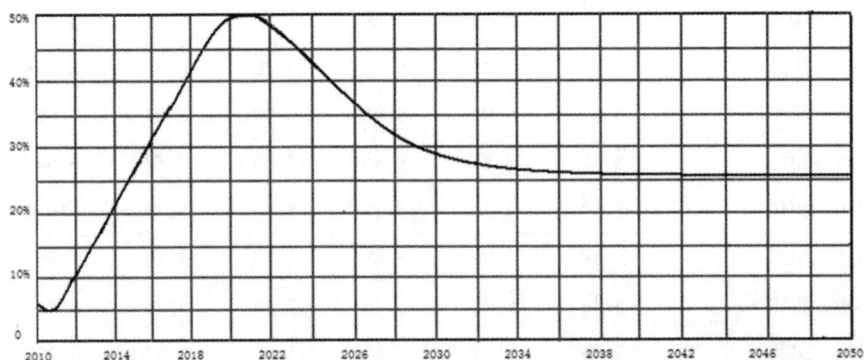

c＝0.50 a＝0.70,b＝58.4 时结余率仿真输出

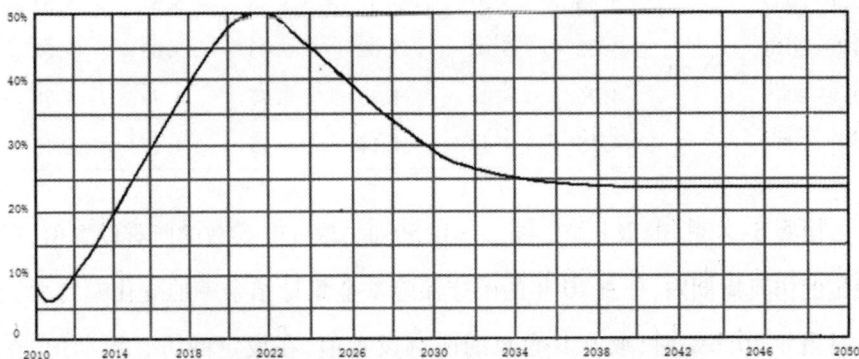

c＝0.60 a＝0.90,b＝62.6 时结余率仿真输出

图5-13　不同参数设置条件下医疗保险基金结余率仿真输出结果图

图5-6中,当参数 c、a、b 各自取合适值时,医疗保险基金结余率随时间的波动逐渐平缓,随参数变动的幅度也逐渐降低,最后渐趋于某一定值。临界状态的医疗保险基金结余率随时间变化的变化率如表5-4所示。

表5-4　医疗保险基金结余率随时间变化的变化率(%)

年份	参数	a=0.60 b=54.2	a=0.70 b=56.4	a=0.80 b=58.4	a=0.90 b=60.1	a=1.00 b=61.5	a=1.10 b=62.6
2025—2035		7.26	7.25	7.26	7.26	7.25	7.25
2030—2040	c=0.40	6.89	6.89	6.88	6.88	6.89	6.88
2035—2045		6.34	6.34	6.33	6.34	6.34	6.34
2040—2050		5.60	5.60	5.59	5.59	5.59	5.59
2025—2035		6.45	6.45	6.46	6.46	6.45	6.46
2030—2040	c=0.50	5.97	5.98	5.98	5.97	5.97	5.97
2035—2045		5.56	5.55	5.56	5.55	5.54	5.54
2040—2050		5.14	5.14	5.13	5.13	5.14	5.15 *
2025—2035		5.88	5.88	5.88	5.88	5.89	5.89
2030—2040	c=0.60	5.46	5.46	5.46	5.46	5.45	5.45
2035—2045		5.23	5.23	5.22	5.22	5.22	5.23
2040—2050		4.42	4.42	4.41	4.40	4.40	4.40
2025—2035		5.36	5.37	5.37	5.38	5.37	5.37
2030—2040	c=0.70	5.02	5.02	5.02	5.03	5.03	5.02
2035—2045		4.76	4.76	4.76	4.77	4.77	4.78
2040—2050		4.15	4.14	4.14	4.15	4.15	4.15

由表5-4可知,取 c=0.4%,c=0.5%时,取 a、b 参数的所有设置值,在设定的仿真周期内,任意10年的医疗保险基金累计结余率的变化率均大于5%;当 c=0.6%时,取 a、b 参数的所有设置值,在设定的仿真周期内,在2040—2050年间,医疗保险基金累计结余率的变化开始出现小于5%的情形;当 c=0.7%时,取 a、b 参数的所有设置值,在设定的仿真周期内,在

2035—2050年间,医疗保险基金累计结余率的变化开始出现小于5%的情形。其中c=0.6%是临界状态的医疗保险基金累计结余率仿真数据较早呈现满足稳定情形的现象,因此取c=0.6%作为政府财政对医保基金补贴比的最适当参数。

表5-5 医疗保险基金结余率仿真结果随参数变化的变化率(%)

年份	参数	a=0.80 b=58.4 (1)	a=0.90 b=60.1 (2)	a=1.00 b=61.5 (3)	a=1.10 b=62.6 (4)	(2)与 (1)变 动率	(3)与 (2)变 动率	(4)与 (3)变 动率
2035		26.8	26.3	25.9	25.5	1.87	1.75	1.44
2040	c=0.40	25.7	25.2	24.8	24.4	1.87	1.75	1.44
2045		25.3	24.8	24.4	24.1	1.87	1.75	1.44
2050		25.1	24.6	24.2	23.9	1.87	1.75	1.44
2035		26.4	25.9	25.5	25.2	1.78	1.65	1.20
2040	c=0.50	25.6	25.2	24.7	24.5	1.78	1.65	1.20
2045		25.1	24.7	24.3	24.0	1.78	1.65	1.20
2050		24.8	24.4	24.0	23.7	1.78	1.65	1.20
2035		26.0	25.6	25.2	24.8	1.72	1.46	1.49
2040	c=0.60	25.4	25.0	24.6	24.2	1.72	1.46	1.49
2045		24.9	24.5	24.1	23.8	1.72	1.46	1.49
2050		24.6	24.1	23.8	23.4	1.72	1.46	1.49
2035		25.7	25.3	24.9	24.5	1.71	1.62	1.38
2040	c=0.70	25.2	24.8	24.4	24.0	1.71	1.62	1.38
2045		24.8	24.4	24.0	23.7	1.71	1.62	1.38
2050		24.5	24.1	23.7	23.4	1.71	1.62	1.38

由表5-5可知,在c=0.6%的情形下,a=1.00%、b=61.5%与a=0.90%、b=60.1%所对应的医疗保险基金累计结余率变动只有1.46%,此时参数的变化对医疗保险基金累计结余率影响最小;而且与其他参数组合

相比,此时医疗保险基金累计结余率的变动最小。所以取 a = 1.00%、b = 61.5% 作为个人医疗保险基金缴纳比例系数、医疗保险政策补偿比最适当系数。

此时,c = 0.6%、a = 1.00%、b = 61.5% 对应的医疗保险基金累计结余率应为适度水平,在仿真期间的最后 10 年,该指标从 24.6% 变化为 23.8%。根据表 5-5 呈现的医疗保险基金累计结余率仿真数据变化趋势,在各个参数设定范围内,增加仿真周期,或者增大参数 c,或者增大参数 a,医疗保险基金累计结余率最终趋近于 23%。

第五节　研究结果与国内外发展水平比较

一、医疗保险基金适度结余水平

（一）医疗保险基金适度结余水平比较

根据系统动力学理论构建模型,通过仿真得到天津市城乡居民基本医疗保险基金结余适度水平,研究表明政府财政支出补贴比、医疗保险个人缴纳占比和医疗保险政策补偿比都会对城乡居民基本医疗保险基金适度结余水平产生显著影响。当政府财政支出补贴比为 0.6%,个人缴纳费用占收入比为 1%,医疗保险政策补偿比为 61.5% 时,城乡居民基本医疗保险基金累计结余达到稳定状态(为 23%),即医保基金的适度结余水平,累计结余可支付 3—4 个月。李常印等学者通过全国数据模拟来测算,在考虑系统性风险、医疗费用增长等因素后,我国医疗保险基金累计结余率为 20%,累计结余可支付月数为 2.4 个月;①由此可知本研究与其他学者的研究基本接近。

　　相关研究显示,通常国际上发达国家医疗保险储备金会小于 15%。2007 年,财政部、卫生部和国家中医药管理局联合发表声明,明确要求当年新农合医疗保险基金结余率控制在 15% 以内,累计结余率控制在 25% 以内,从表 4-6、表 4-7 和表 4-8 可知,2011 年新农合医疗保险基金当年结余率 33.19%,可支付 4.77 个月;2013 年我国城镇居民医疗保险基金当年结余率 18.16%,累计结余率 75.57%,可支付 11.08 个月,城镇职工医疗保险基金当年结余率 18.74%,累计结余率 115.12%,可支付 16.73 个月。2010—2013 年,天津市城乡及居民医疗保险基金累计结余率由 1.7% 逐渐提升到 10.6%,可支付月数由 1.63 个月提升到 2.0 个月,因此与国际发达国家相比,与我国新农合和城镇职工、城镇居民相比,城乡统筹后的天津市城乡居民基本医疗保险基金余额偏低,但仍在逐渐向适度水平发展。

表 5-6　2007—2011 年城镇居民医疗保险基金收支(单位:亿元)

	基金收入	基金支出	当年结余	累计结余	当年结余率	累计结余率	累计结余可支付月数
2007 年	43	10.1	32.9	36.1	76.51%	83.95%	42.89
2008 年	154.9	63.9	91	127.1	58.75%	82.05%	23.87
2009 年	251.6	167.3	84.3	211.4	33.51%	84.02%	15.16
2010 年	353.5	266.5	87	298.4	24.61%	84.41%	13.44
2011 年	594.2	413.1	181.1	479.5	30.48%	80.70%	13.93
2012 年	876.8	675.1	201.7	681.2	23.00%	77.69%	12.11
2013 年	1186.6	971.1	215.5	896.7	18.16%	75.57%	11.08

　　资料来源:2008—2014 年《中国统计年鉴》,* 部分来自于《中国劳动统计年鉴》

---

　　① 祝芳芳、杨金侠、江启成:《新型农村合作医疗补偿方案实证分析》,《卫生经济研究》,2010 年第 8 期。

表 5-7　2004—2011 年新型农村合作医疗保险基金收支（单位：亿元）

	基金收入	基金支出	当年结余	累计结余	当年结余率	累计结余率	累计结余可支付月数
2004 年	44.2	26.4	17.8	17.8	40.3%	40.3%	8.09
2005 年	82.5	61.8	20.7	38.5	25.1%	46.7%	7.48
2006 年	211.1	155.8	55.3	76.0	26.2%	36.0%	5.85
2007 年	423.3	346.6	76.6	131.9	18.1%	31.2%	4.57
2008 年	784.6	662.3	122.3	198.9	15.6%	25.4%	3.60
2009 年	944.3	922.9	21.4	220.3	2.27%	23.33%	2.86
2010 年	1309	1187.8	121.2	341.5	9.26%	26.09%	3.45
2011 年	2048.5	1710.2	338.3	679.8	16.51%	33.19%	4.77

资料来源：2009—2012 年《中国卫生统计年鉴》

表 5-8　2004—2011 年城镇职工医疗保险基金收支（单位：亿元）

	基金收入	基金支出	当年结余	累计结余	当年结余率	累计结余率	累计结余可支付月数
2005 年	6969	5401	1568	6066	22.50%	18.30%	2.84
2006 年	1747.1	1276.7	470.4	1752.4	26.90%	100.30%	16.47
2007 年	2214.2	1551.7	662.5	2440.8	29.90%	110.20%	18.88
2008 年	2885.5	2019.7	865.8	3303.6	30.00%	114.50%	19.63
2009 年	3420.3	2630.1	790.2	4093.8	23.10%	119.69%	18.68
2010 年	3955.4	3271.6	683.8	4777.6	17.29%	120.79%	17.52
2011 年	4945	4018.3	926.7	5704.3	18.74%	115.35%	17.03
2012 年	6061.90	4868.5	1193.4	6897.7	19.69%	113.79%	17.00
2013 年	7051.6	5829.9	1231.7	8129.4	17.44%	115.12%	16.73

资料来源：2006—2014 年《中国统计年鉴》

二、医疗保险个人缴费水平比较

由前面分析可知,当城乡及居民医疗保险基金达到适度水平时,政府财政支出补贴比为0.6%,医疗保险个人缴纳占比为1%,医疗保险政策补偿比为61.5%。2013年,天津市城乡居民基本医疗保险政策补贴比为0.40%,医疗保险个人缴费比为0.6%,医疗保险报销比为56%。因此,要使医疗保险结余率达到适度水平,必须在医疗保险筹资过程中提高政府财政补贴,提高个人缴费比例,同时适度提高医疗保险政策报销比。

表5-9 世界上部分国家医疗保险费率缴纳情况

	2000 年以前(%)			2000—2009 年(%)		
	合计	雇主	雇员	合计	雇主	雇员
法国		12.8		13.55	12.8	0.75
德国	12.9	6.45	6.45	14	7	7
瑞典	9.13	2.9	6.23	18.47	8.86	9.61
美国	2.9	1.45	1.45	2.9	1.45	1.45
新加坡				16	8	8
日本	8.2	4.1	4.1	8.5	4.25	4.25
中国(职工)				8	6	2

资料来源:清华大学公共管理学院提供

由表5-9可知,自1998年以来,我国城镇职工基本医疗保险个人缴费率为职工工资总额的2%,16年过去了,个人缴费比仍维持在2%这个水平;世界发达国家医疗保险缴费中,只有法国雇员个人缴费比为0.75%,美国为1.45%,其他国家参保者个人缴费比均偏高。我们测算当天津市城乡及居民医疗保险基金达到适度水平时,医疗保险个人缴纳占收入比为1%,该数值低于我国城镇职工个人缴费比,但这是由我国城乡居民收入水平偏低决定的。

根据《2019 年医疗保障事业发展统计快报》,2019 年,我国全年基本医疗保险基金总收入、总支出分别为 23334.87 亿元、19945.73 亿元,年末累计结存 26912.11 亿元。全年职工基本医疗保险基金收入 14883.87 亿元,同比增长 9.94%,其中统筹基金收入 9185.84 亿元;基金支出 11817.37 亿元,同比增长 10.37%,其中统筹基金支出 7120.30 亿元;年末累计结存 21850.29 亿元,其中统筹基金累计结存 13573.79 亿元,个人账户累计结存 8276.50 亿元。全年城乡居民基本医疗保险基金收入 8451.00 亿元,同比增长 7.71%;支出 8128.36 亿元,同比增长 14.23%;年末累计结存 5061.82 亿元。

第六章 城乡居民医疗资源供给模式研究

公立医院(三级医院)和基层医疗卫生机构(二级医院和社区医院)作为我国医疗卫生服务体系的重要组成部分,承担着与其功能定位相适应的医疗卫生服务任务,两者的合理分工、紧密协作是提高医疗服务体系整体效率的基础。但在现行管理机制和运行机制下,以药养医和医院创收行为密不可分,公立医院的公益性很难发挥,基层医疗机构由于基础设施落后、医护人员严重不足导致分级医疗、双向转诊等制度形同虚设。公立医院和基层医疗机构缺乏合作的动力和意识,最终导致医疗资源配置不均和体系失衡,公立医院人满为患,病人"一号难求",而基层医院门庭冷落,医护人员松闲散置。在新医改背景下,如何构建公立医院和基层医疗机构医疗服务供应分工协作机制,真正实现公立医院和基层医疗机构的"上下联动",促进公立医院与基层医疗卫生机构医院合理利用,最终切实改变"看病难"问题成为我国医疗体制改革发展的新方向。

在医疗机构管理方面,首先,近年来学者们从参保患者卫生服务利用、医疗机构选择等角度衡量医疗机构对医疗保险政策效果的影响,如赵绍阳(2014)、江金启(2013)、王翌秋(2009)等通过微观个体数据衡量医疗保险政策、医疗机构地点分布、医疗机构设置配置等条件对参保患者就诊单位选择问题，研究发现医疗保险政策向基层医疗机构倾斜可以引导更多的患者前往基层医疗机构就医，但这种政策倾斜的影响只对少数患者产生明显效果，其作用并不足以改变患者对大医院的偏好，参保患者对医疗服务的需求和在卫生服务利用方面对大医院的偏好更多是因为大医院享有更优的医疗资源；[①]其次，在城乡医疗保险制度整合条件下，顾平（2008）、胡宏伟（2012）对社区医疗机构、村卫生机构的研究进一步表明我国医疗资源分配不均，大医疗机构和基层医疗机构合作度缺乏等都是造成患者偏好大医院的重要原因；[②]最后，学者们从加强医疗机构绩效管理评价、住院部门分科定额管理、家庭责任医生负责制等角度对提高基层医疗机构利用水平进行了探讨，[③]但这些探讨并不能改变我国医疗资源分配不均，患者对大型医院有选择偏好等问题。

因医疗卫生体制上的差异，国外对公共卫生的研究大部分从医疗资源

① 江金启：《新农合政策与农村居民的就医地点选择变化》，《南方经济》，2013年第2期；王亚东、关静等：《全国社区卫生服务现状调查——影响社区居民选择就诊机构的因素分析》，《中国全科医学》，2006年第13期；王翌秋、张兵：《农村居民就诊单位选择影响因素的实证分析》，《中国农村经济》，2009年第2期；刘国恩、蔡春光、李林：《中国老人医疗保障与医疗服务需求的实证分析》，《经济研究》，2011年第3期；孟德锋、张兵、王翌秋：《新型农村合作医疗对农民卫生服务利用影响的实证研究——以江苏省为例》，《经济评论》，2009年第3期；陈晓林：《城乡医保一体化的效益效率——基于重庆市的实践》，《中国医疗保险》，2013年第3期。

② 顾平、刘雅芹、李京涛：《村卫生室在新型农村合作医疗中的作用》，《社会医学杂志》，2008年第2期；胡宏伟、张小燕、赵英丽：《社会医疗保险对老年人卫生服务利用的影响——基于倾向得分匹配的反事实估计》，《中国人口科学》，2012年第2期。

③ 李刚、吴明：《区域内医院医疗资源配置公平性研究》，《中华医院管理杂志》，2000年第5期；毛瑛、陈钢等：《医疗保险经办机构管理服务能力影响因素通径分析》，《中国卫生政策研究》，2009年第8期；黄东航：《社会医疗保险定点医疗机构评价方法研究》，暨南大学硕士毕业论文，2005年；朱彪：《青岛市社区家庭医生联系人制度和普通门诊统筹制度试点效果研究》，山东大学硕士毕业论文，2010年；谢敏、黄群平、张建、王学庆、陈建华、潘邦、胡华：《基本医疗保险住院费用分科定额管理效果分析》，《中国卫生经济》，2005年第11期；王红漫：《新农合定点医疗机构服务利用与农民"看病难看病贵"问题实证研究——北京地区2009年调查数据分析》，《中国软科学》，2011年第7期；常文虎、俞金枝：《北京市乡镇卫生院资源配置基本情况》，《中华医院管理杂志》，2007年第4期。

配置、社区卫生服务建设等角度展开分析。如 Nimna 等对斯里兰卡医疗资源配给情况进行研究,指出政府更多地将资金投入复合型医院而忽略基础医疗建设,对发展优先序的选择不当导致贫富阶层享受医疗服务差距加大,损害了低收入阶层的医疗卫生福利;Shariff, S. S. 和 De Nicola 等人也对医疗资源配置和公立医院医疗效率进行了深入研究;Weider D. Yu 从社会信任角度分析了社区公共卫生服务系统的构建;有的文献从医护培养、计算机支持等角度分析了医改过程中社区卫生服务的重要性;只有 Wooldridge M.(2002)将 Dell、Wal - Mar 的供应链管理理论引入医疗服务体系,强调医疗服务供给本身是一个复杂的过程,由不同服务提供商共同协作,经过多个环节来完成,整个医疗服务过程结成了一个有机的医疗服务供链系统;Kreps 等从声誉角度强调了供应商合作的重要性。

随着我国医疗卫生事业发展和新医改的不断推进,近几年,国内对公立医院和基层医疗机构的功能定位与协同合作问题从不同角度展开了深入研究。曹荣桂等学者认为在深化医改过程中,公立医院应回归其公益性,在医护人才培养、医疗技术传承方面发挥积极作用;宋华等从供应链角度对医疗服务供应链系统绩效和系统结构、协同管理进行了分析;许栋等对我国公立医院与基层医疗卫生机构分工协作现状和机制进行了研究,并得出目前我国公立医院和基层医疗机构存在"合作""托管""重组""医疗联合体""医疗集团"和"院办院管"六种模式,但长期目标的缺乏和合作意识淡薄最终使二者合作始终处于不稳定的、松散型的状态;梁冬寒等利用信号博弈分析了政府对公立医院利益补偿机制。

"行为模式"(Behavior Pattern)指活动发生、进行或完成的某种固有方式,主要用来分析和衡量行为主体执行某种任务的行为、过程,并根据分析结果对后续行动进行改进。随着 2009 年新医改不断推进,各地针对公立医院和基层医疗机构分工合作实践模式进行了积极探索。事实上,在医疗机构主体达成合作协议之前,公立医院与基层医疗机构之间一直存在着博弈。在医疗服务供应系统下,如果仅仅从价格方面博弈,公立医院和基层医疗机构往往会陷入博弈理论的"囚徒困境"之中,双方的成本和收益均不会达到最优。另外,声誉在经济与管理领域的重要作用很早就被不同学科学者所关注,"声誉"对于医疗机构而言是难以模仿的无形资产,是医院竞争优势的主要来源。医疗服务"供应链声誉"主要从医疗服务供应视角,公立医院与基层医疗机构为争取最优社会效益和社会认可,采取积极合作形式促使医疗资源合理利用,为患者提供优质医疗服务而最终形成的患者对医疗服务供应链信任程度;供应链声誉依赖于医疗机构主体各方的努力,供应链成员之间是一个不间断的动态博弈关系。作为追求成本最小、收益最大的医疗机构主体,公立医院和基层医疗机构为了自己的长期利益,也会为自己建立一种良好的声誉而不断努力。

因此,本书尝试基于"供应链声誉"概念对公立医院和基层医疗机构在声誉维护和提高方面的合作行为的博弈模式进行研究。与已有文献相比,本模型的不同之处在于:基于供应链声誉和医疗资源共享视角,考察连续时间内公立医院和基层医疗机构协调合作问题,通过"医疗合作参与度"因子考察公立医院和基层医疗机构合作呈现出的长期性和动态性特征。由于连续时间对公立医院和基层医疗机构的决策函数影响非常复杂和难以描述,决策模型难以建立,因此基于连续时间动态博弈的公立医院和基层医疗机构协调合作问题当前尚缺乏深入研究。作为本领域的一个初步尝试,首先,分别建立公立医院和基层医疗机构的支付函数,构建微分博弈模型;其次,利用逆向归纳法分析模型,比较分析动态环境中 Nash 非合作博弈、Stackelberg 主从博弈和协同博弈的均衡结果。最后,期望所得到的相关结论能为公立医院和基层医疗机构在医疗资源共享合作程度、博弈结构和新医改发展方向等方面决策提供理论依据。

第一节　模型描述与符号设定

考察由单个公立医院和单个基层医疗机构组成的医疗服务供应链,假设公立医院在医疗合作方面的医疗资源共享量为 $E_P(t)$,基层医疗机构在医疗合作方面的医疗资源共享量为 $E_B(t)$。公立医院和基层医疗机构医疗服务供应合作方面的成本函数分别为 $C_P(t)$ 和 $C_B(t)$,设公立医院和基层医疗机构在医疗服务供应合作方面成本函数分别为:

$$C_P(t) = \frac{\mu_P}{2} E_P^2(t) \text{、} C_B(t) = \frac{\mu_B}{2} E_B^2(t)$$

其中, μ_P 和 μ_B 分别表示公立医院和基层医疗机构在医疗服务供应合作过程中付出的成本系数, $C_P(t)$ 和 $C_B(t)$ 分别代表公立医院和基层医疗机构在医疗服务供应合作中所付出的成本,并且都是他们各自付出资源共享量的凸函数。

同时,公立医院和基层医疗机构都努力树立良好的供应链声誉。设变量 $F(t)$ 代表声誉,并采用如下微分方程来刻画声誉 $F(t)$ 随时间的变化:

$$dF(t) = (\lambda_P E_P(t) + \lambda_B E_B(t) - \delta F(t))dt \quad F(0) = F_0 \geqslant 0 \quad (1)$$

其中, λ_P 和 λ_B 分别表示公立医院和基层医疗机构付出的努力对声誉的影响程度。 $\delta > 0$ 表示声誉的衰减程度,通常是由于医疗机构主体之间竞争所造成的。

假设 $\Pi_P(t)/\Pi_B(t)$ 分别表示公立医院和基层医疗机构在 t 时刻的收益, $T\Pi_P(t)/T\Pi_B(t)$ 分别为两个博弈主体在全部时间的收益,则在医疗机构主体协同合作的过程中,公立医院和基层医疗机构在 t 时刻的总收益 $\Pi(t)$ 为:

$$\Pi(t) = \alpha E_P(t) + \beta E_B(t) + \theta F(t) \tag{2}$$

其中,α、β、θ 均为大于 0 的常数,分别表示公立医院付出的努力、基层医疗机构所付出努力及整个过程声誉对收益的影响。

假设医疗机构主体的总收益在两个博弈主体之间分配,公立医院得 $\pi(t) \in (0,1)$,则基层医疗机构所获得的比例为 $1 - \pi(t)$,该分配比例是预先给定的;在公立医院与基层医疗机构协同合作系统中,假设 $\chi(t)$ 为公立医院对基层医疗机构支持的反映,即公立医院与基层医疗机构的合作参与度,$\chi(t) \in (0,1)$;系统中两个主体具有相同且为正值的贴现率 r,双方的目标都是在无限时区内寻求使其利润最大化的最优医疗资源合作策略。

公立医院的目标函数为:

$$TΠ_P = \int_0^x \left[\pi(t)(\alpha E_P(t) + \beta E_B(t) + \theta F(t)) - \frac{\mu_P}{2}(1 - \chi(t))E_P^2 \right] dt$$

$$(3)$$

基层医疗机构的目标函数为:

$$TΠ_B = \int_0^x \left[(1 - \pi(t))(\alpha E_P(t) + \beta E_B(t) + \theta F(t)) - \frac{\mu_B}{2}E_B^2 - \chi(t)\frac{\mu_P}{2}E_P^2 \right] dt$$

$$(4)$$

第二节 不同博弈状态下模型均衡策略及比较

一、Nash 非合作博弈均衡策略分析

当两个主体进行 Nash 非合作博弈时,双方会同时选择各自的最优努力策略,以最大化自身利润,则博弈参与双方的最优努力策略组合即为静态反馈 Nash 均衡。

命题 1：在 Nash 非合作博弈情形下，公立医院和基层医院静态反馈 Nash 均衡策略分别为

$$E_P^* = \frac{\pi[\alpha(r+\delta) + \lambda_P\theta]}{\mu_P(r+\delta)} \tag{5}$$

$$E_B^* = \frac{(1-\pi)[\beta(r+\delta) + \lambda_B\theta]}{\mu_B(r+\delta)} \tag{6}$$

证明：为得到此博弈的 Nash 均衡，首先假设存在连续有界的微分收益函数 $V_i(F), i \in (P, B)$，对所有的 $F \geq 0$ 都满足汉密尔顿—雅可比—贝尔曼（Hamilton – Jacobi – Bellman）方程

$$r \cdot V_P(F) = \max_{E_P \geq 0}\left\{\pi(t)(\alpha E_P + \beta E_B + \theta F) - \frac{\mu_P}{2}(1-\chi)E_P^2 + V_P'(F)(\lambda_P E_P + \lambda_B E_B - \delta F)\right\} \tag{7}$$

$$r \cdot V_B(F) = \max_{E_B \geq 0}\left\{(1-\pi(t))(\alpha E_P + \beta E_B + \theta F) - \frac{\mu_B}{2}E_B^2 - \chi\frac{\mu_P}{2}E_P^2 + V_B'(F)(\lambda_P E_P + \lambda_B E_B - \delta F)\right\} \tag{8}$$

由（8）式可知，为使自身利润最大化，基层医疗机构在非合作博弈下将不与公立医院合作，选择不合作策略，即 $\chi = 0$。分别对（7）（8）右端部分求解它们对 E_P 和 E_B 的一阶偏导数并令其等于零，解之可以得到：

$$E_P = \frac{\alpha\pi(t) + \lambda_P V_P'(F)}{\mu_P}, \quad E_B = \frac{\beta(1-\pi(t)) + \lambda_B V_B'(F)}{\mu_B} \tag{9}$$

将式（9）代入式（7）（8），化简整理得到

$$rV_P(F) = [\pi(t)\theta - \delta V_P'(F)]F + \frac{(\pi\alpha + \lambda_P V_P')^2}{2\mu_P} + \frac{(\pi\beta + \lambda_B V_B')[(1-\pi(t))\beta + \lambda_B V_B']}{\mu_B} \tag{10}$$

$$rV_B(F) = [(1-\pi(t))\theta - \delta V_B'(F)]F + \frac{((1-\pi)\beta + \lambda_B V_B')^2}{2\mu_B} + \frac{[(1-\pi)\beta + \lambda_P V_{En}'][\alpha\pi(t) + \lambda_P V_P']}{\mu_P} \tag{11}$$

由式（10）和式（11）可知，关于 F 的线性最优函数式 HJB 方程的解，令

$$V_P(F) = e_1 F + e_2 \quad V_B(F) = s_1 F + s_2 \tag{12}$$

其中 e_1, e_2, s_1, s_2 是常数，将式（12）及其对 F 的导数代入式（10）（11）

中,得:

$$r(e_1 F + e_2) = (\pi\theta - \delta e_1)F + \frac{(\pi\alpha + \lambda_P e_1)^2}{2\mu_P} + \frac{(\pi\beta + \lambda_B e_1)[(1-\pi)\beta + \lambda_B s_1]}{\mu_B} \quad (13)$$

$$r(s_1 F + s_2) = [(1-\pi)\theta - \delta s_1]F + \frac{[(1-\pi)\beta + \lambda_B s_1]^2}{2\mu_B} + \frac{(\pi\alpha + \lambda_P e_1)[(1-\pi)\alpha + \lambda_P s_1]}{\mu_P}$$

$$(14)$$

式(13)(14)对所有的 $F \geq 0$ 都满足,求得最优努力函数的参数值为:

$$e_1 = \frac{\pi\theta}{r+\delta} \ ; \ e_2 = \frac{\mu_B[\pi\alpha(r+\delta) + \lambda_P \pi\theta]^2 + 2\mu_P[\pi\beta(r+\delta) + \lambda_B \pi\theta][(1-\pi)\beta + \lambda_B(1-\pi)\theta]}{2r\mu_P\mu_B(r+\delta)^2}$$

$$(15)$$

$$s_1 = \frac{(1-\pi)\theta}{r+\delta} \ ; \ s_2 = \frac{\mu_P[(1-\pi)\beta(r+\delta) + \lambda_B(1-\pi)\theta]^2 + 2\mu_B(1-\pi)\pi[\alpha(r+\delta) + \lambda_P\theta][\alpha(r+\delta) + \lambda_P\theta]}{2r\mu_P\mu_B(r+\delta)^2}$$

$$(16)$$

将 e_1, e_2, s_1, s_2 代入式(12)可以得到公立医院和基层医疗机构的最优努力函数分别为:

$$V_P^*(F) = \frac{\pi\theta}{r+\delta} \cdot F + \frac{\mu_B[\pi\alpha(r+\delta) + \lambda_P \pi\theta]^2 + 2\mu_P[\pi\beta(r+\delta) + \lambda_B \pi\theta][(1-\pi)\beta(r+\delta) + \lambda_B(1-\pi)\theta]}{r(r+\delta)^2 \cdot 2\mu_P\mu_B}$$

$$(17)$$

$$V_B^*(F) = \frac{(1-\pi)\theta}{r+\delta} \cdot F + \frac{\mu_P[(1-\pi)\beta(r+\delta) + \lambda_B(1-\pi)\theta]^2 + 2\mu_B(1-\pi)\pi[\alpha(r+\delta) + \lambda_P\theta][\alpha(r+\delta) + \lambda_P\theta]}{r(r+\delta)^2 \cdot 2\mu_P\mu_B}$$

$$(18)$$

令 $\quad \varphi_1 = \pi[\alpha(r+\delta) + \lambda_P\theta]^2 , \quad \varphi_2 = (1-\pi)[\beta(r+\delta) + \lambda_B\theta]^2 \quad (19)$

则 $\quad V_P^*(F) = \frac{\pi\theta}{r+\delta} \cdot F + \frac{\pi(\mu_B\varphi_1 + 2\mu_P\varphi_2)}{2r(r+\delta)^2\mu_P\mu_B} \quad (20)$

$$V_B^*(F) = \frac{(1-\pi)\theta}{r+\delta} \cdot F + \frac{(1-\pi)(2\mu_B\varphi_1 + \mu_P\varphi_2)}{2r(r+\delta)^2\mu_P\mu_B} \quad (21)$$

将式(20)和式(21)分别对 F 求得的导数代入式(9),得式(5)和式(6),证毕。

二、Stackelberg 主从博弈均衡策略分析

基层医疗机构的自有医疗资源,决定了其与公立医院合作的方式和合作比例;公立医院在观察到基层医疗机构的行动后,选择医疗资源合作水平和合作比例,因此双方的医疗合作决策过程可视为 Stackelberg 博弈过程。公立医院是行动的领导者,基层医疗机构是行动的跟随者。首先,分别建立公立医院和基层医疗机构的支付函数,构建博弈模型;其次,用逆向归纳法分析模型,讨论自有医疗资源和"合作意愿"对公立医院的总资源合作水平及合作程度的影响。

命题2:在 Stackelberg 博弈情形下,公立医院和基层医疗机构的静态反馈 Nash 均衡策略分别为:

$$E_P^{**} = \frac{(2-\pi)[\alpha(r+\delta)+\lambda_P\theta]}{2\mu_P(r+\delta)} \tag{22}$$

$$E_B^{**} = \frac{(1-\pi)[\beta(r+\delta)+\lambda_B\theta]}{\mu_B(r+\delta)} \tag{23}$$

$$\chi^{**} = \frac{2-3\pi}{2-\pi}, \pi < \frac{2}{3} \tag{24}$$

证明:为得到此博弈的 Stackelberg 均衡,运用逆向归纳法,首先假设存在连续有界的微分收益函数 $V_i(F)$,$i \in (P,B)$ 对所有的 $F \geq$ 都满足汉密尔顿—雅可比—贝尔曼(Hamilton – Jacobi – Bellman)方程。

首先,求解公立医院的最优收益:

$$r \cdot V_P(F) = \max_{E_P \geq 0}\left\{\pi(t)(\alpha E_P + \beta E_B + \theta F) - \frac{\mu_P}{2}(1-\chi)E_P^2 + V_P'(F)(\lambda_P E_P + \lambda_B E_B - \delta F)\right\} \tag{25}$$

分别对右端部分求它们对 E_P 的一阶偏导数并令其等于零,求解可以得到:

$$E_P = \frac{\alpha\pi(t) + \lambda_P V'_P(F)}{(1-\chi)\mu_P} \tag{26}$$

基层医疗机构将理性地预测到公立医院将会根据上式选择其努力函数,这时,公立医院的 HJB 方程为:

$$r \cdot V_B(F) = \max_{E_B \geq 0} \left\{ (1-\pi(t))(\alpha E_P + \beta E_B + \theta F) - \frac{\mu_B}{2}E_B^2 - \chi\frac{\mu_P}{2}E_P^2 + V'_B(F)(\lambda_P E_P + \lambda_B E_B - \delta F) \right\} \tag{27}$$

将(26)式代入(27)式,并对其右端部分求解其对 E_B 和 χ 的一阶偏导数并令其等于零,求解可以得到:

$$E_B = \frac{\beta(1-\pi(t)) + \lambda_B V'_B(F)}{\mu_B} \tag{28}$$

$$\chi = \frac{\alpha(2-3\pi(t)) + \lambda_P(2V'_B - V'_P)}{\alpha(2-\pi(t)) + \lambda_P(2V'_B + V'_P)} \tag{29}$$

将式(26)(28)(29)代入式(25)(27),化简整理得到:

$$rV_P(F) = [\pi(t)\theta - \delta V'_P(F)]F + \frac{(\pi\alpha + \lambda_P V'_P)[\alpha(2-\pi(t)) + \lambda_P(2V'_B + V'_P)]}{4\mu_P} + \frac{(\pi\beta + \lambda_B V'_P)[(1-\pi(t))\beta + \lambda_B V'_B]}{\mu_B} \tag{30}$$

$$rV_B(F) = [(1-\pi(t))\theta - \delta V'_B(F)]F + \frac{((1-\pi)\beta + \lambda_B V'_B)^2}{2\mu_B} + \frac{[(1-\pi)\beta + \lambda_P V'_B]^2}{8\mu_P} \tag{31}$$

由式(30)和式(31)可知,关于 F 的线性最优收益函数是 HJB 方程的解,令

$$V_B(F) = e_1 F + e, \quad V_P(F) = s_1 F + s_2 \tag{32}$$

其中 e_1, e_2, s_1, s_2 是常数,将式(32)及其对 F 的导数代入式(30)(31)中,求得最优努力函数的参数值为:

$$e_1 = \frac{(1-\pi)\theta}{r+\delta} \quad , \quad e_2 = \frac{\mu_B\left[(2-\pi)\alpha(r+\delta)+\lambda_P(2-\pi)\theta\right]^2 + 4\mu_P\left[(1-\pi)\beta(r+\delta)+\lambda_B(1-\pi)\theta\right]^2}{8r\mu_P\mu_B(r+\delta)^2}$$

$$(33)$$

$$s_1 = \frac{\pi\theta}{r+\delta} \quad , \quad s_2 = \frac{4\mu_P(1-\pi)\pi\left[\beta(r+\delta)+\lambda_B\theta\right]^2 + \mu_B(2-\pi)\pi\left[\alpha(r+\delta)+\lambda_P\theta\right]^2}{4r\mu_P\mu_B(r+\delta)^2}$$

$$(34)$$

　　将 e_1,e_2,s_1,s_2 代入式(32)可以得到公立医院和基层医疗机构的最优努力函数分别为:

$$V_B^{**}(F) = \frac{(1-\pi)\theta}{r+\delta}\cdot F + \frac{\mu_B\left[(2-\pi)\alpha(r+\delta)+\lambda_P(2-\pi)\theta\right]^2 + 4\mu_P\left[(1-\pi)\beta(r+\delta)+\lambda_B(1-\pi)\theta\right]^2}{8r\mu_P\mu_B(r+\delta)^2}$$

$$(35)$$

$$V_P^{**}(F) = \frac{\pi\theta}{r+\delta}\cdot F + \frac{4\mu_P(1-\pi)\pi\left[\beta(r+\delta)+\lambda_B\theta\right]^2 + \mu_B(2-\pi)\pi\left[\alpha(r+\delta)+\lambda_P\theta\right]^2}{4r\mu_P\mu_B(r+\delta)^2}$$

$$(36)$$

　　令 $\psi_1 = \alpha(r+\delta)+\lambda_P\theta, \psi_2 = \beta(r+\delta)+\lambda_B\theta$,则:

$$V_B^{**}(F) = \frac{(1-\pi)\theta}{r+\delta}\cdot F + \frac{(2-\pi)^2\mu_B\psi_1^2 + 4\mu_P(1-\pi)^2\psi_2^2}{8r(r+\delta)^2\mu_P\mu_B} \quad (37)$$

$$V_P^{**}(F) = \frac{\pi\theta}{r+\delta}\cdot F + \frac{(2-\pi)\pi\mu_B\psi_1^2 + 4\mu_P(1-\pi)\pi\psi_2^2}{4r(r+\delta)^2\mu_P\mu_B} \quad (38)$$

　　将式(37)和式(38)分别对 F 求得的导数代入式(26)(28)和(29),可以得到式(22)(23)以及(24),其中由于 $0<\chi<1$,可以得到 $\pi<\dfrac{2}{3}$,证毕。

三、协同合作博弈均衡策略分析

　　为了实现医疗资源的合理配置,获得更多社会收益和经济利益,公立医院和基层医疗机构会尽力提高医疗服务供应链声誉水平。本部分重点探讨公立医院和基层医疗机构之间的协同合作关系,得到此博弈情形下公立医院和基层医疗机构的最优努力策略和医疗服务供应链整体的最优收益水平。

命题3:在协同合作博弈情形下,公立医院和基层医疗机构的最优努力策略分别为:

$$E_P^{****} = \frac{\alpha(r+\delta)+\theta\lambda_P}{\mu_P(r+\delta)} \tag{39}$$

$$E_B^{****} = \frac{\beta(r+\delta)+\theta\lambda_B}{\mu_B(r+\delta)} \tag{40}$$

当风险投资与风险企业之间的关系由非合作过渡到协同合作时,双方以整个创业过程的收益最大化为目标,共同确定 E_P 和 E_B 的最优值。则:

$$T\Pi = T\Pi_P + T\Pi_B = \int_0^\infty e^{-rt} \cdot \left\{ [\alpha E_P + \beta E_B + \theta F(t)] - \frac{\mu_P}{2} E_P^2 - \frac{\mu_B}{2} E_B^2 \right\} dt \tag{41}$$

其最优收益函数 $V(F)$ 满足如下的 HJB 方程:

$$r \cdot V(F) = \max_{E_P \geq 0; E_B \geq 0} \left\{ [\alpha E_P + \beta E_B + \theta F(t)] - \frac{\mu_P}{2} E_P^2 - \frac{\mu_B}{2} E_B^2 + V'(F)(\lambda_P E_P + \lambda_B E_B - \delta F) \right\} \tag{42}$$

上式分别对 E_P,E_B 求一阶导数,可以得到:

$$E_P = \frac{\alpha + \lambda_P V'(F)}{\mu_P} \tag{43}$$

$$E_B = \frac{\beta + \lambda_P V'(F)}{\mu_B} \tag{44}$$

将式(43)(44)代入(42),化简整理得到:

$$r \cdot V(F) = \left[\theta - \delta V'(F) \right] \cdot F + \frac{\left[\alpha + \lambda_P V'(F) \right]^2}{2\mu_P} + \frac{\left[\beta + \lambda_B V'(F) \right]^2}{2\mu_B} \tag{45}$$

同样,关于 F 的线性最优收益函数是此 HJB 方程的解,令:

$$V(F) = k_1 F + k_2 \tag{46}$$

其中,k_1 和 k_2 是常数。将式(46)及其对 F 的导数代入式(45),得到:

$$r \cdot (k_1 F + k_2) = \left[\theta - \delta V^{'}(F)\right] \cdot F + \frac{[\alpha + \lambda_P \cdot k_1]^2}{2\mu_P} + \frac{[\beta + \lambda_B \cdot k_1]^2}{2\mu_B} \tag{47}$$

式(47)对所有的 $F \geq 0$ 都满足,求得最优努力函数的参数值为:

$$k_1 = \frac{\theta}{r+\delta}, \quad k_2 = \frac{\mu_P \dfrac{\varphi_1}{\pi} + \mu_B \dfrac{\varphi_2}{1-\pi}}{2r\mu_P\mu_B(r+\delta)^2} \tag{48}$$

代入式(46),可得到最优收益函数为:

$$V^*(F) = \frac{\theta}{r+\delta} F + \frac{(1-\pi)\mu_B\varphi_1 + \pi\mu_P\varphi_2}{2\pi(1-\pi)\mu_P\mu_B r(r+\delta)^2} \tag{49}$$

将式(49)代入 E_P,E_B,可以得到式(39)(40),证毕。

四、均衡结果的比较分析

对 Nash 非合作博弈、Stackelberg 主从博弈和协同合作博弈三种情形下,公立医院和基层医疗机构的最优资源共享策略及整个过程的最优收益进行比较,得到相关结论。

命题 4:(Ⅰ)当 $\pi(t) < \dfrac{2}{3}$ 时,公立医院的最优资源共享程度比较 $E_P^* < E_P^{**} < E_P^{***}$;

(Ⅱ)基层医疗机构的最优资源共享程度比较 $E_B^* < E_B^{**} < E_B^{***}$;

(Ⅲ)基层医疗机构对公立医院的最优"合作参与度":$\chi = \dfrac{E_P^{**} - E_P^*}{E_P^{**}}$。

证明:

（Ⅰ）根据式（5）（22）和（39），可得：

$$E_P^* - E_P^{**} = \frac{(3\pi - 2)[\alpha(r+\delta) + \lambda_P\theta]}{2\mu_P(r+\delta)}$$

显而易见，当时 $\pi(t) < \frac{2}{3}$，$E_P^* < E_P^{**}$；$E_P^{***} - E_P^{**} = \frac{\pi[\alpha(r+\delta) + \lambda_P\theta]}{2\mu_P(r+\delta)} > 0$。

（Ⅱ）由式（6）（23）和（40）可以得到 $E_B^* - E_B^{***} = 0$，$E_B^{***} - E_B^{**} = \frac{\pi[\alpha(R+\delta) + \lambda_P\theta]}{\mu_P(R+\delta)} > 0$。

（Ⅲ）根据式（5）（22）和（24），

可知 $E_P^{**} - E_P^* = \frac{(3\pi - 2)[\alpha(r+\delta) + \lambda_P\theta]}{2\mu_P(r+\delta)} = E_P^{**} \cdot \chi$，证毕。

由命题4可知，当公立医院和基层医疗机构由 Nash 非合作博弈过渡到 Stackelberg 主从博弈时，公立医院和基层医疗机构的合作程度不同，其资源共享程度与其收益分配比率相关。当 $\pi(t) < \frac{2}{3}$ 时，公立医院资源共享程度上升幅度等于基层医疗机构对其的最优"合作参与度"，基层医疗机构资源共享程度保持不变。当双方进行协同合作博弈时，最优资源共享程度达到最大。

命题5：对任意的 $F \geq 0$，

（Ⅰ）基层医疗机构最优收益比较 $V_B^{**}(F) > V_B^*(F)$；

（Ⅱ）当 $\pi(t) < \frac{2}{3}$ 时，公立医院最优收益比较 $V_P^{**}(F) > V_P^*(F)$；

（Ⅲ）整个医疗服务供应系统的收益比较：当 $\pi(t) < \frac{2}{3}$ 时，

$$V^*(F) > V_P^{**}(F) + V_B^{**}(F) > V_P^*(F) + V_B^*(F)$$

证明：

（Ⅰ）根据式（21）和式（37），可以得 $V_B^{**}(F) - V_B^*(F) = \frac{(3\pi - 2)^2\mu_B\psi_1^2}{8\gamma(\gamma+\delta)^2\mu_P\mu_B} > 0$；

（Ⅱ）根据式（20）和式（38），有 $V_P^{**}(F) - V_P^*(F) = \dfrac{(2\pi - 3\pi^2)\mu_B\psi_1^2}{4\gamma(\gamma+\delta)^2\mu_P\mu_B}$，显

而易见当 $\pi(t) < \dfrac{2}{3}$ 时，$V_P^{**}(F) > V_P^*(F)$；

（Ⅲ）根据式（20）（21）和式（37）（38），有

$$V_B^{**}(F) + V_P^{**}(F) - \left(V_B^*(F) + V_P^*(F)\right) = \frac{(3\pi-2)^2\mu_B\psi_1^2}{8\gamma(\gamma+\delta)^2\mu_P\mu_B} + \frac{(2\pi-3\pi^2)\mu_B\psi_1^2}{4\gamma(\gamma+\delta)^2\mu_P\mu_B}$$

$$= \frac{(3\pi-2)(\pi-2)\mu_B\psi_1^2}{8\gamma(\gamma+\delta)^2\mu_P\mu_B}$$

易见，当 $\pi(t) < \dfrac{2}{3}$ 时，有 $V_P^{**}(F) + V_B^{**}(F) > V_P^*(F) + V_B^*(F)$。

根据式（37）（38）和（49）可以得到 $V_B^{**}(F) + V_P^{**}(F) - V^*(F) =$

$\dfrac{-\pi^2\mu_B\psi_1^2 - 4\pi^2\mu_P\psi_2^2}{8\gamma(\gamma+\delta)^2\mu_P\mu_B} < 0$，易见，$V_P^{**}(F) + V_B^{**}(F) < V^*(F)$，证毕。

由命题 5 可知，与 Nash 非合作博弈情形相比，基层医疗机构偏爱 Stackelberg 主从博弈情形；当 $\pi(t) < \dfrac{2}{3}$ 时，对整个医疗服务供应链的收益而言，Stackelberg 博弈要优于 Nash 非合作博弈，公立医院的收益与收益分配比率相关；若最终的收益分配方案合理可行，那么对公立医院和基层医疗机构来说，协同合作博弈是 Pareto 最优的。

第三节　算例分析

公立医院与基层医疗机构在不同博弈情形下，最佳资源共享量和收益水平依赖于模型中各参数的选择。假设模型中参数衰减率 $\delta = 0.1$，贴现率 $r = 0.1$，$\mu_P = 2$，$\mu_B = 1$，$\lambda_P = 2$，$\lambda_B = 1$，$\alpha = 2$，$\beta = 2$，$\theta = 1$，收益分配比率 $\pi =$

0.5,同时 $F(0)=0$,公立医院与基层医疗机构在非合作条件下的声誉为 $F=95-95e^{-0.1t}$,所获得收益为 $V_P^*=2.5F+212.5$,$V_B^*=2.5F+241.25$;公立医院与基层医疗机构在 Stackelberg 合作条件下的声誉为 $F=125-125e^{-0.1t}$,所获收益为 $V_P^{**}=2.5F+257.5$,$V_B^*=2.5F+263.75$;公立医院与基层医疗机构在协同合作条件下的声誉为 $F=190-190e^{-0.1t}$,整个创业链的最优收益水平为 $V^*=5F+605$。

在不同博弈情形下,公立医院与基层医疗机构的收益水平随时间的变化趋势如图 6-1 所示。

其中,V_P^* 和 V_B^* 分别表示的是在 Nash 非合作博弈情形下,公立医院与基层医疗机构的最佳收益,V_P^{**} 和 V_B^{**} 分别表示的是在 Stackelberg 博弈情形下,公立医院与基层医疗机构的最佳收益,V^* 表示整个医疗服务供应链的最优收益水平。

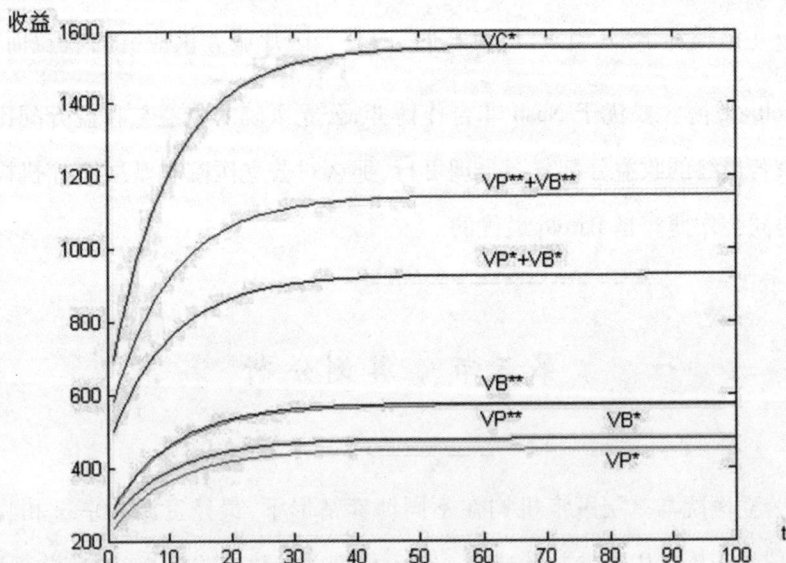

图 6-1　不同博弈情形下两主体的收益水平

由图6-1可见,当 $\pi(t) < \dfrac{2}{3}$ 时,公立医院与基层医疗机构在不同博弈情形下,收益水平随时间增加逐渐趋于平稳;在 Stackelberg 条件下,最优收益水平始终高于非合作条件下的收益水平,而系统的整体收益水平在协同合作条件下达到最优,非合作条件下的收益水平最低。与命题5的结论相符。

第四节 本章小结

本章利用微分对策模型研究了公立医院和基层医疗机构合作问题。通过构建微分博弈模型,运用汉密尔顿—雅可比—贝尔曼方程分别求得了 Nash 非合作博弈、Stackelberg 主从博弈及协同合作博弈下均衡的公立医院和基层医疗机构的努力程度、最优收益情况及公立医院对基层医疗机构的最优"合作参与度",并对博弈结果进行了比较。研究结果表明:

第一,"合作参与度"是整个医疗服务供应链系统及各成员收益增加的有效调节机制,是帕累托有效的。

第二,当公立医院与基层医疗机构由 Nash 非合作博弈过渡到 Stackelberg 主从博弈时,公立医院的资源共享程度与其收益分配比率相关,并且变化的幅度等于基层医疗机构的最优"合作参与度",而基层医疗机构的资源共享程度不变。

第三,与 Nash 非合作博弈情形相比,基层医疗机构在 Stackelberg 主从博弈情形下具有更高的最优收益水平。对整个医疗服务供应系统而言,Stackelberg 博弈要优于 Nash 非合作博弈,基层医疗机构的收益增量与他们的收益分配比率相关。

第四,当公立医院和基层医疗机构进行协同合作博弈时,双方的医疗资源共享程度和收益都将达到最优,且医疗服务供应系统的整体收益水平也将达到最优,因此对于公立医院和基层医疗机构来说,协同合作博弈是Pareto最优的。

与以往学者所关注的从激励机制、监控机制的角度出发研究公立医院和基层医疗机构的合作关系不同,本章主要考虑连续时间背景下公立医院和基层医疗机构在合作全过程中的博弈,尤其是在合作契约达成前双方就已开始博弈,基层医疗机构通过自有医疗资源拥有量吸引公立医院预期合作,同时公立医院的"合作参与度"在公立医院和基层医疗机构契约达成前后的整个合作过程中起着至关重要的协调作用,影响着医疗服务供应链中博弈双方的医疗资源共享量。

在我国目前医疗卫生制度及利益驱动下,公立医院和基层医疗合作医院较少,公立医院公益性缺乏,公立医院医护培养机制、技术支援机制不够健全;基层医疗机构医疗资源不足,分级医疗、双向转诊等机制形同虚设,基层医疗机构对基本疾病预防、治疗和控制能力差。只有将公立医院的专科特色和基层医疗机构相结合,遵循资源配置、风险共担、利益合理分配原则,增强公立医院与基层医疗机构协同合作参与度,明显提升医疗机构服务声誉,才能最终提升医疗服务供应链整体服务能力,实现我国医疗体制改革的最终目标。

第七章　城乡居民基本医疗保险制度效能研究

医疗保险政策条款是医疗保险制度的执行工具。本章选择天津和重庆作为代表，从政策工具视角和制度效能视角构建城乡居民基本医疗保险制度分析框架，探索城乡居民基本医疗保险制度构建过程中亟须解决的问题，为我国城乡居民基本医疗保险制度统筹与城乡居民基本医疗保险政策完善提供理论支持和引导。

第一节　研究背景

城乡居民基本医疗保险政策是各省、区、市为实现城乡医疗保险统筹、提高城乡医疗保险管理与服务而出台的一系列公共政策支撑体系，是构建各地医疗保险制度的基本保障，是实现城乡居民基本医疗保险统筹公共政策目标的根本手段。如何利用有效政策工具来提高医疗保险管理与服务，解决城乡居民基本医疗保险事业发展过程中的各种问题，成为各省、区、市亟须解决的根本问题。2003年和2007年,我国先后建立了新农合和城镇居民基本医疗保险。目前,我国并没有实现城乡居民基本医疗保险全国统筹,但在党和国家"促进城乡居民逐步享有均等化的基本公共卫生服务,最终实现医疗保障制度框架的基本统一"的发展方向指导下,各地纷纷进行城镇职工和新农合整合,为城乡居民基本医疗保险整合积累了大量实践经验。

城乡居民基本医疗保险统筹得到政府和社会各界的关注与重视,我国学术界对此的研究也比较深入。分析文献可以发现,大部分学者都着眼于某一地区城乡居民基本医疗保险政策内容、实施效果、发展路径的研究,如尹爱田(2012)在"保基本、强基层"的战略目标的指引下,对山东省社会、经济状况和参保患者医疗费用进行了详细测算;李丛(2011)从覆盖人群、缴费标准、起付标准、保险待遇和费用控制五个方面对北京、上海和广州的城镇居民基本医疗保险展开对比研究;李佳佳、顾海等(2013)从福利经济学角度对医保城乡统筹制度模式和福利分配效应进行了分析;仇雨临、郝佳(2011)对典型地区城乡医保统筹制度经验和基本规律进行了总结,对城乡医疗保障制度的发展路径进行了构思;崔仕臣等(2013)对永嘉县城乡居民基本医疗保险制度模式、制度效果进行了分析。但目前很少有学者从政策工具本身及政策工具的利用角度对城乡居民基本医疗保险政策体系进行系统分析。

天津和重庆是我国直辖市中已经完成城乡居民基本医疗保险统筹工作成果显著的典型代表。本研究借鉴扎根理论方法,以天津和重庆颁布的一系列城乡居民基本医疗保险政策文件为分析文本,从政策工具视角和制度效能视角对政策文件内容进行比较分析,以了解我国各地城乡居民基本医疗保险政策的关注点,发现城乡居民基本医疗保险制度中存在的问题。

本章选取城乡居民基本医疗保险政策文件作为内容分析的文本,根据政策工具理论制定分析框架,对政策文本进行编码,对政策文本编号进行归类和频数统计,根据统计结果分析现有城乡居民基本医疗保险政策的合理性,为城乡居民基本医疗保险制度的修订、完善和发展提供有效的政策建议。

第二节 城乡居民基本医疗保险政策文本选择

表7-1 城乡居民基本医疗保险政策文本汇总

	编号	政策名称	文号
天津	1	《天津市城乡居民基本医疗保险规定》	津政发〔2009〕21号
	2	《天津市城乡居民基本医疗保险规定实施细则》	津人社局发〔2009〕23号
	3	《天津市城乡居民基本医疗保险经办管理办法》	津人社局发〔2009〕25号
	4	《关于城乡居民基本医疗保险经办管理有关问题的通知》	津人社局发〔2009〕30号
	5	《城乡居民基本医疗保险参保缴费和待遇享受有关问题的通知》	津人社办发〔2013〕41号
	6	《关于提高城乡居民基本医疗保险筹资标准的通知》	津人社局发〔2013〕57号
重庆	1	《关于开展城乡居民合作医疗保险试点的指导意见》	渝府发〔2007〕113号
	2	《关于调整我市城乡居民合作医疗保险管理体制的意见》	渝府发〔2009〕93号
	3	《关于进一步完善城乡居民合作医疗保险制度的指导意见》	渝府发〔2010〕283号
	4	《重庆市城乡居民合作医疗保险市级统筹办法》	渝办发〔2011〕293号
	5	《重庆市城乡居民合作医疗保险市级统筹实施办法》	渝人社发〔2012〕127号

按照内容分析步骤,对天津城乡居民基本医疗保险政策文件进行梳理。相关政策分别来自于天津市人力资源和社会保障局及相关直属机构网站公开颁布的关于城乡居民基本医疗保险的法律法规、意见、办法、通知公告等

能体现政府政策的文件。[①] 本研究通过政策文本梳理,筛选出天津市有效样本 6 份,重庆市有效样本 5 份。具体情况见表 7-1。

第三节 城乡居民基本医疗保险政策分析框架构建

政策工具是政府政策实施的具体手段,也是公共政策分析常用的方法。政策工具选择是提高党和政府执政能力和领导水平的重要内容。有的学者认为,影响政策工具选择的变量主要是民生变量、风险变量、资源变量、市场变量和冲突变量。各种变量由于在政策工具选择中所处的位置不同、作用不同、影响程度不同、作用环节不同,因此政策工具选择的过程就是综合考量各种变量,明确各种变量间的关系,以及通过变量间的相互关系来确定政策工具选择的过程。

研究政策工具方法最早可追溯到 20 世纪 50 年代,八九十年代得到快速发展。近几年,随着学者们对政策工具方法研究的增加,他们对政策工具的理解不断深化。最新观点认为政策工具是公共政策制定者政治博弈的结果。迈克尔·霍莱特(Michael Howlett)和拉梅什(M. Ramesh)认为政策工具是政府实现政策目标的手段;[②]澳大利亚学者欧文·E. 休斯认为政策工具是用来调节政府行为的机制和模式。[③]

---

① 参见孙翎:《中国社会医疗保险制度整合的研究综述》,《华东经济管理》,2013 年第 2 期;徐爱好、张再生:《城乡统筹医疗保险真实保障水平研究——基于天津市的实证分析》,《中国卫生政策研究》,2014 年第 9 期。

② 参见郑功成:《中国医疗保障改革与发展战略——病有所医及其发展路径》,《东岳论丛》,2010 年第 10 期。

③ 参见李珍:《重构医疗保险体系,提高医疗保险覆盖率及保障水平》,《卫生经济研究》,2013 年第 6 期。

一、X 维度:基本政策工具维度

学者们普遍认同的政策工具划分标准主要有两种:一是迈克尔·霍莱特和拉梅什提出的将政策工具分为自主性工具、混合型工具和强制性工具三类;另一种是麦克唐纳和艾莫尔(L. M. McDonell and R. F. Elmore)根据政策功能将政策内容划分为命令型工具、激励型工具、能力建设工具和系统变化工具。

本研究运用罗斯维尔(Rothwell & Zegveld)(1985)的分类方法,将城乡居民基本医疗保险政策体系涉及的基本政策工具划分为供给型、环境型和需求型三种类型,[①]如图 7-1 所示。

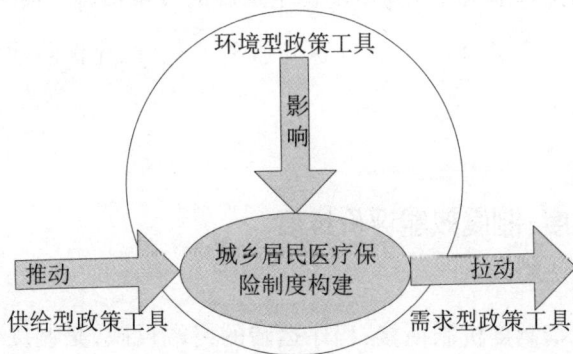

图 7-1 政策工具对城乡居民基本医疗保险制度作用示意图

环境型政策工具虽不直接作用于城乡居民基本医疗保险事业发展,但

---

① 参见[美]罗伊·罗斯维尔、沃尔特·泽歌沃德:《再工业化与技术》,Longman 集团有限公司,1985 年,第 83~104 页;张韵君:《政策工具视角的中小企业技术创新政策分析》,《中国行政管理》,2012 年第 4 期;黄萃、苏竣、施丽萍、程啸天:《政策工具视角的中国风能政策文本量化研究》,《科学学研究》,2011 年第 6 期;杜青林:《提升多党合作制度效能推动中国特色社会主义制度完善发展》,《人民日报》,2011 年第 9 期。

会通过外部因素影响和渗透作用,为医疗保险事业快速发展奠定基础、创造条件,并提供相应的平台和空间。该类型政策工具包括医疗保险目标规划、一般性政策法规、医疗保险基金管理、经办服务管理、医疗机构服务管理、医保税收优惠、策略性措施等。

供给型政策工具主要指政府通过资金、人才、机构设施、医疗技术、信息等资源要素的供给,推动城乡居民基本医疗保险事业横向和纵向发展的政策。供给型政策工具是医疗保险产业稳定、持续发展的保障和推动力。供给型政策可细分为医疗保险财政补贴、医护人才培养、医疗机构(设施)建设、医疗保险三目和医疗信息系统建设等。

需求型政策工具主要指政策通过采购、外包、贸易管制和海外机构管理等,减少外部因素对医疗保险市场的影响,降低医疗保险市场不确定性,从而拉动城乡居民基本医疗保险市场稳定发展的政策措施。需求型政策工具可细分为政府医疗保险采购、医疗保险服务外包、医疗保险地区管制、医疗保险海外机构等。

二、Y 维度:制度效能评价维度

制度效能指制度机制衔接、程序运转的终端反映,是制度作用发挥、价值彰显的衡量标准。制度效能表明了制度原则的规范要求,展示了制度功能的综合效果和制度建设的未来方向。制度的质量决定着制度的效能,制度效能在于真用,只有不断地运用,才能更加成熟。[①] 自 2007 年我国各地城乡居民基本医疗保险一系列政策不断出台,城乡居民基本医疗保险覆盖率和保障水平得以提升,国民身体健康得到保障,各地城乡居民基本医疗保险

---

① 沈其新、田旭明:《论社会主义新农村建设中的制度效能》,《求实》,2009 年第 9 期。

制度逐步构建。

截至目前为止，在学者们对医疗保险制度效能的分析中具有代表性的包括张笑天（1996）从医保的社会效益和经济效益角度进行的研究；胡德伟教授从医疗保险的可及性、医疗费用和医疗质量角度对医疗保险政策进行的评价。本研究结合我国国情、学者研究成果及党的十八大社会保障体系构建目标，以"制度效能"评价指标为 Y 维度，对我国城乡居民基本医疗保险政策进行再次细分，对政策实施效果进行综合研究。模型框架结构见图 7-2。

三、二维分析框架的构建

根据前文对政策工具和制度效能的定义，以政策工具作为 X 轴，制度效能变量作为 Y 轴，城乡居民医疗保险政策研究框架见图 7-2。

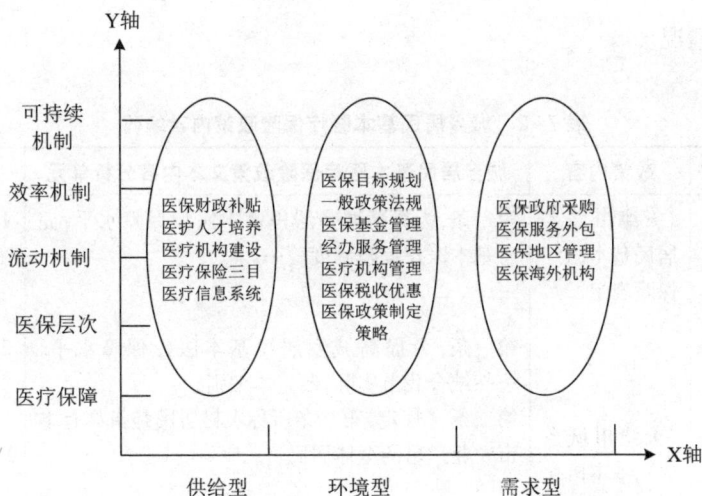

图7-2　城乡居民基本医疗保险政策二维分析框架图

第四节 城乡居民基本医疗保险政策内容分析

一、城乡居民基本医疗保险政策文本内容编码

根据政策分析框架,将天津市城乡居民基本医疗保险政策内容划分为三大类:供给型政策、环境型政策和需求型政策。根据 X 维度的分类要求,对天津市城乡居民基本医疗保险政策内容按照三级编码原则进行编码归类,编码中第一个数字代表政策文件编号,第二个数字代表政策第 X 条,第三个数字代表政策文本第 X 条第 Y 项,如天津市政策文本分析中"1-1-1"代表天津市第 1 个政策文件中第 1 条第 1 项内容,其余编码依此类推,形成政策文本内容分析单位编码表 7-2。限于篇幅,本章并未全部显示文本内容编码情况。

表 7-2 城乡居民基本医疗保险政策内容编码

	编号	政策内容	城乡居民基本医疗保险政策文本内容分析单元	编码
天津市	1	《天津市城乡居民基本医疗保险规定》	第一条,为提高城乡居民基本医疗保障水平,完善基本医疗保险制度……。 ……	1-1-1
	2	《天津市城乡居民基本医疗保险规定实施细则》	第一条,为提高城乡居民基本医疗保障水平,……结合我市实际,制定本细则。	2-1-1
			第二条,《规定》第二条所称农村居民是指具有本市农业户籍的全体居民。	2-2-1
			……	2-90-3
			第九十条,对违规的定点医疗机构执业医师可以作出责令停止违规行为,纳入不诚信名单管理,取消其为参保患者提供服务资格的处理决定,并可要求所在单位和有关部门予以处理	

	编号	政策内容	城乡居民基本医疗保险政策文本内容分析单元	编码
	……	……	……	……
	6	《关于提高城乡居民基本医疗保险筹资标准的通知》	第一条,为确保我市城乡居民基本医疗保险制度可持续发展,进一步增强基金保障能力,经市委、市政府批准,决定提高城乡居民基本医疗保险筹资标准 ……	6-1-1
重庆市	1	《关于开展城乡居民合作医疗保险试点的指导意见》	第一,根据……结合……开展重庆市城乡居民合作医疗保险试点,建立覆盖全体城乡居民基本医疗保险制度。 …… 第四十一条,对试点过程中出现的新情况、新问题要及时向市城乡居民合作医疗保险领导小组报告。	1-1-1 …… 1-17-2
	……	……	……	……
	5	《重庆市城乡居民合作医疗保险市级统筹实施办法》	第十六,全市统一执行《重庆市医疗保险服务就医监督管理暂行办法》《重庆市基本医疗保险、工伤保险和生育保险药品目录》《重庆市基本医疗保险医疗服务项目目录》。 第二十,建立大额补充医疗保险制度,具体办法另行制定。	5-5-1 5-7-1

二、城乡居民基本医疗保险政策 X 维度分析

根据天津市城乡居民基本医疗保险政策内容三级编码进行编码归类,最终结果如下表7-3所示。

整体来看,天津市和重庆市城乡居民基本医疗保险政策兼顾了供给型、环境型和需求型政策运用,但这三种政策工具的运用程度有明显差异。环境型政策工具占比最高,重庆环境型政策工具占总比 75.76%,天津80.68%;其次为供给型政策工具,重庆占比 17.42%,天津 13.07%;最后是

需求型政策工具,重庆占比 6.82% ,天津 6.25% 。因此,当前城乡居民基本医疗保险政策以环境型政策为主。

表 7-3　城乡居民基本医疗保险政策工具 X 维度分布表

工具类型	工具名称	条纹编码	数量	比例
天津				
供给型政策工具	医疗保险财政补贴	1-8-1,1-11-1,2-8-1,6-1-2……	12	
	医疗机构人才培养	N/A		
	卫生医疗机构建设	N/A		13.07
	医疗保险三目供给	3-19-1	1	
	医疗保险信息系统	2-30-1,2-60-8,3-16-1……	10	
环境型政策工具	医疗保险目标规划	1-1-1,1-3-1,2-1-1,3-1-1……	12	
	医保一般政策法规	1-2-1,2-2-1,3-2-1,5-1-1……	53	
	医保基金管理法规	1-5-1,1-5-2,2-79-1,2-80-1……	12	
	经办机构管理政策	1-23-1,2-25-2,3-4-1,4-1-1……	25	80.68
	医疗机构管理政策	1-27-2,2-71-1,2-88-1……	8	
	医疗保险税收优惠	N/A		
	医保政策制定策略	1-3-2,2-9-1,3-22-1,6-1-1……	32	
需求型政策工具	政府医疗保险采购	1-9-2,1-10-2,2-8-1,2-9-1	4	
	医疗保险服务外包	N/A	0	
	医疗保险地区管制	2-18-1,3-13-1,3-14-1……	7	6.25
	医疗保险海外机构	N/A		
	合计		176	100
供给型政策工具	医疗保险财政补贴	1-5-1,4-4-2,4-4-3……	10	
	医疗机构人才培养	1-11-2	1	
	卫生医疗机构建设	1-10-1	1	17.42
	医疗保险三目供给	1-10-2,1-12-1,3-3-2……	5	
	医疗保险信息系统	1-13-1,4-16-1,4-16-2……	6	
环境型政策工具	医疗保险目标规划	1-1-1,2-1-1,4-1-1……	14	
	医保一般政策法规	1-4-1,2-4-1,3-1-1……	41	
	医保基金管理法规	1-7-1,1-9-1,1-9-2……	12	
	经办机构管理政策	1-15-1,1-15-2,2-4-2……	11	75.76
	医疗机构管理政策	1-11-1,1-11-3,1-12-2……	4	
	医疗保险税收优惠	N/A		
	医保政策制定策略	1-2-1,1-3-1,2-3-2……	18	

续表

工具 类型	工具名称	条纹编码	数量	比例
需求 型政 策工 具	政府医疗保险采购	1-5-3,1-5-4,1-5-5……	6	6.82
	医疗保险服务外包	N/A		
	医疗保险地区管制	4-10-3,4-10-4,4-11-3	3	
	医疗保险海外机构	N/A		
合计			132	100

注:医疗保险"三目"是医疗保险用药药品目录、诊疗项目目录和服务设施目录的简称

第一,环境型政策工具过溢。在环境型政策工具中,一般政策工具占总政策一半以上,重庆为 31.06%,天津为 30.11%;其次为策略性政策工具,重庆为 13.64%,天津为 18.18%。

环境型政策工具占天津和重庆城乡居民基本医疗保险政策的绝大比例是由当前我国基本国情决定的。我国在 20 世纪 50 年代建立了公费医疗和劳保医疗相结合的职工医疗保险,然而受经济、社会和城乡二元体制的约束,城镇和农村居民的医疗保险保障一直较低。21 世纪初,新农合和城镇居民医保制度逐步建立,我国医疗保险制度进入一个新的发展阶段,2007 年之后城乡居民基本医疗保险统筹试点工作的展开,使得我国医保制度有了新突破。目前,我国医疗保险目标规划已经相对比较明确,即先实现城镇居民和新农合的统筹,并最终实现城乡居民基本医疗保险制度和城镇职工制度的统筹。但各地城乡居民基本医疗保险目标实现和过程实施仍缺乏具体的操作方法和程序指导,需要宏观政策引导才能构建良好的医疗保险环境,同时需要策略性政策来协调。因此,目前城乡居民医保政策中多以参保人员范围界定、参保方式、缴费方式、政府补助、待遇管理、医保诚信、经办机构管理、基金管理等环境型政策为主,以期构建良好的医疗保险制度框架。

医保税收优惠政策缺乏,形成政策真空状态。这说明我国目前的城乡

居民基本医疗保险政策需要创新观念,激励非政府组织(NGO)和非营利组织(NPO)对医保事业的投入,利用税收等政策鼓励他们主动参加及投入到我国医疗卫生事业的建设工作中。

第二,供给型政策工具稍弱。供给型政策工具中医疗保险财政补贴和医疗信息系统建设占很大比例。医疗财政补贴重庆占比 7.58%,天津 6.82%;医疗信息系统建设重庆占比 4.55%,天津 5.68%。究其原因,一方面要实现城乡居民基本医疗保险统筹,必须增加财政补贴,并力求财政补贴与当地经济发展水平和医疗消费相适应,确定不同层次的补助标准,才能保证城乡居民基本医疗保障;另一方面,要实现城乡居民基本医疗保险资源整合,必须构建功能完善、无缝连接的网络系统,方便参保人员登记、身份审核、缴费和费用报销。因此,信息系统建设成为各地城乡居民基本医疗保险统筹的重要基础。城乡居民基本医疗保险统筹,不仅需要统筹范围的扩大,更需要统筹质量的提升,使城乡居民切实得到真正实惠。

医疗机构建设和医护人才培养政策缺失。重庆市医疗机构人才培养和卫生医疗机构建设都只有 1 条,天津市这两项出现真空。这说明各地在城乡居民基本医疗保险统筹过程中,目前更重视制度层面的建设,对基础建设重视不足。城镇居民和新农合政策的整合,要想真正达到城乡居民基本医疗保险的公平、效率及制度可持续发展,应增强对医疗机构和医护人才的投入,特别是增强对农村地区医院、药店和医护人才的投入,缩小城乡差距。①

第三,需求型政策工具缺失。需求型政策工具在一定范围内能够保证当地医疗保险可持续性,拓宽城乡居民基本医疗保险资金来源,保证城乡居民基本医疗保险基本保障的相关政策得以实施。政府医疗保险采购主要指当地政府为保证重度残疾、低保户和特困学生、儿童的医疗保险持续性而提

---

① 郭有德、王焕华:《中国医疗保险制度改革的再思考》,《人口与经济》,2002 年第 10 期。

供的全额补助或部分补助。医疗保险地区管制主要指参保人员在外地就医或因治疗需要转外地医院等情况下,医疗保险基金报销管理办法。从天津市和重庆市政策内容分析结果来看,这两项政策分别占重庆市政策的6.82%,天津市政策的6.25%。两个城市医疗保险服务外包和医疗保险海外机构政策完全没有涉及,而它们是推动城乡居民基本医疗保险制度的有力措施。

三、城乡居民基本医疗保险政策 Y 维度分析

在 X 维度基础上,加入 Y 维度指标因素,从医疗保障程度、医疗保险层次性、医保流动机制、医保效率机制和医保可持续性机制几个维度分析天津市城乡居民基本医疗保险政策,得到下图 7-3 所示的二维分析结果。

Y轴	供给型	环境型	需求型
可持续机制	1-13-1(共计1条)	1-3-1,1-5-1,1-3-3…(共计15条)	0条
效率机制	2-30-1,2-60-8,3-16-1…(共计7条)	1-23-1,1-30-1,1-30-1…(共计38条)	0条
流动机制	0条	1-5-2,1-25-1…(共计12条)	2-18-1,3-13-1,3-14-1…(共计7条)
医保层次	1-10-1,1-15-1…(共计5条)	1-2-1,3-2-1,3-3-1…(共计34条)	2-8-1,2-9-1(共计2条)
医疗保障	1-8-1,1-11-1,3-19-1…(共计10条)	1-1-1,2-1-1,1-17-1…(共计43条)	1-9-2,1-10-2(共计2条)

图 7-3　天津市城乡居民基本医疗保险政策工具二维结构图

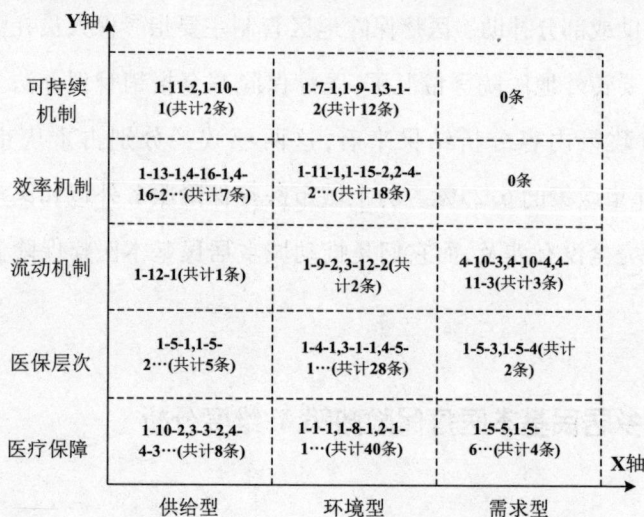

図 7-4 重庆市城乡居民基本医疗保险政策工具二维结构图

对图 7-3 和图 7-4 对比分析可知,重庆市医疗保障政策工具 52 条,占政策工具整体的 39.39%,其余依次为医保层次 26.52%,效率机制 18.94%,可持续机制 10.61%,流动机制 4.55%。天津市医疗保障政策工具 55 条,占政策工具整体的 31.25%,其余依次为效率机制 25.57%,医保层次 23.30%,流动机制 10.80%,可持续机制 9.09%。这表明我国各地城乡居民基本医疗保险政策仍以医疗保障为主,同时注重医疗保险多层次发展,这与我国基本国情相符。[1] 在当前医疗保险制度试点阶段,为了扩大医疗保险覆盖范围,各地应根据当地经济发展实际情况,使筹资标准和保障水平与经济发展水平相适应,与参保人员医保消费水平相适应。

同时,数据显示城乡居民基本医疗保险政策流动机制工具和可持续机制工具较少,特别是需求型政策中这两项政策工具出现真空。这与当前城乡居民基本医疗保险发展阶段相关,也是今后政策制定的方向。当城乡居

---

[1] NHS Performance Indicators, http://www.performance.doh.gov.uk/.

民基本医疗保险政策发展到成熟阶段,各地应从可流动性、持续性角度进行制度的维护,如参保人员地域间流动性、医保基金跨区间报销性、医保基金可持续性、医疗卫生、药品生产流通和医疗保障体系制度衔接等问题。因此,城乡居民基本医疗保险政策流动性和可持续性是我国各地医保政策需要强化的关键。[①]

第五节　本章小结

政策工具使用是城乡居民基本医疗保险制度实施的有效途径。本部分从政策工具视角和制度效能视角构建城乡居民基本医疗保险政策分析体系,对天津市城乡居民基本医疗保险政策内容进行分析,研究结果发现:

第一,从 X 维度,天津市城乡居民基本医疗保险政策兼顾了供给型、环境型和需求型政策运用,但其中环境型政策工具占比偏高,供给型政策工具次之,需求型政策工具最低。

第二,从 Y 维度,天津市医疗保障政策工具 55 条,占政策工具整体的31.25%,其余依次为效率机制 25.57%,医保层次 23.30%,流动机制10.80%,可持续机制 9.09%。这表明我国各地城乡居民基本医疗保险政策仍以基本医疗保障为主,同时注重医疗保险多层次发展,这与我国基本国情相符。同时,数据显示城乡居民基本医疗保险政策流动机制工具和可持续机制工具较少,城乡居民基本医疗保险政策流动性和可持续性是我国各地医保政策需要强化的环节,这一观点从政策工具视角印证了前面章节的研究结论。

---

① 梁鸿、贺小林:《基本医疗保险绩效管理:理念、目标与策略的思考》,《中国医疗保险》,2012年第 2 期。

第八章 城乡居民基本医疗保险民意调查效果

第一节 研究背景

改革开放以来,党和政府高度重视人民群众的医疗保障问题,不断完善医疗保障制度。20 世纪 90 年代,我国开始建立城镇职工基本医疗保险制度;2003 年,开始建立新型农村合作医疗制度;2007 年,开始建立城镇居民基本医疗保险制度。这三项医保制度在不同时期针对不同人群相继建立,在保障群众基本医疗、防止因病致贫等方面发挥了重要作用。然而这种体制分割、制度分设、经办分散的城乡二元结构也带来了不公平的问题。特别是城镇居民医保和新农合,虽筹资模式、缴费标准相近,但享受待遇却有较大差别。2013 年 11 月,党的十八届三中全会提出整合城乡居民基本医疗保险制度。2015 年 12 月,中央全面深化改革领导小组第十九次会议审议通过《国务院关于整合城乡居民基本医疗保险制度的意见》,并于 2016 年 1 月正式印发。城乡居民医保整合后,报销就高不就低、用药就宽不就窄、定点医院就多不就少,给参保者带来了实实在在的好处。

在制度建设上,天津市医疗保险制度大致经历了三个发展阶段,是在全国最早实行医保制度城乡统筹的省份。

第一个阶段即城镇职工基本医疗保险制度的构建。2001年,《天津市城镇职工基本医疗保险规定》(政发〔2001〕80号)政策出台,代表天津市城镇职工基本医疗保险制度正式构建。天津市逐步扩大保险覆盖面,提高医疗保险基金征缴率,完善制度,提高保障水平。率先将困难企业的退休职工和下岗失业人员等特殊群体纳入医疗保险范围,使30多万名困难企业职工有了医疗保障,解决了计划经济向市场经济转轨中的问题。

第二个阶段即新型农村合作医疗制度和城镇居民医疗保险制度的构建。2003年和2007年,天津市先后建立新型农村合作医疗制度和城镇居民医疗保险制度,分别由卫生部门和劳动社会保障部门管理,负责政策制度指导和业务管理协调。新型农村合作医疗的政策制定、基金统筹和业务经办则由各区县政府负责,区县之间政策制度不一,筹资标准较低,待遇参差不齐,采用报账制方式报销医疗保险部分。

第三个阶段即城乡居民基本医疗保险制度的构建。2009年,取消新型农村合作医疗和城镇居民医疗保险制度,建立城乡居民医疗保险制度,连同城镇职工医疗保险一起,均由人力资源社会保障部门统一管理,将市和区县两级统筹改为市级统筹,形成全市统一的保险制度、保险经办和保险服务体系,成为全国第一个城市和农村、职工和居民制度统一,以及省级统筹的医疗保险制度。2010年,率先建立了全民意外伤害保险制度;2013年,实现生育保险城乡统筹;2014年,建立城乡居民大病保险制度。当前,天津市医疗保险制度已经形成了"2+4+3"的保障体系。"2"是指职工和居民医保两项基本制度,"4"是指职工大额医疗费救助、城乡居民大病保险、全民意外伤害附加保险、公务员医疗补助四项制度等补充保险制度,"3"是指由民政部门主导的城乡医疗救助制度、优抚对象医疗补助制度、残疾军人医疗补助制度。基本医保制度、补充保障制度、医疗救助制度有机衔接,构建了多层次、兜底保障的制度体系,并不断秉承"量力而行、尽力而为"的理念,把医保的待遇水平和我们经济社会发展水平衔接起来,稳步提高医保待遇。

2014 年以来,天津市城乡居民基本医疗保险制度在优化缴费机制,提高医疗保险待遇水平、医疗支付等方面不断完善。根据《市人力社保局市财政局关于调整 2018 年度居民基本医疗保险筹资标准有关问题的通知》(津人社局发〔2017〕62 号),2018 年度居民基本医疗保险筹资政策见表 8-1。

表 8-1 天津市城乡居民基本医疗保险筹资标准

缴费级别	筹资结构		
	总筹资	个人	政府补助
成年居民 高	1600	770	830
成年居民 中	1270	440	830
成年居民 低	1010	180	830
学生儿童	990	160	830

根据《市人力社保局市财政局关于调整 2019 年度居民基本医疗保险筹资标准和待遇水平有关问题的通知》(津人社局发〔2018〕28 号),2019 年度居民基本医疗保险个人缴费标准进行调整,按照成年居民低、中、高档和学生儿童档,调整后个人缴费标准为 220 元、500 元、850 元和 200 元。同时,根据《市人力社保局市财政局关于增加 2018 年度居民基本医疗保险财政补助标准的通知》(津人社局发〔2018〕43 号),2019 年度居民基本医疗保险人均财政补助标准由 830 元增加到 840 元。居民生育保险、居民大病保险和意外伤害附加保险个人不缴费,按照规定标准分别从居民基本医疗保险政府补助资金或居民基本医疗保险基金中划拨筹集。

根据市人社局提供资料显示,2018 年,天津市城乡居民住院起付标准为

500 元,最高支付限额为 18 万元。具体见表 8-2。

表 8-2　天津市城乡居民基本医疗保险住院报销比例

项目		学生儿童	成年居民		
			高档	中档	低档
报销比例	一级	80%	80%	75%	70%
	二级	75%	75%	70%	65%
	三级	65%	65%	60%	55%
起付标准		500 元			
最高支付限额		18 万元			

根据《市人力社保局市财政局关于调整 2019 年度居民基本医疗保险筹资标准和待遇水平有关问题的通知》(津人社局发〔2018〕28 号),自 2019 年 1 月 1 日起,成年居民低、中、高档和学生儿童档在三级医院住院报销比例,分别调整为 60%、65%、70% 和 70%。

表 8-3　天津市城乡居民基本医疗保险门诊特定疾病报销比例

项目		学生儿童	成年居民		
			高档	中档	低档
报销比例	一级	65%	65%	60%	55%
	二级	60%	60%	55%	50%
	三级	55%	55%	50%	45%
起付标准		500 元(一个年度内分别发生住院和门诊特定病治疗,或者发生两种门诊特定疾病,合并执行一个起付标准)			
最高支付限额		18 万元(与住院合并计算)			

城乡居民基本医疗保险门(急)诊报销标准不分人群,学生儿童和成年居民的起付线均为 500 元,最高支付限额为 3000 元,支付比例为 50%。城乡居民大病医疗报销在一个年度内,参保人员患病住院(含门诊特定疾病),

在基本医疗保险报销后,政策范围内个人负担 2 万元以上、30 万元以下的医疗费用,纳入居民大病保险给付范围。其中,2 万元至 10 万元(含)支付50%,10 万元至 20 万元(含)支付 60%,20 万元至 30 万元(含)支付 70%。参保人员转外地住院或在外地发生的急症住院,纳入大病保险给付范围。

表8-4 天津市城乡居民大病保险报销待遇标准

项目	报销比例(居民医保报销后政策内个人负担部分)		
	个人负担 2 万元~10 万元(含)	个人负担 10 万元~20 万元(含)	个人负担 20 万元~30 万元(含)
住院 (含门特)	50%	60%	70%

注:在一个年度内,参保人员患病住院(含门诊特定疾病),在基本医疗保险报销后,政策范围内个人负担部分的医疗费用,累计超过 2 万元以上、30 万元以下部分,纳入城乡居民大病保险给付范围。

天津市城乡居民生育保险分产前检查费、生育医疗费和计划生育手术费三种。其中,产前检查费最高限额支付 660 元,自然分娩或人工干预分娩限额支付 2280 元,分娩期出现生育并发症医保按照项目费用的 60% 给予支付。

天津市全民医疗保险制度有五个特点:

一是建立全民基本医疗保险制度。城镇职工基本医疗保险制度涵盖了所有从业人员和退休人员,覆盖全市应当参加医疗保险的单位和群体。城乡居民基本医疗保险制度涵盖了所有居民,有门诊、门诊特殊病、住院医疗保险和计划生育补助。建立医疗保险大病救助制度,为困难家庭提供医疗救助。同时,附加人身意外伤害保险制度,为意外伤害就医人员给付医疗费,为意外伤害致残人员给付伤残费,为意外伤害亡故人员家属给付补助费。

二是建立医疗保险服务体系。医疗保险职能部门和管理机构与定点医疗单位和定点药店,坚持以人为本宗旨,奉行人道主义精神,增强为民服务意识,合理配置医疗资源,建立了基本医疗保险政策制度体系,建立了药品目录制度和诊疗服务标准体系,建立了综合医疗、专科医疗和社区医疗相结合的医疗保险服务体系。

三是建立医疗保险结算和监控体系。全市定点医疗单位和定点药店建立了医疗服务电子信息系统,包括门诊和住院的所有支付结算均由电于信息系统头的处理,实现了标准化管理和人性化服务,市人力资源和社会保障部门所属的社保中心安立医疗保险电子信息监控系统定时监控点医疗单位、定点药店以及参保患者的医行和就医行为,推进医疗保险诚信体系建设,依法处理医疗保险违纪违规问题。自2016年启动医保异地就医联网结算以来,出台了8项配套政策,联网了145家医院,拨付了31个省市2147万元预付金,完成了24万人备案登记,结算了8201人次,涉及金额2亿元。实现了三个"全国第一",即接入国家平台第一家省份,完成异地就医第一单刷卡结算,经办机构跨省清算第一笔医保资金,提了了医疗保险异地结算便利性。加强了社会保险监督管理,确保社会保险基金安全。医疗保险方面,建立了集体裁量制度和快速反应机制,将异地就医人员纳入本市医疗保险信息系统,实行统一管理和服务。

具体而言,依托医疗保险实时监控系统,开展对异地就医诊疗行为的监管,对住院时间偏长、住院费用偏高的个案重点监管,确保医保基金安全。对108家历史查处机构开展"回头看";实行网警巡查管理,首批筛查的102家机构申报费用下降9.64%;开展现场警示教育,加大公示曝光力度,约谈定点机构392家次,立案119件,结案76件,追回基金1349.67万元,罚款1447.30万元,全面规避基金损失6.91亿元。

四是深入推进"互联网+政务服务",简化基本医疗保险经办服务管理手续。市人力资源和社会保障部门及其社保中心、医疗卫生部门、药品监管部门走医体管理和服务主体,各定点医疗单位和定点药店是医疗服务的主体和经营主体,连同财政、物价、审计等职能部门在内,共同构成了面向参保单位和参保人员实施管理和提供服务的社会体系,其共同任务是按照以人为本的科学发展观和人道主义精神,分工负责和协调配合,在加强管理的同时搞好服务,不断改进和完善医疗保险服务。根据《市人力社保局关于进一步简化基本医疗保险经办服务管理手续有关问题的通知》(津人社办发〔2018〕170 号),为深入推进"互联网 + 政务服务",坚持以人民为中心的发展思想,通过大数据实现信息共享,让"数据多跑路、百姓少跑腿"。根据国家和天津市有关要求,天津市简化基本医疗保险经办服务管理手续,拟采取相应电子设备和技术手段对相关资料进行留存。

五是改革创新社会保险智能化。2018 年,天津市推出了很多项便民利民的医疗改革措施。如 2017 年 9 月上线运行"金医宝"APP,试点运行以来成效显著。截至 2018 年 6 月 28 日,"金医宝"APP 已上线 19 家医疗机构,注册用户近 7 万人,发生金额 769 万元。同时,开发上线医、保、药相关服务功能 30 余项,包括社保卡绑定、挂号、诊间结算等服务功能,也具备线上就医提醒、病案复印、智能分诊、排号查询、报告查询、快捷就医、名医搜索以及异地就医服务、家庭医生签约预约、医保台账明细查询等。"金医宝"作为天津市人力社保局官方开发的就医报销手机应用,参保群众足不出户就能挂号预约,手机在线支付费用,可以大幅度减少就医排队时间,是群众专属的就医助手。下一步,"金医保"将进一步拓展开发住院押金缴纳、院内导航、就医评价、各类业务查询等功能。

当前,对我国医疗保险满意度研究多停留在宏观研究分析上,研究内容主要集中在主观因素上,对医疗保险系统客观层面影响状况的研究较少;在研究方法上,目前对医疗保险满意度的影响因素研究主要倾向于实证研究,缺乏实证与理论研究的结合。

第二节　民意与民意表达

一、民意

民意研究最早可追溯到 1913 年 Lowell 的《民意与民主政府》(1913) 和 Lippmann 的《民意》(1922)，它们是现代民意研究的主要依据。"民意"的英文翻译是"public opinion"，也就是公众的意见。从字面理解来看，"民意"中的"民"指的是民众或者公众，"意"指的是意愿、意见或意志。因此，"民意"的简单解释就是民众的意愿或意志。

学者们对"民意"的研究可分三类：一是指多数民意论，强调民意是多数人对某个专门的公共问题、公共政策的意见、态度和看法，这种观点也是大多数学者和法学词典中认同的观点；二是指"全体意志论"，强调民意是"全体民意"，是全部公众的共同意志或意愿，或者说"公意"；三是在批判前两种观点基础上提出的"多元民意论"或"综合民意论"，强调民意是多元主体下的民意，如一个或一个以上的自然人、法人或非法人组织针对某一时间内的专门议题的主观看法和态度。第三种观点不仅包括前面两种定义，也包括少数群体、公众个体民意乃至法人民意、非法人组织民意等各种类型。多元民意更能反映社会真实、客观的民意形态，更能真正体现宪法关于平等、自由、独立与权力的精神内涵。

二、民意表达

民意表达是公民个人或社会群体经由一定的渠道和路径，向公共权力机构以及社会系统阐述自己的利益诉求、表达自己的意见和态度,以满足其自身利益需求或实现其利益目标的行为。政府公共决策的基本规律是按照"问题发生—社会问题—公共问题—公共政策"这样一个逻辑发展,一个问题发生之后只有得到社会公众注意、思考与热议,才会成为"社会问题";准确而清晰地向政府有关部门"表达",才能上升为"公共问题";有关部门制定相关方案,此问题才会成为"公共政策问题"。因此,民意表达是推动社会问题成为公共问题并上升为政府议程的关键要素。

为及时、准确了解、掌握民意,我们在实践中逐渐形成了多种符合时代需要的了解社情民意的形式和渠道。当前,我国现行制度为民意表达提供了多样化渠道,为不同利益群体提供了各种表述利益诉求的机会,如前文提到的人民代表大会制度、政治协商制度、信访制度、听证会、民生热线、民意调查、新媒体等,逐步形成包容、合理有序的表达方式。各级政府也加大创新民意表达模式,如结合实际拓展民生平台、专项调研、网络信箱、政府网站民意征集平台、政务微博、政务公众号等。

一是人民代表大会制度。人民代表大会制度是具有中国特色的民意表达机构,是我国行政体制框架下地方政府反映、整合民意的主要渠道。各地人大代表分别来自于地方的各个领域、各个行业,他们与基层群众联系非常紧密,能更好地倾听基层老百姓的意见和诉求。地方人大代表主要通过公布联系方式、发放社情民意联系卡、召开民意恳谈会等方式汇集民众意见,并通过议案或建议的方式反映给地方政府,为政府公共决策制定提供理论参考。

二是政治协商制度。人民政协是具备政治协商、民主监督、参政议政职能的机构,是我国唯一以界别形式参政议政的政治组织。人民政协汇集了各界别优秀人才,有着深厚的群众基础,主要围绕政府重大决策和老百姓关心的热点、难点问题进行深入调研,以便了解、掌握各个阶层民众的愿望,并最终形成各党派、各界别的意见和建议,为地方政府公共政策的科学决策提供高层次、跨学科、多方面的论证素材。因此,人民政协反映的民意诉求质量高、水平高,对地方政府公共政策科学决策具有重要意义。

三是信访制度。信访制度是当前我国转型时期最具有中国特色的制度设计,也是体制内最受老百姓或者弱势群体认同、最便捷、利用率最高的民意表达渠道。信访主要指群众在其合法权利受到公权力损害,或者对某些公共政策不满时,选择以走访、来信来访、电话信访等多种形式反映事实,表达自己意愿、寻求帮助的一项制度。在我国当前民意表达机制不健全、社会矛盾多发背景下,信访这种民意表达形式也存在着治访循环、信访终结难等问题。

四是听证会。听证会是政府部门或立法机关在重大决策前,由政府主导的,社会各界代表参加,充分汇集民意的一项制度设计。听证会的召开、方法和程序、听众代表的选择一般由物价部门、司法部门等进行。现实中,由于听证会代表很难做到随机选择,因此听证会的实际运行效果受限。

五是民生热线。民生热线是各地政府设定的,通过一个号码,结合网站、短信等现代信息技术,24 小时全天候为群众提供服务的,为解决老百姓日常生活、生产经营问题的政民互动平台。民生服务热线是了解群众意见、激发群众参与社会治理热情的主要方式。天津市主要设立了"8890"综合服务平台,以及"津云"服务平台。

六是民意调查。民意调查是政府部门、研究机构等针对某一公共政策,为了掌握民意第一手资料,采取走访、调查问卷、个人访谈等形式,获得公众对某一专门问题的看法、观点、满意度的调查方式。民意调查具有迅速反应社会热点、了解社会动态的作用,对提高政府公共决策具有很强的针对性和可行性。近几年,政府逐渐重视民意调查的作用。

七是媒体。随着信息技术的加强,媒体成为民意表达的新渠道。具体包括传统媒体,如电影、电视、广播、印刷品(书刊、杂志、报纸)等,也包括现代新媒体,如微信、微博、QQ 等。现代媒体意见表达具有传播信息、引导舆论等特点,媒体的发展为地方政府了解民意提供了一种媒介,但也增加了政府社会治理的难度。

由上可知,公众民意表达的渠道是多样的。但人民代表大会制度、政治协商制度、听证会制度由于其体制内特征,部分基层民意可能不能得到充分表达。信访制度、民生热线和媒体是公众日常生活问题反馈的三种方式。而学者们更多采取民意调查方式开展调查研究。

民意表达具有利益诉求多元化、表达形式多样化、传播迅速快、影响范围广等特征。利益诉求多元化在社会转型时期,市场经济体制导致了资源配置方式的转变和劳动产品分配方式的转变,促进了社会利益格局的调整与重组,出现了不同利益群体和利益需求,社会矛盾凸显。如不同利益主体需求内容不断提高,从最初的基本物质需求到精神需求、政治需求等;不同利益群体的需求差异加大,形成多元利益群体,如医疗体制改革过程中,参保居民、医院、地方医保中心,甚至包括药商等都是托尼盖利益群体,他们利益需求不同,利益关系复杂,这也直接导致了医疗体制改革的艰难。在信息技术助推和互联网技术普及下,微信、微博、网络社群等成为社会公众发表意见的平台。特别是在传统民意表达渠道不畅的前提下,社会公众更容易利用自有、开放、虚拟的网络平台表达民意和宣泄情绪。而网络传播使得民意表达呈现出参与主体更加广泛,讨论议题更具有时效性,表达方式更加直接等特点,增大了公众讨论主题传播的速度和扩散范围,进而引发或引导社会舆论。

党的十九大报告明确提出,要"扩大人民有序政治参与,保证人民依法实行民主选举、民主协商、民主决策、民主管理、民主监督",要"健全依法决策机制,构建决策科学、执行坚决、监督有力的权力运行机制"。地方政府重视并逐渐健全民意表达机制,是加强民主决策的重要途径,也是依法治国的保障。

充分的民意表达有利于地方政府的科学决策。科学化、民主化是现代公共政策的生命之源。科学化是为了保证公共政策的正确性和有效性,民主化是为了让更广泛的社会成员参与公共政策决策过程,让公共政策真正反映群众的根本利益。公共政策制定过程就是对社会资源进行分配的过程,其本质是对社会公共利益进行协调和平衡。科学化、民主化决策就是在公共决策过程中能够满足或者尽量平衡不同群体的需求,充分尊重民意,协调不同利益主体的关系。因此,公共决策应该以社会公众意见的充分表达为前提。社会公众的意见表达最能反映基层不同的声音,也能为领导决策提供充分的信息素材。实践证明,任何缺乏民意、不能充分表达民意的公共政策终究会中止或失败。

有效的民意表达有助于缓解政府与民众的矛盾。当前,我国处于社会转型期,也是社会矛盾的高发期,社会公众决策参与意识和利益诉求意识突增,信访、聚访、闹访等群体性事件频发,而这一切的根源往往是疏忽民意表达,公共政策未真正体现民意的结果。真正了解民意、重视民意并吸纳民意,有利于从源头缓解老百姓的不满情绪。习近平总书记指出:"民心是最大的政治","得民心国家必安、失民心国家必危"。因此,有效的民意表达是拓宽民意表达渠道,营造民主决策的政治环境,从源头减少公共政策实施过程中的障碍的政治前提。

顺畅的民意表达能够提高地方政府决策的合法性。"民意应该既是地方公共政策的缘起,又是其归宿。"政策合法性主要指公共政策得到社会公众衷心的认同和赞成,包括政策制定主体合法、政策内容合法及政策制定过程合法等方面的认同。公共政策的价值目标在于它必须得到公众的认同,政策认同是公共政策执行成功的关键要素之一。因而,吸纳民意是政府通过构建合理性程序获取政权合法性的重要体现。

第三节　城乡居民基本医疗保险政策民意测量

一、城乡居民基本医疗保险政策民意调查基本分析

哈耶克说过:"社会保障乃社会安全之网络,足以摄取命运多舛者之心。"老有所养、病有所医、育有所保、劳有所得、安居乐业是人民群众的基本需求。社会保障制度和社会保险政策的改革和发展,是一项涉及广大人民群众切身利益的民生工程,不仅在我国是一个社会热点问题,在世界上其他国家也是一个十分敏感的问题。同时,社会保障制度的改革和发展也是一项十分复杂的社会系统工程,它涉及政治、经济、社会生活等各个方面,关系到社会各个利益群体,直接影响社会稳定。

为深入了解天津市城乡居民对天津市城乡居民基本医疗保险政策实施和运行的真实想法和意见,本课题通过调查问卷的形式展开调研活动,最终收集调查问卷500份。通过调查问卷深入了解城乡居民对身边的社保政策存在的意见和看法,为有关部门开展相关工作提供研究支持。问卷调查来源见图8-1。

从性别来看,受访者中男性占比41.78%,女性占比58.22%。

从年龄来看,受访者中20岁至40岁之间占比70.55%,40岁至65岁之间占比19.86%;65岁以上占比7.53%,20岁以下占比2.05%。

从所在地来看,受访者以市内居民为主,占比62.33%;郊区居民占比33.56%;农村居民(只有社保,无正常工资性收入)占比4.11%。

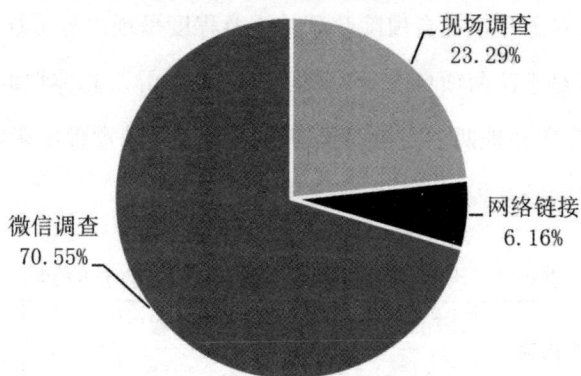

图8-1　问卷调查来源分析

从就业状况来看,受访者中以普通工人和白领为主,还有小部分退休人员和学生,以及部分农民群体。其中,工人占比34.25%,白领占比28.77%,学生占比18.49%,离退休人员占比10.27%,农民占比1.37%,失业或无业人员占比0.68%,其他人员占比6.16%。

从学历来看,受访者主要集中于大专及大学本科占比50.68%,研究生及以上人员占比30.14%,高中人员占比17.81%,初中及以下人员占比1.37%。

从家庭年收入米看,受访者年收入3万至10万的占比46.58%,10万至20万的占比28.77%,3万以下的占比17.81%,20万以上的占比6.85%。

以居民的性别、年龄、所在地、就业、学历、身体状况、家庭年收入和参保类型作为分析的自变量,以天津市居民对医疗保险政策的满意程度作为因变量,具体情况详见下表8-5所示。

利用卡方检验(交叉分析)研究城乡居民对天津市医疗保险的满意程度的影响,从表8-5可以看出,学历、就业情况、户口类型、身体状况、家庭年收入和所在地六项自变量对天津市社会保险政策的满意程度呈现出不显著性(P>0.10),意味着因变量对于这六项自变量均没有差异性。而年龄、参保类型两个自变量对天津市社会保险政策的满意程度呈现出显著性(P<0.05),意味着因变量对于这两项自变量表现出显著性差异。总体性的数据分析可以看出,性别和所在地两个变量对天津市居民社保满意程度影响最大,也为下文研究具体问题并提出建议打好了基础。

表8-5 天津市居民对社会保险满意程度的卡方检验

自变量	0-1向量	对天津市五大社会保险的满意程度			总计(%)	X²	P
		合理(%)	一般(%)	不合理(%)			
性别	男	41.03	37.35	51.02	41.78	4.1	0.663
	女	58.97	62.65	48.98	58.22		
年龄	20岁以下(未有工资性收入)	0.00	5.63	0.00	2.05	8.205	0.017**
	20岁~40岁	75.00	70.42	65.67	70.55		
	40岁~65岁	12.50	14.08	34.33	19.86		
	65岁以上(退休)	12.50	9.86	0.00	7.53		
所在地	市区	69.70	66.22	51.43	62.33	7.876	0.096
	郊区	30.30	21.62	48.57	33.56		
	农村(只有社保,无正常工资性收入的地区)	0.00	12.16	0.00	4.11		
就业情况	农民	0.00	4.00	0.00	1.37	5.106	0.52
	工人	33.85	24.00	45.71	34.25		
	白领	32.31	22.67	31.43	28.77		
	学生	21.54	25.33	8.57	18.49		
	离退休	7.69	16.00	7.14	10.27		
	失业或无业	1.54	0.00	0.00	0.68		
	其他	3.08	8.00	7.14	6.16		

续表

自变量	0-1 向量	对天津市五大社会保险的满意程度			总计(%)	X²	P
		合理(%)	一般(%)	不合理(%)			
学历	小学及以下	0.00	4.23	0.00	1.37	5.294	0.507
	初中及高中	15.94	12.68	24.64	17.81		
	大专及本科	56.52	50.70	44.93	50.68		
	研究生及以上	27.54	32.39	30.43	30.14		
身体状况	健康	71.64	50.00	69.23	63.01	6.197	0.268
	良好	25.37	48.72	30.77	35.62		
	差	2.99	1.28	0.00	1.37		
家庭年收入	3 万以下	28.13	18.92	7.04	17.81	3.635	0.726
	3 万~10 万	31.25	50.00	57.75	46.58		
	10 万~20 万	35.94	22.97	28.17	28.77		
	20 万以上	4.69	8.11	7.04	6.85		
社会保险类型	城镇职工	70.41	88.12	81.82	79.52	7.932	0.041*
	城乡居民	29.25	11.88	18.18	20.48		

二、城乡居民基本医疗保险政策民意调查发现的主要问题

从对医疗保险整体了解程度来看,将"比较了解"和"一般"之和作为受访者对医疗保险的了解程度指标,受访者医疗保险了解程度为 77.14%(见下图 8-2)。其中,57.14% 的受访者认为"一般,知道大概",22.86% 的受访者认为"完全不了解",只有 20% 的受访者认为自己对医疗保险"比较了解"。

从对医疗保险分项了解程度来看,具体情况如下:

医疗保险缴纳流程:比较了解占 20%,一般占 77.14%,完全不了解占 2.86%。

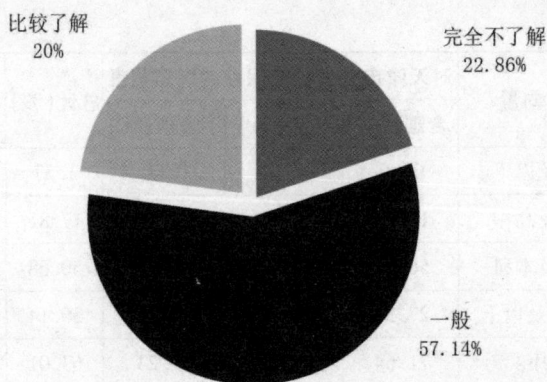

图8-2 医疗保险整体了解程度饼图

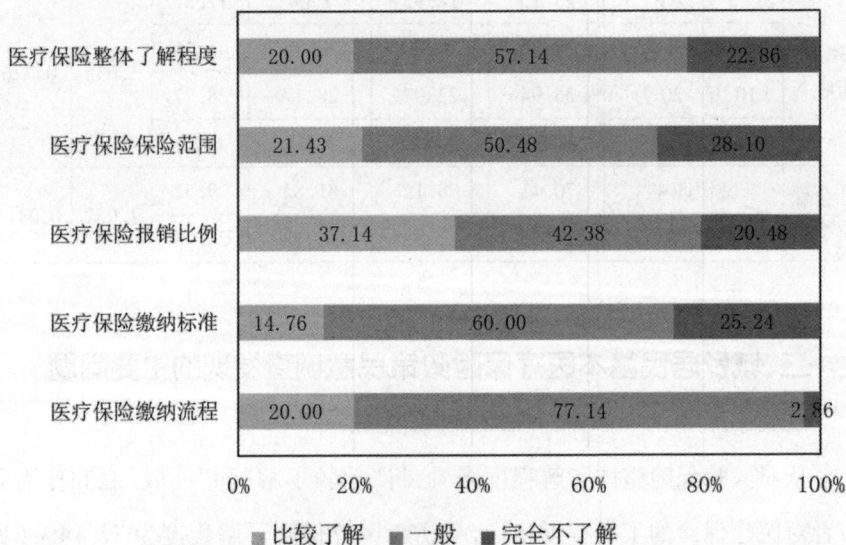

图8-3 医疗保险分项了解程度百分比堆积条形图

医疗保险缴纳标准:比较了解占14.76%,一般占60%,完全不了解占25.24%。

医疗保险报销比例:比较了解占37.14%,一般占42.38%,完全不了解占20.48%。

医疗保险报销范围:比较了解占21.43%,一般占50.48%,完全不了解占28.10%。

由上可知,受访者中只有两成对医疗保险比较了解,近六成受访者对自己参加的医疗保险了解程度为"一般",只知道大概情况。两成左右受访者完全不清楚,只是生病时看病拿药,对医疗保险的报销比例和报销范围不清楚,甚至很多现在知道的流程也是从亲戚朋友那里听到的。

从对医疗保险整体满意度来看,将"非常满意""比较满意"和"一般"三项之和作为受访者对医疗保险的满意程度指标,受访者医疗保险满意程度为56.42%(见下图8-4)。其中,33.14%的受访者认为"一般",20.42%的受访者认为"比较满意",只有2.86%的受访者认为自己对医疗保险"非常满意"。

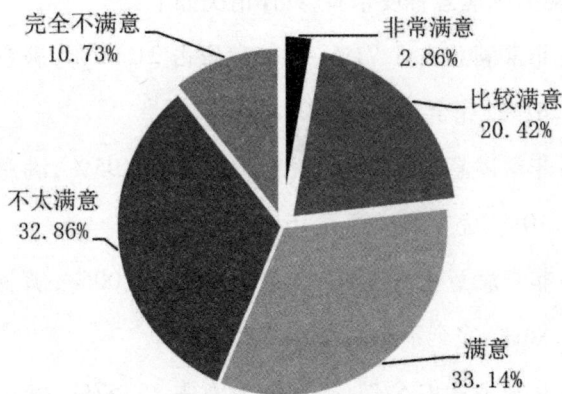

完全不满意 10.73%

非常满意 2.86%

比较满意 20.42%

不太满意 32.86%

满意 33.14%

图8-4　医疗保险整体满意程度饼图

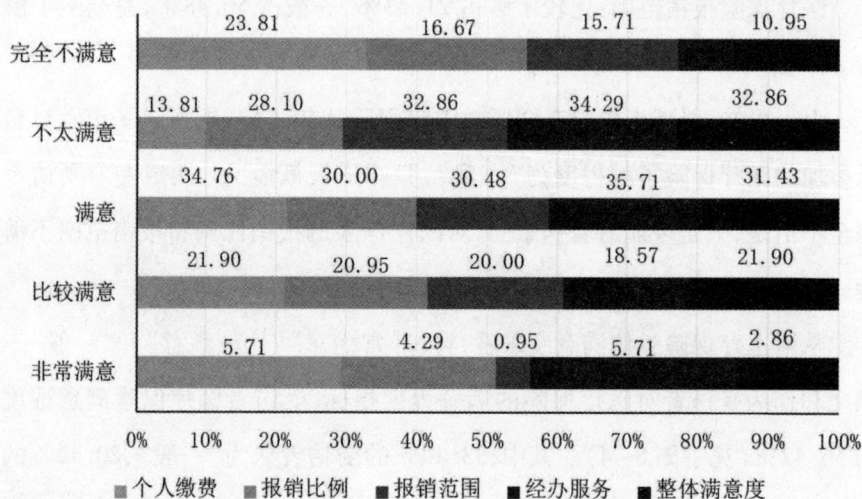

图8-5 医疗保险分项满意程度百分比堆积条形图

从医疗保险分项满意程度来看,具体情况如下:

个人缴费:非常满意占5.71%,比较满意占21.90%,满意占34.76%,不太满意占13.81%,完全不满意占23.81%。

报销比例:非常满意占4.29%,比较满意占20.95%,满意占30.00%,不太满意占28.10%,完全不满意占16.67%。

报销范围:非常满意占0.95%,比较满意占20.00%,满意占30.48%,不太满意占32.86%,完全不满意占15.71%。

经办服务:非常满意占5.71%,比较满意占18.57%,满意占35.71%,不太满意占34.29%,完全不满意占5.71%。

对现行医保政策整体满意度:非常满意占2.86%,比较满意占21.90%,满意占31.43%,不太满意占32.86%,完全不满意占10.95%。

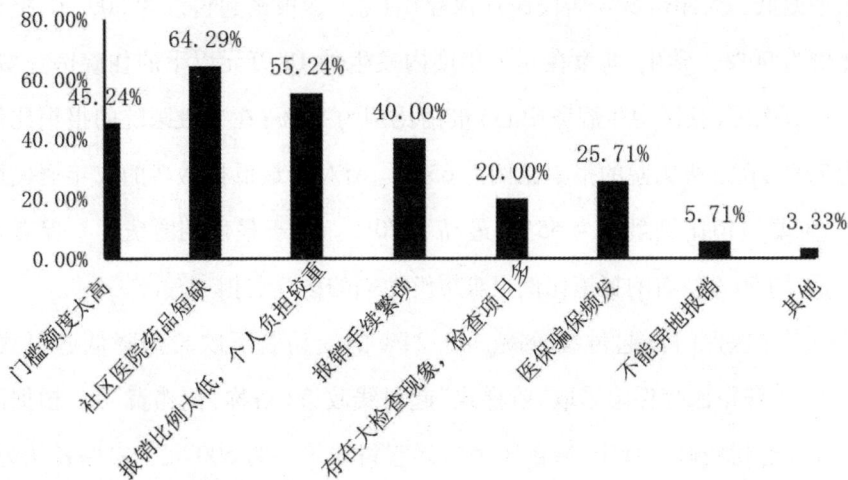

图8-6　受访者对医疗保险不满意内容占比

从"您对我市医疗保险政策哪些方面不满意?"来看,受访者不满意的内容主要集中在社区医院药品短缺(64.29%)、报销比例太低,个人负担较重(55.24%)、门槛额度太高(45.24%)、报销手续繁琐(40%)、医保骗保频发(25.71%)等。

通过进一步访谈,发现城乡居民对医疗保险不太满意主要原因在于:

一是基层医疗服务水平较低。64.29%的受访者认为基层医疗设施不完善,医护人才、药品短缺,服务水平较低。调查发现,受访者普遍反映还是常到大医院看病,很少到社区卫生服务中心就诊。特别是一些受访者表示"不知道自己所在小区有社区卫生服务站"。而不愿到社区卫生服务中心就诊的受访者表示,"药少,拿药难","想做的检查做不了","缺乏全科医生"等。

二是55.24%的受访者表示医疗费用居高不下,个人负担较重。受访者普遍反映就医过程中,医院存在"大处方、大检查""开贵药"等问题,患者个人医疗费用负担居高不下。同时,实际报销比远低于政策报销比,医疗保障水平偏低。天津市城乡居民医疗保险门(急)诊报销起付线为 500 元,报销比例为 50%。学生、儿童在一个年度内发生的 18 万元以下的住院医疗费,在一级医院(社区卫生服务中心)报销比例为 80%;在二级医院的报销比例为 75%;在三级医院的报销比例为 65%。而对于最低档缴费的成年居民而言,主要报销比例最低为 55%,最高为 70%。对于最低档缴费的参保者来说,平均 50% 左右的报销比例很难缓解他们的医疗负担。

三是医保门诊起付线较高。45.24% 的受访者反映希望降低起付线。当前,天津市医疗保险采取"阶梯式"起付线政策(俗称"门槛费")。根据医疗保险起付线政策规定,城乡居民门诊起付线统一为 500 元。参保者认为,"自己如果想享受医疗保险报销政策,门诊自费必须超过门槛费"。对收入较低的参保者进行的起付线设置增加了他们的医疗负担。同时,对于身体健康的参保者,由于其看病次数少,医疗费用低于起付线标准,他们享受不到医疗保险的报销比例。门槛费的设置导致两种后果:一是参保者对门槛费政策设置不满;二是已经超过门槛费的参保者更倾向于"小病大看",造成医疗资源浪费。

四是 45.8% 的受访者认为存在违规套取医保基金违法行为。受访者普遍反映患者对医院和部门患者行为严重不满。违法违规套取医保资金的行为屡禁不止,必然导致医疗基金的浪费,进而损害人民的福祉。

五是 40% 的受访者表示报销手续繁琐。如社保卡办理所需材料、办理流程不清,补办社保卡和领取社保卡地点不同,经常需要跑多趟才能办理完毕。部分进口药品不在报销范围之内。受访者反映,糖尿病所需的胰岛素注射剂,只有部分国产的可以通过医保报销,如果想要使用更好的注射剂就需要个人全额付费。除此之外,很多注射剂、口服常释剂型、软膏剂、凝胶剂以及保健品也是不在医保报销范畴的。

医疗保险民意调查不仅需要了解大多数参保者的呼声,更应关注 60 岁以上的老年群体和未成年人的意见。因为这两类群体由于年龄因素普遍体质较差,就医的可能性更高。以参加城镇职工基本医疗保险的退休老人及参加城乡居民医疗保险的社区老人为采访对象,这部分群体反映的问题主要表现在:

一是老年人医疗负担较重。因医疗保险实际报销比较低,部分没有退休金的城乡居民医疗保险参保者医疗负担很重,甚至部分老人因负担不起而放弃治疗。

二是慢性病药品领取不便。受访者反映,一些慢性病,如心脑血管疾病、糖尿病等,需长期服药。但医院对医保开药有定量定额的限制,三级医院只能开1周的药量。因此,一些老年慢性病患者只能频繁去医院取药,造成诸多不便。

三是固定式的签约医院模式使得就医选择受限。48%的受访者反映出现过住院期间所需药物如果本医院没有,需要去别的药房或医院购买时,社保卡已锁定该医院使用,不能再同时使用社保卡进行报销。因此,如果要购买非本院药物,不仅需要本院住院医生出具证明,还要个人全额垫付。而医生为避免利润外流往往不愿出具证明,而是会使用疗效较差或者费用较高的同类药物顶替。

四是看病转诊困难。一是转诊是一个让患者劳心费力的大工程。转诊手续需要患者及其家属自己联系,往往需要在转出医院和转入医院之间往返多次才能办理清楚;二是医疗费用不能在转出医院和转入医院之间直接结算,需要患者先在转出医院结清,再在转入医院重新挂号就诊;三是医院之间检验报告相互不认可,转入医院往往要求患者重新进行相关的身体检查,增加了患者医疗费用负担,也占用了有限的额度。

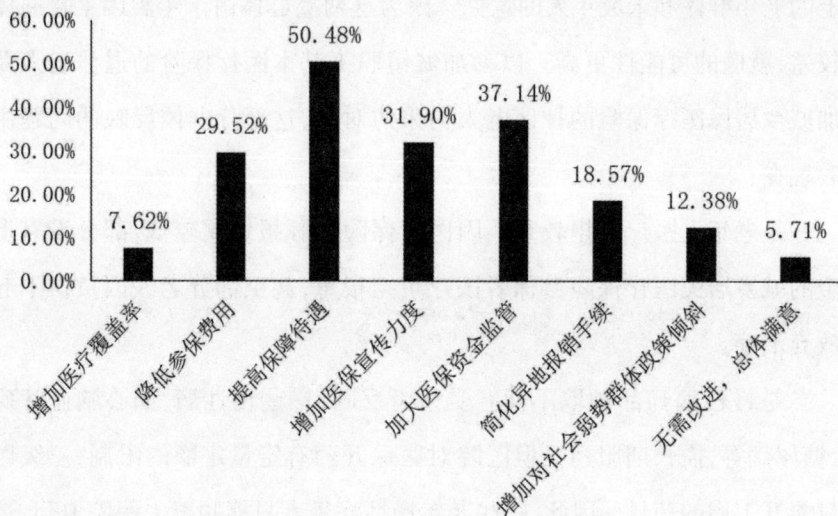

图8-7 受访者希望医疗保险改善内容

从"受访者希望医疗保险改善"情况来看,50.48%受访者希望进一步提高保障待遇,37.14%的受访者希望加大医保资金监管,31.90%的参保者希望能够增加医保宣传力度,29.52%的受访者希望能够降低参保费用,18.57%的参保者希望简化异地报销手续,12.38%的受访者表示希望增加对社会弱势群体政策倾斜,7.62%的受访者希望增加医疗覆盖率,还有5.71%的受访者表示"无需改进,总体满意"。

三、城乡居民基本医疗保险政策存在问题的根本原因

民众对医疗保险的期望与其对医疗保险的态度息息相关,也是医疗保险制度不断完善的动力源泉。利用受访者访谈对天津市城乡居民有关社会保险讨论热点进行主题分析、情感分析,梳理居民对医疗保险政策存在不满意的原因,并提出相应的对策建议。

一是医疗保险政策不断完善,但政策实施仍存在中梗阻。社会保险政策逐步完善,填补了多项制度空白,使参保者覆盖范围不断扩大,但政策贯彻实施过程仍存在中梗阻,导致政策效果不能充分发挥。医疗保险激励机制未能充分发挥。医疗保险政策激励不足主要体现在"分级诊疗、双向转诊"方面,患者更倾向于到三级医院就医现象并未根本改变,医疗保险分级诊疗目标难以实现,患者实际医疗费用中自费部分所占比例较大,患者的实际医疗保障低于政策报销比,患者医疗保险满意度较低。医疗保险信息化建设仍未充分完成。医疗保险信息化建设仍存在不足,如信息系统的管理程度很低,办事效率低下;不同险种之间信息数据不能共享,信息"孤岛"问题突出;基本医疗保险数据稽查存在困难。

二是社会保险政策宣传力度加大,但宣传方式创新仍存在不足。调查发现,当前医疗保险政策宣传存在"通知式"宣传多而正面政策解读机会少、被动咨询多而主动深入社区宣传少、负面舆论多而正面宣传少、骗取医疗基金案例报道多而诚信缴费宣传少等问题。仍有部分参保者对社保卡的功能不是很清晰。部分参保者对医疗保险的支付标准、保障程度了解不多,不能全面了解养老保险的优势,缺乏较高的参保积极性,甚至出现退保、低档参保等现象;社会公众不参保或停保或者尽可能少缴费,体现的是其对制度不信任。此外,由于医、保、患三者之间出现信息不对称,部分参保者不清楚现行的医保政策,导致就医不能理性选择医疗机构,无法选择更有利的就医模式,造成医疗资源浪费,同时增加了参保者自身负担。

三是社会保险经办机构服务意识增强,但个性化服务仍有待创新。随着医疗保险制度不断完善,统筹层次提升,参保人次逐年增加,流动性人口增加,对社保经办工作和经办能力提出了更新的要求和更高的标准,也给经办机构服务能力提升提出了更大的挑战。调查显示,随着社会发展,社保集中式的大厅服务已经不能满足服务对象的要求,参保者期待社会保险服务能更加分散化,更具流动性、个性化,期待家门口的"一门式""一站式"综合服务,以及无时空限制的更便捷的网上、手机等智能服务,异地就医直接结算服务等。

四是医疗保险监管机制逐步健全,但民意监督方式有待畅通。当前,医疗保险监管主要依靠行政监督,虽然监管力度和监管效果初显,但监管的力度尚显不足。同时,监督手段单一,监督人员狭窄,只有偶然的媒体披露,这就使得医疗基金社会监督工作未能得到有效地开展。如医疗服务过程中存在过度诊断、过度检查、过度用药等现象,造成患者医疗费用增加;甚至部分医疗机构和参保者合谋,利用"假住院""假用药""假手术"等方式骗取医疗保险基金,造成医疗保险基金浪费。由于现行制度规范不严密、监管不到位、技术手段不完善,社会保险监督仅依靠经办机构监督达不到预期的效果,应畅通民众监管方式,利用社会监督提升监督效果。

五是医疗保险法律制度不断完善,但法律保障仍有待加强。当前,天津市医疗保险法律中责任追究和制裁办法力度不够。应加强医疗保险法律建设,立法内容应与其他专门立法的内容相互衔接、相互补充和制约,以保证社会保障法规的有效实施。

六是公众对医疗保险缺乏理性预期,医疗保险诉求逐步提高。医疗保险制度是国家在风险管理领域,由政府主导组织实施,通过财政预算或社会保险费征缴筹集医疗保险基金,按照一定规则向特定的社会成员提供资金或服务的基础性制度安排,其最终目的是为了集社会公众之力,有效增强个体抵御风险的能力,为国民提供稳定预期,降低全社会风险管理的成本。调查表明,天津市医疗保险制度互助共济弱化、多元并举格局并未形成,其不确定性扩大了人们的非理性预期。在当前经济结构亟待转型,经济增长速度放缓背景下,部分参保者并未关注政府财政负担压力,希望得到免费医疗、普遍性福利的呼声高涨。人们对医疗保障制度的认识与评价,掩盖了现行制度安排中的结构失衡、权益不公等问题,导致政府与市场及个人责任边界不清,不利于医疗保障体系建设的健康发展。

第四节　构建完善的公共政策民意表达征求机制

民意是公共政策制定的逻辑起点,是公共政策制定的依据。民意表达作为连接政府与民众的中介、桥梁,在我国社会政治生活中发挥着举足轻重的作用。民众通过民意表达渠道向相关政府部门表达意愿,政府则通过民意表达渠道了解民情民意,进而决定公共政策制定的方向和内容,以最大化满足民众的意见、要求。

一、健全公共政策民意征求环境

党的十九大报告提出:"发展社会主义民主政治就是要体现人民意志、保障人民权益、激发人民创造活力,用制度体系保证人民当家作主。"科学社会保险政策的完善离不开社会公众的参与。只有尊重社会公众在社会保险决策中的主体地位,让社会公众积极充分参与到社会保险政策制定过程中,实现政府与社会公众的有效沟通,保证社会公众的有序参与,充分激发社会公众创造活力,才能更好地破除社会保险政策制定和实施过程中的中梗阻。

因此,天津市医疗保险政策制定过程中,要积极营造民主决策氛围,了解社会公众在医疗保险参与过程中的困难、问题及诉求、期盼等,并有选择性地吸纳,从根本上解决医疗保险政策制定由政府唱"独角戏"的现象,使民主决策常态化,才能使社会保险政策从意见征集、决策制定到最后"落地生根"整个过程更加接地气、汇民心、聚民力。

二、健全公共政策信息公开机制

医疗保险政策信息公开是社会公众有序参与政府决策的基础和保障。

健全政府社会保险信息主动发布机制。一是对于与群众利益密切相关或群众普遍关心的政策信息,地方政府不但要公开,还要详细向群众解释政策的实施主体、制定目的、制定程序、制定过程及取得的效果等;二是通过政府网站、电视、报纸、广播主动将社会保险政策征缴、待遇变更等信息,以及政策调整变化内容,向社会公众征询意见。

完善医疗保险政策信息专家解读机制。医疗保险政策信息公开的目的是让社会公众对社会保险政策听得懂、信得过、看得到。聘请相关领域的专家学者,包括理论专家和实践专家,通过电视、报纸等媒体平台,对政策文件起草的重要意义、医疗保险政策内容调整、对社会公众影响,做好政策解读,消除社会公众对政策内容调整的无端猜疑,为社会公众解疑释惑。

三、拓宽民意征求的形式和渠道,搭建民意采集平台

现阶段,我国民意表达的渠道主要集中于政府颁布实施的制度化民意表达渠道,包括人民代表大会制度、政治协商制度、信访制度、巡视制度、听证会制度等,多种体制内民意表达渠道在促进民意表达顺畅发展的过程中发挥着举足轻重的作用,但是由于政府部门难以避免的偏向性管控、限制,客观技术条件的障碍等问题的存在,直接导致现行体制内民意表达渠道的局限和缺陷的产生。因此,公共政策制定过程中有必要进一步完善民意征求渠道,建立全方位、多领域社会公众意见征求机制。

充分发挥传统民意征询方式的作用。重视征求各区人民政府、相关单

位主管部门、基层单位、相关企业、相关利益群体、重点群体的意见。如通过函询、座谈会等形式征求当地政府主管部门、基层单位对政策调整的意见和建议；通过发布意见征求稿、实地调查、个人专访、调查问卷等多种形式征求相关企业、重点群体的意见和建议。

充分发挥人大、政协制度化渠道作用。搭建人大代表、政协委员与社会公众的联系通道。一是完善人大制度约束机制，选举真正敢于、善于表达民意的人大代表；二是增强人大代表的专业性；三是加大对优秀政协提案的奖励，鼓励政协委员真正下基层、充分听取民意，提出有针对性、可行性的提案议案。

整合信访意见征询机制。定期、分类对信访意见、信访案件解决进度进行梳理，收集社会公众对医疗保险热点、难点问题，及时掌握社情民意。

积极构筑政民网络互动机制。一是重视政府网站、政务 APP 的建设，贯彻落实网络问政机制，加大对"僵尸网站""僵尸 APP"的惩罚力度；二是加强对 QQ 群、微信公众号等平台舆论引导，培育社会公众媒体素养，提升社会公众媒体沟通文化和沟通理性；三是完善新媒体沟通规则和制度，包括定期沟通、实时监管、及时反馈等制度，完善新媒体有序参与医疗保险政策决策的保障机制。

四、健全公共政策民意征求的回应机制

建立政府决策承诺机制。一是针对社会公众对社会保险政策的咨询，约定政府最长回应时限，在限定期限内给予社会公众意见答复；二是建立健全"政府承诺＋社会监督＋失信问责"机制，建立健全凡是对社会承诺的政策事项，政府要如期履行承诺，对没有执行到位的要限期整改，对整改不到位、严重失职失责的要追究责任；三是要保持公共政策的连续性，杜绝"新官

不管旧案"现象。

建立政府决策应急跟踪机制。建立医疗保险决策危机应对和跟踪机制,从根本上消除社会公众对医疗保险政策的疑虑,及时化解社会和网络舆情危机,争取社会公众对政策决策的信任与支持。如针对医疗保险热点问题及事件,及时召开新闻发布会、邀请专家进行讲座、组织有群众参与的民主恳谈会,市领导专门开通微博与网民互动,搭建起政府、企业、公众三方理性解决医疗保险问题的平台。

建立公共决策未回应即处罚机制。构建公共政策制定、执行、责任追究全过程民意未回应即处罚机制,保障政府与社会公众诉求疏通,纠正医疗保险政策实施过程不当之处,避免决策失误。

五、建立公共政策民意征求的舆情监测机制

创新网络监管方式和预警机制。当今,通信技术日益发达,信息传播途径多种多样,传播速度快捷。如个别群众可能不经查证,通过互联网、QQ群、微信公众号等平台传播不实信息,通过网上造谣、传谣,引发社会稳定风险。因此,要创新网络监管方式和预警机制,有效预防与应对网络社会事件。

创新网络舆情应对机制。在信息公开和政策宣传解释基础上,政府工作人员应学网、懂网、用网。进一步做好利益相关人群工作,避免新的不稳定舆情产生与扩散。

第五节 本章小结

"民意"就是民众的意愿或意志,是公共政策制定的逻辑起点,是公共政策制定的依据。民意表达是公民个人或社会群体经由一定的渠道和路径,向公共权力机构及社会系统阐述自己的利益诉求、表达自己的意见和态度,以满足其自身利益需求或实现其利益目标的行为。民意表达是推动社会问题成为公共问题并上升为政府议程的关键要素。民意表达作为连接政府与民众的中介、桥梁,在我国社会政治生活中发挥着举足轻重的作用。民众通过民意表达渠道向相关政府部门表达意愿,政府则通过民意表达渠道了解民情民意,进而决定公共政策制定的方向和内容,以最大化满足民众的意见、要求。

通过问卷调查可知,当前,天津市城乡居民基本医疗保险满意度为56.42%。通过个人深度访谈可知,参保居民对城乡居民基本医疗保险不满意之处主要来自于基层医疗服务水平较低、医疗费用居高不下、个人负担较重、医保门诊起付线较高等方面。特别是60岁以上的老年群体意见表达和诉求更多。这部分群体反映的问题主要表现在:老年人医疗负担较重,慢性病药品领取不便等。本章的问卷调查和深度访谈深刻揭露了当前城乡居民基本医疗保险存在的现实问题,代表了参保居民的呼声。政府应该重视民众意见表达,健全政策民意征求环境和政策信息公开机制、拓宽民意征求形式和渠道、建立民意征求的回应机制和舆情监测机制,更好地了解政策实效,并不断调整和修正,让政策效果充分发挥出来。

第九章 医疗保险经办机构运行效果研究

第一节 研究背景

医保经办机构是为实施国家出台的基本医疗保障制度,依法由统筹区政府设立、为参保单位和个人依法提供基本医疗保障公共服务的公益性组织,主要负责参保登记、缴费记录、基金管理、定点管理、费用支付审核、医疗服务监督等。

医疗保险经办机构的管理体制与医疗服务可及性、有效性直接相关。在当前体制下,改革经办机构体制机制是提升治理能力的关键。改革开放以来,为适应经济体制转轨要求,我国稳步推进社会保障制度改革,社会保障制度逐步成为国家的一项重要社会经济制度。天津市坚持以人民为中心发展思想,不断完善社会保险政策,社会保障体系建设取得显著成绩,走在了全国前列。天津市坚持以人民为中心和改善民生的宗旨,率先建立了从业人员和城乡居民的全民社会保障体系,率先建立了覆盖城镇职工和城乡居民的医疗保险制度,实现了由城镇职工的"单位保障"向统筹城乡的"社会保障"的根本性转变,覆盖城乡居民的多层次社会保障体系基本建立,民生保障网不断织密扎牢,走出了一条天津特色的社会保障道路,积累了宝贵经验。

在天津市委、市政府领导下,天津社会保障体系建设取得显著成绩。对天津市社会保险制度建设走过的辉煌历程进行全面、系统梳理,以业务发展为主线,以重大事件为节点,可将天津社会保险发展划分为四个阶段:

第一阶段是 20 世纪 80 年代至 2003 年,以城镇职工为代表的社会保险制度初探阶段。以城镇职工和农籍职工为重点,建立养老、医疗、失业、工伤和生育五项社会保险制度,努力扩大保险覆盖面,提高保险征缴率,实行社会化发放。

第二阶段是 2004 年至 2007 年,城镇居民和农民社会保险制度建立阶段。实施社会保险制度体系建设规划纲要,以城镇居民和农村居民为重点,建立城镇居民医疗保险、新型农村合作医疗、农村居民养老保险和被征地农民养老保险制度,普及社会保险知识,提高对社会保险的认知度和参保率。

第三阶段是 2008 年至 2011 年,城乡统筹推进社会保险制度阶段。建立了覆盖城镇职工、农籍职工、外地在津从业人员、境外国外在津从业人员等所有从业人员的养老、医疗、失业、工伤和生育五项社会保险制度,建立了覆盖城乡居民的社会养老保险制度和基本医疗保险制度,形成了从业人员五项社会保险制度与城乡居民两项社会保险制度相结合的社会保障,社会保险制度体系成为与经济社会制度发展相适应的一项基本制度。

第四阶段是 2012 年,天津社保以保障和改善民生为出发点和落脚点,社会保险覆盖范围显著扩大,社会保险经办服务进入精细化管理阶段,医疗保险的支付管理质量也明显提升,基金管理监督机制更加健全,经办服务惠民便民成效彰显。简约高效、规范科学的经办管理服务机制,多层次、全方位的社会化服务格局基本形成。

2018 年,新一轮党政机构改革开始。根据《党政机构改革方案》,为完善统一的城乡居民基本医疗保险制度和大病保险制度,不断提高医疗保障水平,确保医保资金合理使用、安全可控,统筹推进医疗、医保、医药"三医联动"改革。国务院机构改革方案提出,将人力资源和社会保障部的城镇职工和城镇居民基本医疗保险、生育保险职责,国家卫生和计划生育委员会的新型农村合作医疗职责,国家发展和改革委员会的药品和医疗服务价格管理职责,以及民政部的医疗救助职责整合,组建国家医疗保障局,作为国务院直属机构。省级《党政机构改革方案》成立的医疗保障局为政府直属机构,多数为副厅级。市县根据党政机构限额规定,设立单独的医疗保障局,或者在卫健委成立挂牌机构。

医疗保障是全面解决病有所医,保障全体居民都能获得基本医疗保险的重要制度。本次改革有利于推动基本医保制度的完善、整合和协调,促进社会公平。将分散在人社部门、卫生部门的三项基本医保管理职能并入国家医疗保障局,不仅仅是为了解决基本医保分散管理的现实问题,更是通过各项基本医保的统一管理,为制度的完善、制度间的整合协调以及地区间的制度整合协调创造管理条件;有利于推动多层次医疗保障体系的整体规划,全面实现病有所医。将民政部的医疗救助职能划入国家医疗保障局,有助于基本医保与医疗救助更好地协调和衔接,更准确、快捷地为困难人群参加基本医保提供来自医疗救助的资金支持,以及在困难人群发生疾病时更方便、快捷地进行医疗费用救助与基本医保待遇支付的衔接。同时,进一步整合基本医保和医疗救助的待遇政策,整合统一基本医保和医疗救助资金使用,进一步解决少数困难人群和因发生重大疾病而致贫的少数一般人群的医疗费用负担问题,全面实现病有所医的目标。

本部分主要对机构改革前后医疗保险经办机构分析,以更好了解医疗政策改革的发展趋势和未来发展方向。

第二节 机构改革前社会保险经办
机构管理体制与管理模式

　　天津市社会保险基金管理中心是天津市人力社保局所属的最大的窗口服务单位,承担着执行社会保障政策、管理社会保险基金、服务群众的职能,在维护社会稳定、促进经济发展、增强人民福祉方面发挥了重要作用。

一、机构改革前社会保险经办机构垂直管理体制

　　天津市社会保险基金管理中心的前身是 1992 年 9 月经市委、市政府批准成立的天津市社会保险公司,为正局级企业化管理的自收自支事业单位。1998 年,天津市社会保险公司更名为天津市社会保险基金管理中心,隶属市劳动和社会保障局,为副局级全额拨款事业单位。2012 年 7 月,天津市社会保险基金管理中心实施参照公务员法管理。

　　天津市社会保险基金管理中心实行人、财、物垂直管理,中心机关内设 16 个行政业务处(室),4 个党群组织(监察室、老干部处、工会、团委),同时直辖 1 个稽查中心;下辖 21 个分中心、1 个医保结算中心、1 个社会保险档案馆。各所属基层单位统一设置为六科一室。主要负责依照国家和天津市相关政策,制定各项社会保险经办管理规定并组织实施;各区县分中心、医保结算中心主要职能是按照政策法规、经办规程的要求,承担具体社会保险业务经办工作。具体涵盖天津市行政区域内基本养老(含企业、机关、事业单位职工和城乡居民)、基本医疗(含企业、机关、事业单位职工和城乡居民)、工伤、生育(含职工和居民)、失业保险五项社会保险基金征收和待遇支付

（不含失业）工作。同时，各区分中心按照行政区划指导天津市 238 个街道、乡镇劳动保障服务中心管理城乡居民、职工个人缴费等社会保险经办工作。

天津市社会保障覆盖已从城镇扩大到乡村，从国有企业扩大到各类企业、机关事业单位，从就业群体扩大到非就业或灵活就业的群体，已经建立起广覆盖的社会保障"安全网"。截至 2019 年上半年，天津市社会保险基金管理中心已服务近 10 万户各类单位、1100 万参保人员，1600 余家协议服务医疗机构，以及 16 家协议银行、2600 余个服务网点。全市养老、医疗保险参保分别达到 829 万人和 1095 万人。

天津市社会保险基金中心管理实行全市统一征收、分险种支付，既有效地保证了基金征收支付标准的统一化、经办管理的规范化，也较好地保证了全市基金的统筹调剂。同时，也便于全市范围内人员的转移和流动。在基金征收上，天津市社会保险基金中心管理实行一级管理模式，财务结算处负责基金收款、付款，会计核算。通过与中行、工行、农行、建行、天津银行、光大、农合行、邮储等 16 家银行建立专线联网的基金结算平台，实现全市社会保险费的集中归集和统一核拨。各区县分中心统一办理参保登记、缴费核定和费用结算，积极推进社会保险费网上申报结算，依托信息系统，参保单位和个人在全市 16 家银行 2600 多个网点通过委托扣款、小额支付、POS 刷卡、临柜缴费等缴费形式直接将费用缴入市中心账户，全市基金当日归集，统一集中管理。

在基金支付上，各区县分中心和医疗保险结算中心将审核后的各项社会保险待遇上传市中心相关业务处室，业务处室审核汇总后将明细转给银行，将汇总表传给财务结算处，财务结算处将核拨的款项拨给银行，通过银行网点实行社会化发放。截至目前，已与 1051 家定点医疗机构、623 家定点药店签订医疗服务协议，服务覆盖 1095 万人。为方便患者就医及减低患者经济负担，推行医疗费联网结算，险种覆盖城镇职工和居民的医疗保险和生育保险。工伤保险实现了医疗费联网结算，定期待遇和一次性待遇全部实现了社会化发放。这样减少了中间环节，得到了参保单位和人员的好评。

二、机构改革前社会保险经办机构信息化建设

2016 年 7 月 28 日，以"一库一网一卡"为主体、历时三年建设的天津市金保二期系统正式启动运行，形成了数据库全市集中统一、业务经办互联互通、社会保障卡应用广泛的信息系统。

基础运行平台重建、网络系统覆盖城乡。采用"两地三中心"构建高可用系统，采用"传统主机数据库与虚拟化云技术"构建基础运行系统。业务专网覆盖城乡、上下贯通，上联人社部，下接区人力社保局、社保分中心和街乡镇劳动服务中心；外联定点医院、定点药店和协议银行的 2400 多个服务网点。形成市、区、街乡（镇）、社区（村）四级网络管理，将社保卡发放等业务全部下沉到社区，使街道社区服务站点成为人力社保系统对外服务的"零距离"平台。

应用系统统一规划、数据资源全市集中。在统一运行平台基础上，实现了统一门户集成、统一权限管理、网厅一体化、档案电子化等目标，形成了完整的四级经办体系。数据库统一设计、系统整体规划，数据集中存储，服务范围覆盖全市城乡 20 万个用人单位、1600 万参保人员。整合参保人基础信息，以身份证号码为标识，统一整合社保、就业等人力社保信息，整合参保单位基础信息，以组织机构代码为标识，统一用工状况、参保缴费、劳动关系等全部信息，实现了同人同城同库。

业务经办关联互通、操作流程协调简约。本着为群众"多设路标、少设路障"的原则，我们优化了业务流程。遵循"公有信息统一标准、多口采集；专有信息单方采管、委托共建；共享信息权属明确、变动告知；联动信息环环

相扣、交互制约"原则,统一就业、社保入口,基本实现了就(失)业、社会保险和劳动备案的一体化。社会保险经办业务实现精确管理,基本养老保险、医疗保险和工伤保险等七项保险统一基数、统一申报、统一征缴、统一管理、统一发放,社保基金征缴网上结算率达100%。系统支持同一结算周期多次征收和多次待遇发放。业务流程的优化,带来的是经办人员业务量的减少、要件的减少和效率的提高。

人手一卡全面覆盖、应用广泛方便无忧。早在2008年,天津市就率先在全国设计出了符合部颁和银联双重标准的芯片系统,较早地为社会保障卡加载了银行金融应用功能。2013年7月,市人力社保局推出了社保卡"即时发卡"业务,我们利用分布在全市的242个街(乡、镇)劳动保障服务中心及合作银行的近700余个指定网点向广大百姓提供了即时制卡申领途径,实现了当天取卡。天津市已针对社会保障卡的功能应用进行了多年的探索和推广,在应用服务方面,天津市社保卡已实现包括医疗结算类、待遇发放类、缴费类、身份识别和查询类、金融类及其他应用在内的共六大类八十七项应用。下一步,社保卡将加载更多生活和社会服务功能,成为应用更加广泛、使用更加便捷的市民卡。

公共服务渠道畅通、线上线下相辅相成。天津金保二期公共服务系统遵循统一的技术架构平台、统一外网门户、统一安全认证管理、统一消息平台、统一金融对接渠道、统一标准规范和统一对外服务,实现数据中心、应用系统、公共服务平台、安全支撑体系和CA认证的统一。公共服务渠道包括网上服务、手机APP服务、微信服务、短信服务、自助一体机服务和语音服务等。公共服务内容包括政策查询、信息查询、资料下载等信息服务;业务自助办理、业务申报、单据打印、自助缴费等业务经办服务;手机消息通知、网站消息通知、短信通知等通知服务;企业CA认证、个人身份认证、人脸识别认证等安全认证服务。目前,全市实现网上申报业务的用人单位超过80%,

达到 12 万户。

建好科技防护网,守好百姓养命钱。依托信息化,我们建立了两个网上监控系统,一个是社保基金非现场监控系统,对各项社会保险基金的收入、支出、上缴、拨付、结余等运行过程进行监控和分析,生成风险数据,实现现场监督与非现场监督有机结合的机制。另一个是医疗保险网络实时监控系统,对所有定点医院、药店、医保服务医师和参保患者就医诊疗行为进行全方位网络监控,有效打击违规骗保,避免基金损失。

三、机构改革前社会保险经办机构管理体制优势

天津社会保障制度构建及经办管理坚持以人为中心,以保障和改善民生为出发点和落脚点,社会保险覆盖范围显著扩大,支付管理质量明显提升,基金管理监督机制更加健全,经办服务惠民便民成效彰显,简约高效、规范科学的经办管理服务机制,多层次、全方位的社会化服务格局基本形成。

从 20 世纪 80 年代中期开始,天津市开始探索职工社会保险制度,相继建立起包括企事业单位、公务员、失地农民、特困人员等不同群体的的养老、医疗、失业、工伤、生育保险制度,实现了机关事业单位养老保险制度与企业并轨,先后出台一系列促进各类用人单位及灵活就业人员参加社会保险的政策文件,启动全民参保计划。截至 2018 年 12 月底,天津市"五险"参保人数中养老、医疗保险参保人数分别达到 844 万人和 1117 万人,分别比 2017 年末增加 32.81 万人和 28.26 万人,基本实现全民医保。工伤、生育保险的参保人数分别达到 398 万人和 330 万人,比 2017 年同期分别增加了 3.19 万人和 33.47 万人。天津市社会保险基金征收稳健增长。2018 年,城镇企业职工养老基金当期征收 539 亿元,同比增长 9.5%,基金累计结余 509 亿元,比 2017 年同期增长 11.1%,成为拉动养老基金征收增长的主要动力。全市

医疗保险基金累计结余288亿元,比2017年同期增长16.6%,医保基金运行更加安全可靠。社会保险待遇水平稳步提高。企业退休人员基本养老金自2005年以来连续14年上调,失业保险、工伤保险等各项社会保险待遇水平都随经济社会发展得到了相应提高。

(一)省级垂直管理模式促进了经办流程标准化

天津市社会保险基金管理中心较早实现了经办机构省级垂直管理,"五险"合一经办和经办流程的标准化,其经办模式与业务流程在全国处于领先地位。

一是社会保险经办机构的垂直化管理模式。积极推动全民参保计划实施,建立了市区两级全民参保组织机构,各部门协同合作、共同作战。同时,向社会招聘社会保险经办协管员,按群众参保需求积极推动社保业务下沉至社区,实现社会保险经办服务无死角、全覆盖。同时,依托于信息网络建设,将经办业务向街道社区延伸,在全市242个街乡镇和部分社区铺设网络专线,形成市—区—街乡—社区四级网络管理,将就(失)业管理、职业介绍、城乡居民参保登记缴费报销、社保卡发放等业务全部下沉到社区,使街道社区服务站点成为人力社保系统对外服务的"零距离"平台。

二是社会保险经办及流程地标准化处理模式。规范化是信息化的前提,天津市"五险"合一经办模式促进了经办流程标准化。当前,天津市社会保险"五险"转移续接要求和标准基本实现了系统内置,在系统应用上,建立并依托政府部门间信息共享平台,开发业务智能审核系统与自动化生成。这种系统化、标准化管理极大地减少了人工干预环节,降低了工作人员劳动强度,提高了工作效率。

三是社会保险基金与业务分离管理模式。天津市社会保险基金由市社会保险中心统一管理,各社保经办分中心只负责业务管理,不涉及基金问题。各分中心定期(每月三次)将需要转移续接地社会保障关系汇总交市社保中心财务部门,财务部门统一负责基金地拨付与转移,这种模式大大降低了社会保险转移续接过程中的社保资金风险。

四是业务外包购买地服务模式。在做好自身管理的同时,天津市社保经办机构充分利用政府服务外包方式,将社会保险转移续接过程中的资料和信函打印、胶装和邮寄工作委托中国邮政办理。社保中心与中国邮政之间通过数据传换的形式合作,实现社会保障信件的全过程监控,提高了工作效率,降低了信件丢失风险。

(二)大力推进社会保险经办信息化建设,发挥大数据决策优势

天津市人力社保部门创新思路、超前谋划,大力推进信息系统建设。2016年7月28日,天津市金保二期系统正式启动运行,形成了"一库一网一卡"为主体的数据库,推动人力资源社会保障管理服务不断走向科学化、规范化、精细化。

一是建立了"同人同城同库"的全市统一数据网络系统,努力开发大数据应用,提高了为群众办事的效率。建设全市集中的数据库,所有区县、全部业务的数据信息都集中在市级层面数据库生成、处理、交换和共享,服务范围覆盖全市城乡参保单位、家庭和人员。同时,本市积极推进数据库的进一步整合,推进所有用人单位以组织机构代码为标识,统一基本情况、用工状况、参保缴费、劳动关系、人才引进、工资福利等全部信息;所有个人以身份证号码为标识,统一身份、经历、就业、技能、社保、合同、职称、工资、奖惩等信息,实现所有信息全面准确唯一,做到"同人同城同库"。

依托人力社保,APP打通了银联、支付宝、微信个人缴费"三通道",推行大厅预约扣款,为全市灵活就业人员开通了缴费"快速路"。全面取消糖尿病医疗费垫付报销、门特病患者接续登记、门特病治疗医院登记变更,在"金

医保"APP 开启门特变更、就医台账信息查询等多项便捷服务,为参保患者提供足不出户的经办服务。

在对外服务方面,利用互联网、手机客户端和微信公众平台,开发在线咨询政策、网上缴费、预约服务、在线评价等功能,拓宽自助服务的方式和渠道,努力抹平数字鸿沟,进行大数据开发应用。坚持大胆创新,勇于解放思想,借助银行等社会资源力量,畅通了银联、微信、支付宝、个人手机 APP 缴费渠道,加快了职业年金信息系统建设步伐,拓展新增了一大批自助服务设施设备。

二是充分发挥信息化作用,对社保基金实施实时监测,增强了社保基金风险控制。依托于信息化建设,本市加强对社保基金的运行监管。如 2010 年天津市就建成了全国首个医疗保险结算实时监控信息系统并投入使用。该系统依靠本市医疗保险刷卡结算信息网络,采取市、区两级,分区域、分级别、分类别,对本市参保患者刷卡结算的每笔医疗保险费用实现了"无盲区"实时在线监控,全市所有定点医院、药店、参保人员在门诊、门诊特殊病的医疗行为已经实现全透明。该系统的投入使用使本市医疗保险监管实现了远程网上实时监控,对违规骗保行为从发现到停止刷卡结算只需 20 分钟,实现第一时间发现违规骗保行为,第一时间锁定违规骗保证据,进一步规范了基本医疗保险就医诊疗行为,管好用好医保基金,维护好广大参保群众的医保权益。同时,该系统能够实时监控各项社保业务办理情况,科学预测社保基金未来发展趋势,强化事前、事中、事后全流程监管,自动预警基金运行风险隐患。

三是通过信息化和大数据分析,引导社保基金流向,保证社保政策的科学性、合理性。通过程序化、标准化、数据化和信息化等手段,本市在医疗保险费用上实施在总额管理控制基础上分类控制,从而引导社保基金流向,促进社保基金分配更加合理和富有成效,使社会保险政策制定更加科学、合理。

(三)坚持以人民为中心做好社保审批制度改革,提升经办服务质量

深入贯彻落实"一制三化"审批制度改革要求,通过优化流程、精简要件、信息共享三项措施,努力提升社会保险待遇支付管理服务水平。目前,市、县、乡镇(街道)社会保障管理体系和服务网络基本形成,为参保单位和群众广泛开展社保登记、待遇支付、政策咨询等服务。天津市制定出台新版经办规程,全面推行"减件便民",全方位简化参保单位和群众办事程序,取消了各环节身份证明等一大批要件,把困难留给自己,把方便让给企业和参保职工。

一是下放办理权限。先后将异地就医审批、就近就医审批、工伤职工登记状态管理、协议机构准入、协议机构维护、协议机构考核6项原由市中心管理的事项全部下放到分中心直接办理,有效压缩审核层级,提高审核效率,合并经办事项达到30%。

二是压缩经办要件。连续下发《关于简化工伤保险有关业务经办要件的通知》《关于加强工伤保险经办管理的有关规定》《关于进一步简化工伤保险有关业务经办要件的通知》三个文件,全面取消了工伤待遇支付非必要的证明材料及其他经办要件16项,占全部经办要件的44%。

三是共享业务信息。以"信息多跑路,群众少跑腿"为目标,充分利用信息共享,及时完善业务功能。自2019年起,将工伤登记和工伤鉴定录入等环节涉及的劳动行政部门法律文书,全部实现信息导入,用人单位仅提供工伤职工身份证号即可办理全程业务。天津市通过"放管服"改革,逐步推进保险待遇支付标准化、智能化、便利化建设,为用人单位和职工提供了高效便捷的经办管理服务。

（四）走在基层一线，关注群众生活的难点和痛点，为群众切实解决现实问题

一是全面推开市内六区等 13 个分中心周末办公，8 个分中心工作日中午不间断对外服务，有效解决了群众请假办社保的痛点。

二是注重历史遗留下来的未办结案件的清理。天津市社会保险经办机构领导和工作人员主动通过"走出去"的方式集中处理一些未办理案件。天津市在 2018 年 11 月和 2019 年 6 月，两次在非业务紧急期，市社会保险经办机构领导组织业务骨干去外地主动办理遗留下来的案件，取得了非常好的效果。2018 年之前，天津未办结案件总数为 3844 笔。通过两次集中处理，当前天津市未办结案件控制在 1000 笔以下。未办结案件的原因，一是政策遗留问题。由于各地缴费标准不统一，导致社会保障缴费无法很好地对接与补齐。解决办法是对于单位缴费的按照政策进行清算，对于个人缴费的进行个人退费。二是数据缺失问题。加强各地沟通与相互理解。建立省级的沟通机制和畅通渠道，协商共同解决社会保障转移续接问题。

四、机构改革前社会保险及经办存在的问题

当前，社会保障制度取得了突出成效，但社会保险制度建设在社会保险扩面征缴、社会保险基金实时预警、社会保险转移续接等方面仍存在一定的问题，这些问题也是当前各省市社会保险制度及经办管理中存在的共性问题。

（一）新常态发展下社会保险扩面征缴进入攻坚克难期

当前，全国经济增长速度放缓，各省市面临产业转型升级、滚石上山的

严峻挑战。传统工业、制造业去产能、去库存、人流分流安置任务依然艰巨繁重,稳定参保缴费存量面临较大压力。天津市出台了一系列政策,如落实降费率、缓调基数、社保费返还等降本减负政策,降低了企业用工成本,以稳定参保存量,但效果并不明显。同时,民营经济总体规模偏小、创新能力不强、发展活力不足、质量效益不高,以互联网经济为代表的新产业、新业态等尚未形成新的强大发展功能,吸纳就业参保增量尚未充分体现;服务业从业人员多、流动性强、整体收入水平较低,参保意愿和缴费能力不足,加之退休高峰仍将持续,保持参保缴费规模持续扩大面临重重困难。因此,从长期来看,社保参保扩面仍存在一定的压力。

(二)社会保障信息化建设等政策落地生效存在"中梗阻"

一是社保信息标准统一等政策落地难。随着"金保二期"工程推进,当前天津市社会保障信息化建设已经取得一定成效。但是信息化建设仍存在不少"中梗阻",导致信息化系统功能未完全发挥。如政策碎片化、共享机制不健全、业务平台落后和服务手段不足等问题,不能满足公民对经办机构服务公开透明和简化业务流程方面的需求。当前,各部门之间仍存在着社会保险数据库标准不一致、信息不完善、信息不能共享等问题。如何全面建立统一规范的社保待遇领取资格认证服务体系?如何尽可能扩大信息比对来源渠道,提高来源信息的准确性、及时性,实现系统自动实时对比、及时停发、及时核对校验?如何加强对社保经办人员的业务培训,增强信息化使用率?如何制定相关地法律或规章制度,建立健全一整套冒领基金追回流程规程等?这些问题对天津市来说都是极大的考验和挑战。

二是社会保险支付审批环节精简难,社保支付便利化贯彻落实难。当前,社会保险待遇支付审批已经减少了很多环节,但仍有部分群众反映工伤等待遇支付难、资料准备繁琐、失业保险金利用率不高或部分失业人员享受不到失业保险待遇等问题。如何面对群众需求,有针对性地减少审批环节,切实提高参保人员待遇享受质量,是天津市在社会保险领域需要进一步探索的重点内容。

(三)社会保险基金实时监测机制和预警机制尚未完全构建

当前,天津市已经建立了医疗保险基金实时检测系统。但是其他险种基金缺乏实时预警机制,特别是职工养老保险基金风险预警机制。随着天津市人口老龄化加剧,退休人员逐年递增,城镇职工养老保险支出增长呈必然趋势,城镇职工养老保险基金支撑能力存在一定风险。今后,财政部门与代征缴的税务部门将联网,实时获取城镇职工养老保险基金征缴信息,并与经办的社保中心联网,实时获取城镇职工养老保险基金支付信息。通过建立设定警戒线阈值的风险预警模型,实时监控职工养老保险基金结存支撑能力,一旦支撑能力出现风险,计算机便自动报警,以便及时进入追加预算程序。安排财政资金补充,坚决兜住民生底线,实现社保基金收支情况及基金划拨信息实时监控,是未来工作的努力方向。

(四)社会保险转移接续与社会保险卡跨省通用问题尚未得到圆满解决

当前,社会人口流动性逐渐加强,但由于各省市社会保险基金筹集、待遇支付等标准不统一,社会保险转移续接疑难问题仍没有得到有效解决,导致群众对社会保险转移续接、异地待遇享受等政策不满;此外,天津市已经实现社保卡一卡通服务,但由于政策原因,社会保险跨地区使用过程中,"五险"之中只有医疗保险功能使用效率较高,养老保险等其他险种使用率一直较低。尤其在京津冀一体化发展环境下,人员三地流动,社会保障各项险种能否使用一卡代替来提高社会保障卡的使用效率,前景尚不明确。

第三节 机构改革后医疗保障局管理模式

一、机构改革后医疗保障局基本职能

2018年5月31日,国家医疗保障局正式挂牌。本轮国务院机构改革方案,新组建的国家医保局成为国务院直属机构。国家医保局整合了原来分散在人社部、原卫生计生委和民政部的城镇基本医疗保险、新农合和医疗救助职能,使得医保基金的使用更加集中。国家医保局还集中了以上三个部门的药品、医疗服务价格管理和采购职能,以及对定点医药机构管理的职能。

组建医保局是整合医保管理资源、加强政府医保职能、优化职责与职能配置的重大举措。新组建的国家医保局作为国务院直属机构的主要职责是:拟订医疗保险、生育保险、医疗救助等医疗保障制度的政策、规划、标准并组织实施,监督管理相关医疗保障基金,完善国家异地就医管理和费用结算平台,组织制定和调整药品、医疗服务价格和收费标准,制定药品和医用耗材的招标采购政策并监督实施,将监督管理纳入医保范围内的医疗机构相关服务中等。同时,为提高医保资金的征管效率,将基本医疗保险费、生育保险费交由税务部门统一征收。

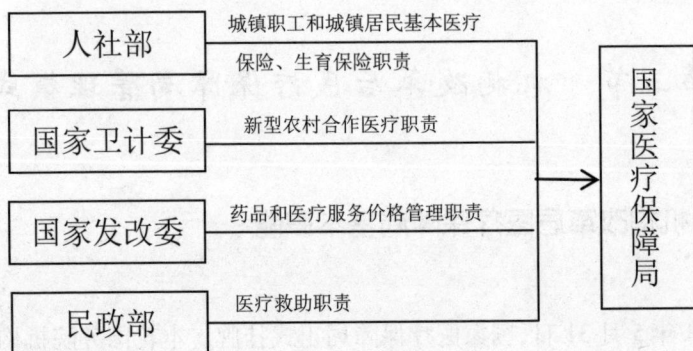

图 9-1　国家医疗保障局职责

　　2018 年 10 月,各省的党政机构改革方案陆续获批执行,省级的医疗保障局基本上都是单独设立为政府直属行政机关,为副厅级机构。大多数市县对应设置了医疗保障局,统一为政府直属机构,或者隶属卫健委管理,部分直接在卫健委设立了挂牌机构,统一由卫健委机关行使医疗保障监督管理职能。作为新组建成立的机构,无论是原来卫计部门的新农办,还是人社部门的医保、社保单位,基本上在市县一级都是参公事业单位。在组建过程中,市县按照"编随事走、人随编走"的原则,以新农办为主,整合人社局下属社保局具体承担医保工作的人员,组建成立医疗保障局。发改部门由于业务量小,划转的数量极少,或者只划转职能不划转人员编制。划转后,以原参公人员为主组成医保局机关工作力量,事业人员无法全部转换身份的,进一步深化改革为医保局下属事业单位人员,承担医保工作具体业务和服务职能,包括原来的经办机构及业务都在整合之列。局机关负责监督管理职能,以及行政审批职能和业务,下属事业单位承担具体经办事宜及服务职能。

　　2018 年 12 月,天津医保局挂牌成立。天津将市人力资源和社会保障局的城乡医疗保险和机关企事业单位医疗保险、生育保险职责,市发展和改革委员会的药品和医疗服务价格管理职责,市民政局的医疗救助职责等整合,组建市医疗保障局,作为市政府直属机构,负责企事业单位医疗保险等工作。天津市医疗保障局贯彻落实党中央关于医疗保障工作的方针政策,党中央和市委关于医疗保障工作的决策部署,在履行职责过程中坚持和加强党对医疗保障工作的集中统一领导。其主要职责是:

一是贯彻执行国家有关医疗保险、生育保险、医疗救助等医疗保障制度法律法规和政策,拟订地方性法规和政府规章草案、规划和标准并组织实施。

二是负责制定并实施本市医疗保障基金监督管理办法,建立健全医疗保障基金安全防控机制。承担本市医疗保障基金管理工作。推进医疗保障基金支付方式改革。

三是组织制定并实施本市医疗保障筹资和待遇政策,完善动态调整机制,统筹城乡医疗保障待遇标准,建立健全与筹资水平相适应的待遇调整机制。组织拟订并实施长期护理保险制度改革方案。

四是负责制定并实施本市城乡统一的药品、医用耗材、医疗服务项目、医疗服务设施等医保目录和支付标准,建立动态调整机制,组织实施医保目录准入谈判。

五是负责制定并实施本市药品、医用耗材价格和医疗服务项目、医疗服务设施收费等政策,建立医保支付医药服务价格合理确定和动态调整机制,推动建立市场主导的社会医药服务价格形成机制,建立价格信息监测和信息发布制度。

六是负责制定并实施本市药品、医用耗材的招标采购等政策,推进药品、医用耗材招标采购平台建设。

七是负责制定并实施本市定点医药机构协议和支付管理办法,建立健全医疗保障信用评价体系和信息披露制度,监督管理纳入医保范围内的医疗服务行为和医疗费用,依法查处医疗保障领域违法违规行为。

八是负责医疗保障经办管理、公共服务体系和信息化建设。负责制定和完善异地就医管理和费用结算政策。建立健全医疗保障关系转移接续制度。开展医疗保障领域合作交流。

九是负责本系统安全生产管理工作。

十是负责本系统人才队伍建设。

十一是市委、市政府交办的其他事项。

十二是职能转变。市医疗保障局应当完善统一的城乡居民基本医疗保险制度和大病保险制度,建立健全覆盖全市、城乡统筹的多层次医疗保障体系,不断提高医疗保障水平,确保医保资金合理使用、安全可控,推进医疗、医保、医药"三医联动"改革,更好保障人民群众就医需求、减轻医药费用负担。

二、机构改革后医疗保障局工作取得的成就

2019 年机构改革后,国家医疗保障局认真贯彻落实党中央、国务院决策部署,积极履职尽责,敢于担当作为,持续深化机构改革,完善医疗保障制度,加强管理和服务,各方面工作取得很大成绩,值得充分肯定。坚持从实际出发,坚定不移推动改革攻坚,平稳有序出台改革举措,确保改革有力有效推进。根据《2019 年医疗保障事业发展统计快报》,截至 2019 年底,全口径基本医疗保险参保人数 135436 万人,参保覆盖面稳定在 95% 以上。其中,参加职工基本医疗保险人数 32926 万人,比 2018 年增加 1245 万人,增长 3.9%;参加城乡居民基本医疗保险人数 102510 万人,比 2018 年减少 268 万人,降低 0.3%。参加职工基本医疗保险人员中,在职职工 24231 万人,退休人员 8695 万人,分别比 2018 年末增加 923 万人和 322 万人。

医疗救助和医保扶贫。2019 年,我国全年资助 7782 万人参加基本医疗保险,直接救助 6180 万人次。2019 年,中央财政投入医疗救助补助资金 245 亿元,安排 40 亿元补助资金专项用于支持深度贫困地区提高贫困人口医疗保障水平。截至 2019 年底,农村建档立卡贫困人口参保率达到 99.9% 以上。医保扶贫综合保障政策惠及贫困人口 2 亿人次,帮助 418 万因病致贫人口精准脱贫。

推进国家组织药品集中采购制度。截至 2019 年底,全国 31 个省(区、市)在省级药品集中采购平台网的订单总金额初步统计为 9913 亿元。其中,西药(化学药品及生物制品)订单金额 8115 亿元,中成药订单金额 1798 亿元。网采药品中医保药品订单金额 8327 亿元,占比 84%。截至 2019 年底,"4 + 7"药品集中带量采购试点地区 25 个中选药品平均完成约定采购量的 183%,中选药品采购量占通用名药品采购量的 78%。试点全国扩围后,25 个通用名品种全部扩围采购成功,扩围价格平均降低 59%,在"4 + 7"试点基础上又降低 25%。

科学调整医保目录。2019 年版国家医保药品目录中,西药和中成药共计 2709 个,其中西药 1370 个、中成药 1339 个。此外,还列入了有国家标准的中药饮片 892 个。

医保支付改革。推进支付方式改革,全国 97.5% 的统筹区实行了医保付费总额控制,86.3% 的统筹区开展了按病种付费。30 个城市纳入了国家 CHS - DRG 付费试点范围。60% 以上的统筹区开展对长期、慢性病住院医疗服务按床日付费,并探索对基层医疗服务按人头付费与慢性病管理相结合。

实施跨省异地就医直接结算。截至 2019 年底,跨省异地就医直接结算医疗机构数量为 27608 家;国家平台有效备案人数为 539 万人。基层医疗机构覆盖范围持续扩大,二级及以下定点医疗机构 24720 家。全年跨省异地就医直接结算 272 万人次,医疗费用 648.2 亿元,基金支付 383.2 亿元。日均直接结算 7452 人次。次均住院费用 2.4 万元,次均基金支付 1.4 万元。

推进门诊费用结算试点。截至 2019 年底,长三角地区全部 41 个城市已经实现跨省异地就医门诊费用直接结算全覆盖,联网定点医疗机构 5173 家,其中上海市设有门诊的医疗机构已全部联网。长三角地区累计结算 64.6 万人次,涉及医疗总费用 14262.2 万元。西南五省(云南、贵州、四川、重庆、西藏)启动跨省异地就医门诊费用直接结算。

实施医疗保障基金监管。立足我于国国情和发展阶段,国家医疗保障局坚持目标导向,加快中国特色社会主义制度优越性的医疗保障体系建设,严厉打击欺诈骗保行为。继续实施打击欺诈骗取医疗保障基金专项行动,各级医保部门共现场检查定点医药机构 81.5 万家,查处违法违规违约医药机构 26.4 万家,其中解除医保协议 6730 家、行政处罚 6638 家、移交司法机关 357 家;各地共处理违法违规参保人员 3.31 万人,暂停结算 6595 人,移交司法机关 1183 人;全年共追回资金 115.56 亿元。全年国家医保局共组织 69 个检查组开展全国性飞行检查,覆盖 30 个省份、149 家医药机构,共计查处涉嫌违法违规金额 22.26 亿元。

多年来,在市委、市政府的领导下,天津医疗保障工作在全国走在前列,具有模范示范作用,取得了很多好的经验。2019 年以来,天津市医疗保障局深入贯彻落实市委、市政府决策部署,提高政治站位、强化责任担当、聚焦群众需求、狠抓工作落实,全面规范医保运行,持续加强基金监管,不断深化支付方式改革,积极推进医疗保障高质量发展。

加快落实机构改革有关工作,边组建、边工作、边推进,不断提高医疗保障水平和医疗机构服务水平。一是提高门诊报销待遇。认真落实天津市民心工程,职工医保门诊报销限额由 6500 元提高到 7500 元,居民医保由 3500 元提高到 4000 元。二是提高住院报销待遇。职工医保住院报销限额由 35

万元提高到 45 万元,居民医保三级医院住院报销比例提高 5 个百分点。三是组织实施医保扶贫三年行动计划,贫困人口大病保险报销额度由 30 万元提高到 35 万元,起付标准由 2 万元下调到 1.5 万元,报销比例提高 5 个百分点。四是积极做好职能划转后医疗救助有关工作,开展 2018 年度重特大疾病医疗救助工作,对 5800 余名救助对象救助约 5000 万元。这些惠民举措全年减轻群众医疗费用负担约 15 亿元。五是制定《创建星级经办服务窗口活动的实施方案》,成立领导小组和专项工作组,明确评定标准、创建方式和职责分工。星级经办服务窗口创建工作正在有序推进,各区医保分中心按照创建要求,精准定位百姓需求,不断创新经办服务手段,千方百计为参保对象提供灵活多样、卓有成效的服务手段,得到了参保群众的肯定。

持续加强医药服务管理。一是积极保障药品供应。采取提前拨付资金、扩大用药范围、保障抗癌药供应、加强督查督导等多项措施,联合卫健部门共同发力,有效解决买药难、取药难问题,保障群众基本用药需求。二是开展国家组织的"4＋7"药品集中采购和使用试点,组织全市 358 家公立医疗机构参加了对 25 个中选药品的采购,通过带量采购实现以量换价,中选品种药价平均降幅 52％,最高降幅 96％,每年至少可为患者节约药费 5.3 亿元。三是推进高值医用耗材治理。按照国家统一部署,遵循促降价、防滥用、严监管、助发展的思路,研究高值医用耗材治理方案,逐步理顺高值医用耗材价格形成机制。同时,借助京津冀医保协同发展合作协议,牵头联合京津冀及华北、东北等省市,成立了全国第一个跨省带量采购区域联盟,并将跨省带量联合采购平台建立在天津市,通过统一平台实施带量采购,切实降低患者负担。

积极推进异地就医直接结算。为贯彻落实国务院和市政府工作报告要求,着力解决异地就医人员报销周期长、垫资负担重、往返奔波劳顿等难题,天津将异地就医直接结算工作作为提升百姓幸福感、获得感的重要抓手。

一是全面扩大异地就医住院直接结算人员范围。将异地安置退休人员、异地长期居住人员、常驻异地工作人员、异地转诊人员以及农民工和"双创"人员纳入保障范围。二是全面扩大异地住院备案医院范围,由二三级医院扩大到具备住院条件的基层医疗机构,实现有住院服务项目的定点医疗全覆盖。三是协同推进京津冀医保合作。三地在《京津冀医疗保障协同发展协议》的框架下,进一步签署医院互认协议,取消了互认医院的跨地区转诊增付。四是探索推进京津冀异地门诊费用直接结算。通过国家医保局信息化平台,率先实现跨省异地就医门诊医疗费直接结算。目前,泰达心血管病医院和南开医院已开通试运行,并根据试运行情况逐步扩大直接结算医院范围。

深入开展打击欺诈骗保。与公安、卫生健康、市场监管等部门协调联动坚决打击欺诈骗保,依托医保实时监控系统大数据分析开展智能监管,坚持线上线下相结合,持续开展专项治理、飞行检查、日常检查和突击检查,全面加强门特管理,创新建立问询制度,集中约谈违规医院,持续保持高压治理态势,守护好人民群众治病救命钱。截至2019年11月,现场检查定点医药机构1578家,实现100%全覆盖,发出问询函1350余件,处理处罚定点医药机构465家,其中暂停解除医保服务协议47家,行政处罚23家。挽回直接损失11242.49万元,行政罚款1078.33万元。

强化医保重点领域信息公开。一是推进医保基金监管信息公开。广泛宣传《天津市欺诈骗取医疗保障基金行为举报奖励办法》等医保基金监管政策文件。通过开展"打击欺诈骗保维护基金安全"集中宣传月,公布市医保局和各地医保部门举报投诉电话,鼓励社会各界共同参与对医保基金的监管,形成全社会监管合力。及时公布打击欺诈骗保工作进展情况,主动曝光欺诈骗保典型案例,加大对欺诈骗取医疗保险基金违法行为的震慑力度,切实维护好基金安全。二是推进医疗待遇保障工作信息公开。通过召开新闻发布会、在媒体发布解读材料、参加公仆走进直播间等形式对职工大病保险制度、医疗保障待遇支付政策、生育保险和基本医疗保险合并实施、困难群体大病保险倾斜支付政策、职工大额医疗费救助制度等医疗保障最新待遇政策进行广泛宣传，使参保患者充分享受医保改革红利。三是推进医药服务管理信息公开。通过报纸、电台、电视台等各类新闻媒体积极宣传国家组织药品集中采购和使用试点政策、措施，在《天津日报》发布整版信息，详细解读天津市"4＋7"国家组织药品集中采购和使用试点工作推动落实情况，积极回应社会关切。主动向社会公开天津市开展2019年版国家药品目录对接工作有关情况，及时发布261个品规基础输液、急（抢）救药品纳入医保支付信息。通过新闻发布会、媒体采访、专家解读等形式对京津冀医用药品耗材联合带量采购有关情况进行详细介绍。

加强信息公开平台建设。根据政府信息公开工作的需要，天津市医疗保障局积极推进局官方网站建设工作。局官方网站于2019年6月正式上线运行，成为公开发布政府信息的重要平台。网站开设了"信息公开"专栏，按照信息公开要求及时发布医疗保障政策法规、建议提案办理情况、政策解读材料，同时，根据工作需要设置了医疗保障信息、通知公告、信息检索、征求意见等专栏。2019年，市医保局官方网站公开发布信息268条，其中，政策文件类信息77条、政务动态信息56条、通知公告类信息24条、政务服务类信息27条、其他医疗保障相关信息84条。

医疗保险信息化建设。利用"大数据"分析技术，全面提高医疗保险管理和服务水平。利用"互联网＋"、人工智能、大数据等多种技术手段，切实提高医疗保险管理和服务水平。在信息化建立之初，设置医疗保险信息数据化处理标准，并内置于信息系统，建立和完善医疗保险与医院、银行、公安户籍等部门之间的信息化管理平台，积极探索"网上医保"经办管理模式。把经办机构的触角延伸至各乡镇、街道，为群众办理参保提供便利条件，利用信息网络技术,实现网上业务经办,提高经办效率。通过"互联网＋"对医保领域各项业务重塑和再造,努力实现让群众"最多跑一次"。

构建医保保险基金实时监测机制和预警机制。财政部门与代征缴的税务部门联网,实时获取医疗保险基金征缴信息,并与经办中心联网,实时获取医疗保险基金支付信息。通过建立设定警戒线阈值的风险预警模型,实时监控医疗保险基金结存支撑能力,一旦支撑能力出现风险,计算机便自动报警,以及时进入追加预算程序,安排财政资金补充,坚决兜住民生底线,实现医保基金收支情况及基金划拨信息实时监控。

推进医疗保障助力脱贫攻坚工作。为全面贯彻落实党中央、国务院打赢脱贫攻坚战决策部署和市委、市政府扶贫助困工作要求,天津市医保局会同市财政局、市民政局等六部门提出进一步减轻天津市困难群体医疗费用负担意见措施,以更大决心、更强力度推进医疗保障脱贫攻坚工作。包括坚持精准施策,推进应保尽保。全额资助医疗救助对象参加城乡居民基本医疗保险,实现困难群体参保连续和待遇稳定,促进脱贫的稳定性和可持续性;坚持问题导向,强化大病保障。统一并降低大病保险起付线,将起付线至 10 万元(含)费用段,10 万元至 20 万元(含)费用段,支付比例分别由 50%、60% 提高至 60%、65%。同时,加大对困难群体大病保险倾斜支付力度,进一步补齐脱贫攻坚短板;坚持多措并举,落实托底保障。继续实施门诊和住院医疗救助、重特大疾病医疗救助和因病支出型困难家庭医疗救助,梯次减轻困难群体费用负担;坚持管控结合,提升待遇保障。协同落实费用减免和住院押金政策,将困难群体在住院医保目录范围内的费用控制在 90% 以上,有效提高综合报销待遇;坚持便捷高效,优化服务保障。实施困难群体门诊和住院医疗救助"一站式"联网结算,探索京津冀异地就医门诊直接结算,便捷患者就医诊疗。疫情不能动摇我们高质量打赢医疗保障脱贫攻坚战的坚定信心,不能阻挡我们推进医疗保障脱贫攻坚的整体进程。

三、机构改革后医疗保障局工作面临的问题

机构改革后,国家医疗保障局的成立进一步推动了我国医疗保障的发展。但多层次医疗保障体系制度的完善,绝不是仅靠机构改革就能完成的,还需要医疗保障治理机制完善和医疗服务领域的市场机制改革等。如医疗保险经办机构规模小、运行效率低、管理成本高、公信力不足。我国至今没有经办机构专门条例,导致机构名称、隶属关系、人员配置、经费保障等因地而异,缺乏规范。机构设置和职能分工缺乏科学性,不同层级经办业务呈现同质化,专业化、职业化程度低;医疗、药品、信息、精算、谈判等专业人才长期缺乏,严重制约了治理能力的提升,第三方专业管理优势没有得到充分显现。此外,医疗保障局建设还面临以下问题:

第一,参保者医疗保障水平和医疗服务水平仍有待提升。医疗保险与养老保险等其他社会保险项目有着一些共同的特征,但确有与其他社会保险项目的不同之处,那就是医疗保险提供的保障是服务,需要通过购买服务来实现保障功能。医疗保险方需要承担十分复杂的针对医疗服务的购买、签约、支付、管理和监督的医疗服务管理功能,这也是建立相对独立的医疗保险事务性管理机构(即医保经办机构)的必要性所在。当前,医疗机构的管理体制尚待改革,在医药价格扭曲、医疗服务行为失范、医疗资源配置存在严重结构性倒置的情况下,医疗保险经办机构通过契约式购买所要发挥的医疗服务管理监督功能就显得尤为重要和关键。

第二,医保公共管理服务的运行机制亟须完善。为了将政策制定与监督执行、医疗服务等功能分开,早期的医疗保险经办机构主要履行参保登记和保费征缴、医疗服务管理和支付等职能。在参保扩面工作方面,行政命令成为医保经办机构管理的主要方式。随着参保人群增加,医疗保险管理业

务内容增长,医疗费用提升和医保基金支付压力增大,医保经办机构的管理中心逐渐转移到医疗服务管理和支付。但传统的行政命令手段并不能得到医疗服务供给方和参保者的认同。

当前,受编制等因素影响,医疗保险经办机构面临着人员配备不足、专业化管理能力不足、管理动力不足等现实问题。以上问题严重制约着医疗保险经办机构功能的发挥和医疗改革深入发展。医疗保障局的成立,为医疗保险公共管理服务治理提供了机遇。如为了让医保经办机构提供更有动力、更有效率的医保公共管理服务,也更好承担其医疗保险监督管理职能,必须改革医保经办机构自身的管理机制和管理方式,比如改变现有参公管理的身份,并在事业单位改革过程中打破僵化的用人、分配机制,引进一定的灵活用人和收入激励机制,激发经办机构的管理活力和动力。

第三,医疗保险机构职能与市场化的衔接改革。医疗保险经办机构的运行应承担起体现政府公共责任、保护参保人的利益等管理职能。为将政府的公共利益优势与市场的专业化、效率结合起来,多元化发挥医疗经办机构的管理支付职能,相对专业化、社会化或市场能提供的其他非核心业务可通过竞争性招标、委托给市场或社会等方式来实现,采用政府与社会、市场相结合的多元治理方式来共同承担。因此,在当前医疗保险经办机构规模下,医疗保险经办机构可探索将自己无力承担、自身供给效率不高、专业能力不足的部分管理服务职能委托外包。

四是医疗保险机构信息化建设有待提升。信息系统缺乏整体规划,建设与投入分散化,导致发展极不平衡,信息化整体水平不高。一个统筹区一套甚至几套系统,一个系统多个开发商开发,资金不足,工期冗长,系统刚使用就需要升级。标准化程度低,虽然统筹区内部可以实时结算,但难以满足数据集中和跨统筹区交换的更高要求。信息壁垒、鸿沟、孤岛现象比比皆是。完全属地化的保障机制制约统筹层次提高和公共服务均等化。由所在地政府负责提供人力资源、经办费用的好处是夯实了地方政府责任,弊端是"屁股决定脑袋",容易产生地方保护主义,不利于统筹层次提高,甚至出现选择性执行。各地财政能力差异很大,经办机构获得的经费保障水平参差不齐,高的省是低的省的3至4倍,分散化体制不利于基本公共服务均等化目标实现。

省级层面,天津市医疗保障局正在完善医疗保险制度体系建设。但和很多省份一样,仍有很多问题亟待解决。如加强医疗保障协同发展,扩大医保政策宣传覆盖,提高经办人员综合素质和专业水平,增强跨省间业务沟通,破除社会保险区域障碍等。

第四节　本章小结

政府职能转变和一系列"放管服"改革措施密集出台,要求医保服务供给必须跟上。政府机构改革特别是事业单位改革力度空前,医保经办机构改革不可避免。而提高城乡居民基本医疗保险省级统筹,是完善全民医保必走的关键一步,经办机构体制必须适应统筹层次变化。传统医疗保险分而治之使原有五险合一体制和信息系统瓦解,医保经办需要组织架构、管理职责、业务流程、信息系统的重组和调整,而面对人民群众对便捷化服务的更高期待,医保独立经办更需要优化体制、改善服务。

系统分析机构改革前和改革后社会保险经办机构构建成功经验和存在的主要问题。党的十九大提出"全面建成覆盖全民、城乡统筹、权责清晰、保障适度、可持续的多层次社会保障体系"和"建立全国统一的社会保险公共服务平台"的任务,首先需要建设全省统一的公共服务平台,完成这一艰巨任务必须重构医保经办新体制,为全国统一的公共服务平台提供稳定持续的组织支撑和责任支撑。因此,从当前来看,国家医保局组建后应更重视信息系统建设,放弃体制难题从技术上寻求解法的路径,促进经办体制全面升级。选择集中化体制,提高医疗保险经办机构战略购买、价格谈判、带量采购、智能监管、总量控制下的组合式支付等治理能力,为参保者提供更高效的医疗服务。

第十章 研究结论和政策建议

第一节 研究结论和启示

一、城乡居民医疗保险制度促进医保制度统筹

城乡居民基本医疗保险制度是消除我国医保制度碎片化,提高医疗保险统筹层次的必然选择。从目前研究来看,我国城乡居民基本医疗保险制度发展已取得很大进展。

一是越来越多的省市开始构建城乡居民基本医疗保险制度,制度规模逐渐壮大起来;二是城乡居民基本医疗保险首次消除参保者身份限制,将城乡居民纳入一个医疗保障体系,实施统一参保、统一报销制度,促进了我国医疗保险制度统筹层次的提升;三是城乡居民基本医疗保险制度以家庭为参保主体,加大贫困群体、伤残人士、学生、儿童参保覆盖率,同时也使得外出务工、投资经商等流动人员参保选择性增强,参保覆盖率提升使得更多居民享受到医保福利。

二、城乡居民基本医疗保险区域发展差异较大

城乡居民基本医疗保险制度综合评价结果显示,受经济发展水平和居民收入水平影响,我国各省市医疗政策保障、制度可持续性等差距较大:

一是参保缴费机制方面。城乡居民基本医疗保险缴费由政府和个人两部分构成,为了吸引不同收入居民参加城乡居民基本医疗保险,各地纷纷采取多档缴费机制。但政府和个人缴费基数和缴费比例并没有统一设定,这很容易造成政府医保制度缴费"拍脑袋"决策模式,使得各地城乡居民基本医疗保险参保缴费缺少政策依据。

二是医疗保险补偿方面。虽然各地区都在不断提高医疗费用政策报销比,但有的地区间社区医院住院医疗费用政策报销比差距较大。

三是城乡居民基本医疗保险参保缴费和费用补偿没有统一的标准,同时各地经济和收入差异使得其他地区城乡居民基本医疗保险制度在设立时只能根据当地进行设置,各地不能进行比较,不利于医疗保险统筹层次提高。

三、城乡居民医保制度引导性功能有待完善

制度综合评价研究显示,为了引导居民根据自己收入情况参保,根据病情需要合理选择就医,城乡居民医保制度参保缴费采用多档缴费机制,政策报销水平采用向基层医疗机构倾斜政策,医疗机构级别越低,医疗费用补偿比例越高。

研究发现,一是城乡居民医疗保险缴费过程中90%的参保者选择低档缴费标准,大部分参保者不愿意选择更高档次参保模式;二是参保患者在就

医医疗机构选择上,大部分仍旧选择三级医疗机构就医。这两种现象都说明城乡居民基本医疗保险制度引导性功能发挥不足。

调研结果表明,城乡居民基本医疗保险引导性功能发挥不足,一是因为参保者对制度性质了解不够,很多参保者采取盲目随从方式选择低档缴费方式;二是医疗保险制度向基层医疗机构倾斜力度不够,费用报销差距较小,对参保就医患者不能形成吸引力,或者基层医疗机构资源配备有限,医护人才缺乏,参保患者很多情况只能选择到三级医院就医。

四、城乡居民医保真实保障水平有待提高

城乡居民基本医疗保险真实保障水平研究表明,目前我国城乡居民基本医疗保险水平远低于政策保障水平,城乡居民基本医疗保险真实保障水平受起付线、缴费级别、医院级别、患者年龄、医疗费用等因素的影响显著。我国城乡居民医疗保险保障水平较低,究其原因:

一是医疗保险制度设定不够细化。参保患者医疗需求受年龄和身体健康程度影响较大,如年轻人身体更好,医疗需求更低;老年人身体较差,医疗需求更高。但目前城乡居民医疗保险制度在医疗保险参保缴费和医疗费用报销方面并没有考虑患者年龄和身体健康因素,使得有医疗需求的老年人得不到更多的医疗保障。

二是医疗保险制度建设过程中,政策制定者更多站在管理者角度关注政策保障水平的高低,没有站在参保患者的角度考察真实保障水平;各省市医疗保障水平比较更多的也是政策保障水平比较,而非真实保障水平比较。

五、城乡居民基本医疗保险基金可持续性较差

近几年,有的专家学者认为我国基本医疗保险基金结余绝对数较大,结余过多,但以天津市为例的城乡居民基本医疗保险基金适度结余水平研究显示,天津市城乡居民医疗保险制度自建立以来,其基金结余虽然在逐年提升,但仍没达到适度结余水平。天津市城乡居民基本医疗保险基金为了达到适度结余水平,需在医疗保险筹资过程中提高政府财政补贴额度,提高个人缴费比例,同时适度提高医疗保险政策报销比。

天津市城乡居民基本医疗保险基金结余较低主要原因在于个人缴费较低,政府财政负担较重,医疗费用补偿水平在逐年提高,同时该制度建立的最初几年,制度建设需要大量基金支持。

医疗保险基金结余过多、过少都不好,医疗保险基金结余过多,参保居民医疗保障水平达不到应达到的标准,医疗保险基金结余过少,直接影响医疗保险制度的可持续性。因为医疗保险制度设置上的差异,各地医疗保险基金结余可能存在一定差异,但为了医疗保险制度可持续性,医疗保险基金仍需维持在适度水平。

六、城乡居民基本医疗保险政策工具种类失衡

制度效能研究显示,目前我国城乡居民基本医疗保险政策兼顾了供给型、环境型和需求型政策运用,但其中供给型和需求型政策工具利用较低;同时各地政策仍以基本医疗保障为主,注重医疗保险多层次发展,但政策流动机制工具和可持续机制工具较少,这一观点从政策工具视角印证了前面章节的研究结论。

政策工具种类失衡,环境型政策工具偏高是由我国城乡居民基本医疗保险政策发展现状决定的,其实施主要通过宏观政策引导构建良好的医保发展环境,如参保人员范围界定、参保方式、缴费方式、政府补助、待遇管理、医疗费用结算、医保诚信、经办机构管理等都是为了营造善意良好的医保环境;供给型政策工具偏弱,主要体现在政府财政补贴和医疗信息系统建设考虑较多,但医疗机构建设和医护人才培养政策缺失;需求型政策工具偏低体现了目前制度建设仍以社保部门、医疗机构供给型为主,从市场需求角度考虑较少,如考虑了政府医疗保险采购,为保证重度残疾、低保和特困家庭学生、儿童的医疗保险持续性提供了全额补助或部分补助,但医疗保险服务外包和医疗保险海外机构政策完全没有涉及,这两项政策指向明确,能够成功推动城乡居民基本医疗保险发展。

七、城乡居民基本医疗保险民意表达机制亟待构建

民意表达是公民个人或社会群体经由一定的渠道和路径,向公共权力机构和社会系统阐述自己的利益诉求、表达自己的意见和态度,以满足其自身利益需求或实现其利益目标的行为。政府公共决策的基本规律是按照"问题发生—社会问题—公共问题—公共政策"这样一个逻辑发展的,一个问题发生之后只有得到社会公众关注、思考与热议,才会成为"社会问题",进而准确清晰地向政府有关部门"表达",之后才能上升为"公共问题",有关部门试图制定相关方案,此问题才会成为"公共政策问题"。因此,民意表达是推动社会问题成为公共问题并进入政府议程的关键要素。

根据问卷调查和个人深度访谈可知,当前天津市城乡居民基本医疗保险满意度为56.42%。参保居民对城乡居民基本医疗保险不满意之处主要来自基层医疗服务水平较低、医疗费用居高不下,个人负担较重、医保门诊

起付线较高等方面。特别是 60 岁以上的老年群体意见表达和诉求更多。部分参保者对医疗保险的支付标准、保障程度了解不多,不能全面了解医疗保险的优势,缺乏较高的参保积极性,甚至出现退保、低档参保等现象。另一方面,公众对医疗保险缺乏理性预期,医疗保险诉求逐步提高。医疗保险制度是国家在风险管理领域,由政府主导组织实施,通过财政预算或社会保险费征缴筹集医疗保险基金,按照一定的规则向特定的社会成员提供资金或服务的基础性制度安排,其最终目的是为了集社会公众之力,有效增强个体抵御风险的能力,为国民提供稳定预期,降低全社会风险管理的成本。

在当前经济结构亟待转型,经济增长速度放缓背景下,部分参保者并未关注政府财政负担压力,而希望得到免费医疗、普遍性福利的呼声高涨。人们对医疗保障制度的认识与评价,掩盖了现行制度安排中的结构失衡、权益不公等问题,导致政府与市场及个人责任边界不清,不利于医疗保障体系建设的健康发展。

八、医疗保险经办机构运行效果有待提升

自医疗保险制度构建以来,医保经办机构就承担起了医疗保险的各项业务,如基金筹集、管理、监督、支付等,为参保居民提供稳定的医疗保障服务。但医疗保险经办机构存在规模小、运行效率低、管理成本高、公信力不足等问题。我国至今没有出台经办机构专门条例,导致机构名称、隶属关系、人员配置、经费保障等因地而异,缺乏规范。机构设置和职能分工缺乏科学性,不同层级经办业务呈现同质化,专业化、职业化程度低。涉及医疗服务监管、支付方式与标准等关键履职部门长期缺位,医疗、药品、信息、精算、谈判等专业人才长期缺乏,严重制约了治理能力的提升,第三方专业管理优势没有得到充分显现。

在现行医保组织架构体系里,医疗保障局是决策与监督机构,医保经办机构是执行机构。机构分设体现了政事分开的组织原则。医保经办机构依托制度政策、管理规则、服务模式、工作手段、社会服务组织、运行和保障机制,构建了完整的医保经办服务体系。政府机构改革特别是事业单位改革力度空前,医保经办机构改革不可避免。提高城乡居民基本医疗保险省级统筹,是完善全民医保必走的关键一步,经办机构体制必须适应统筹层次变化。传统医疗保险分而治之使原有五险合一体制和信息系统瓦解,医保经办需要组织架构、管理职责、业务流程、信息系统的重组和调整,而面对人民群众对便捷化服务的更高期待,医保独立经办更需要优化体制、改善服务。

第二节 政策建议

在城乡居民基本医疗保险制度构建过程中,各省市应根据当地社会、经济现状,从顶层设计出发,确定制度参保缴费和医疗费用报销政策工具的具体内容,提高城乡居民基本医疗保险经办管理层次,使制度建设取得更大程度发展。但该制度作为一个复杂的系统工程,其运行及发展受到多方面影响。

通过以上分析,我们可以发现,城乡统筹医疗保险制度综合评价单元之间差距较大,是因为我国医保制度发展与运行受到多方因素影响。为进一步完善城乡居民基本医疗保险制度,在未来制度改革中,应努力做到以下八点。

一、加强城乡居民基本医疗保险制度顶层设计

城乡统筹医疗保险制度是一个复杂的系统,医疗问题改革和医疗服务体系完善仅仅靠民众或制度自由运行是不能够实现的,特别是医疗体系相关主体的功利主义和垄断足以影响制度改革效率。[①] 因此,城乡统筹医疗保险制度效果发挥需要政府部门宏观主导,医保、医院和医药部门相互配合,相互合作。医疗保险政策的颁布应以适度为主,尽量消除政策福利性趋势,使制度筹资和支付更加科学、理性,医保监管更加有力;医院方面,加强医院管理有效性,减少过度医疗;医药方面,进行药品生产流通体制改革,改善药品价格虚高问题。

加强医疗保险制度顶层设计,建立政策长效运行保障机制。从顶层设计出发,人社局部门牵头,联合医保经办机构、医疗机构,从医保政策制定开始,构建医疗保险政策宣传机制、医疗机构政策执行监督机制、医保基金管理机制、医保政策医药保障机制、医保政策执行流程机制等,还要从医生和患者角度出发,构建医疗服务机构绩效评价机制、医患沟通机制,提高政策参与主体的政策接受能力等。[②]

在政策执行过程中,应即时根据存在问题和政策参与主体的政策实施效果反馈意见,对政策内容和执行方式不断进行修正与完善,进一步明确政策目标和方向,提高患者的就医满意度、提高政策的推广速度,促进群众对

[①] 仇雨临、翟绍果、郝佳:《城乡医疗保障的统筹发展研究:理论、实证与对策》,《中国软科学》,2011 年第 4 期;徐玮:《从城乡统筹走向城乡公平——杭州市城乡居民基本医疗保险制度解读》,《中国医疗保险》,2011 年第 1 期。

[②] 刘玉璞:《强化社保"顶层设计"》,《中国医疗保险》,2010 年第 5 期;王晓龙:《实施基本药物制度应加强顶层设计》,《中国医疗保险》,2011 年第 3 期;仇雨临:《规避基金风险,三医联动是关键》,《中国医疗保险》,2014 年第 11 期。

于政策的认知程度,确保医保政策长效运行,切实提高政策运行绩效。

二、积极完善城乡居民基本医疗保险筹资机制

为提高城乡居民基本医疗保险制度保障水平,[①]提高制度可持续性,应进一步完善制度筹资机制。

借鉴城镇职工医疗保险缴费政策,根据区域经济发展和居民可支配收入水平,明确城乡居民基本医疗保险年度个人缴纳基数。进入 21 世纪,在国家加大对农业支持力度的基础上,我国农民居民收入明显提升,因此应根据地方经济和居民收入水平情况,设定适当的个人缴纳基数,或者设定多档次缴费模式,避免因收入的不合理分配而使社会经济的发展受到限制,尽最大努力提高医疗保险缴费与经济发展适应能力;[②]明确政府和个人出资比例,适当提高个人缴费比例,建立城乡居民基本医疗保险筹资分担机制;规范城乡居民收入测算制度,细化城乡居民医疗保险筹资和政策补偿制度。

目前,我国缺乏系统、明确的城乡居民收入核算机制,部分城乡居民隐性收入较多,医保缴费只占其全部收入的很小比例;有些城乡居民拥有的资源较少,同时没有创业能力,但必须按照全部显性收入缴纳保险费。规范城乡居民收入测算制度可根据不同收入水平限制最低缴费级别参保人数比例,建立医疗保险费用报销水平与筹资水平相挂钩的激励机制,引导参保者提高缴费级别,合理提高参保者医疗保险风险共担意识;可根据参保者收入、年龄、性别、生活质量评估结果确定参保人员医保缴费基数和政策报销

---

① 钱晨:《发达地区与欠发达地区新农合筹资机制研究综述》,《长江师范学院学报》,2012 年第 3 期。

② 朱铭来:《法国筹资经验的启示》,《中国医疗保险》,2014 年第 10 期;刘利:《重庆新型农村合作医疗制度影响因素及作用机制研究》,西南大学博士学位论文,2011 年;Feldstein M S., Quality Change and the Demand for Hospital Care, *Econometrica*, 1977, (45).

水平。[①] 缴费基数确定后,个人缴费金额比例和政府补贴比例虽然固定在一定水平,但社会医疗保险筹资水平会稳步提高。

积极开拓医疗保险基金筹资途径,如探索开征烟草税、环境污染税(费)、药企特种营业税等特种税,[②]作为城乡居民基本医疗保险筹资的补充来源。

三、积极完善城乡居民基本医疗保险报销机制

进一步细化医疗费用报销政策,科学设置阶梯型医疗保险费用补偿比。具体而言,应该考虑参保人员参保档次和就医年龄等条件,合理利用医疗保险政策工具,以满足不同收入、年龄、健康程度居民医疗需求。举例来说,20~35 岁青年群体身体状况良好,医疗费用相对较低,可适度降低这部分群体的门诊和住院政策范围内报销比;55~75 岁老年群体,由于人体生理因素变化,其身体健康状况明显下降,可适度提高该群体门诊和住院政策范围内报销比,实现医疗保险年龄和代际之间的平衡。

扩大不同医疗机构费用报销差距。目前,同一缴费级别参保者在不同级别医院就医住院报销比差异在 5%~10% 之间,这个差距对患者就医引导性仍有一定限制,应扩大该比例,如 15%~20%;切实建立一级医院"守门人"制度,[③]使报销政策进一步向一、二级医院倾斜,建立严格的分级诊疗和

---

① Feldstein M S, Friedman B., Tax Subsidies, the Rational Demand for Health Insurance, and the Health Care Crisis, *Journal of Public Economics*,1977,(7); New house J. P., Medical – care Expenditure: a Crossnational Survey, *Journal of Human Resources*, 1977, (12);刘军强:《中国如何实现全民医保?——社会医疗保险制度发展的影响因素研究》,《经济社会体制比较》(双月刊),2010 年第 2 期;杨燕绥:《8% 的医保费率能否支撑老龄化中国的健康费用》,《中国劳动保障报》,2014 年 11 月 15 日。

② 祝芳芳、杨金侠、江启成:《新型农村合作医疗补偿方案实证分析》,《卫生经济研究》,2010年第 8 期。

③ 刘吉成:《中国社区卫生服务面临的挑战与对策》,《中国医院管理》,2008 年第 5 期。

双向转诊制度,引导小病患者到一、二级医院就医。

四、构建城乡医疗保险保障水平考核机制

医疗保障水平考核机制是提高参保患者医疗保障的有力举措。为了探索我国居民医疗保险真实保障水平和政策保障之间的差距,切实提高参保患者医疗保险真实保障,应推动城乡居民医疗保险真实保障水平考核机制的构建:

第一,将医疗保险真实保障水平指标纳入制度考核体系,淡化医疗保险政策报销比。[①] 医疗保险政策范围内报销比属于名义报销比,但该指标通常高估参保群体保障水平,为真实反应参保群体医疗保险保障水平,应从参保患者感受角度出发,推动城乡居民医疗保险真实保障水平考核机制的构建,客观反映医保制度效果,才能降低政策制定者和参保患者医保感受差异,逐渐消除政策制定者和参保患者对政策认知的偏差。[②]

第二,设定医疗保险政策范围内保障水平和真实保障水平差距的考评范畴。由第三章研究内容可知,目前我国医疗保险政策范围内保障水平受医保政策工具影响及患者参保档次、年龄、医疗机构选择等因素影响,使得患者医疗保障水平与政策保障水平存在显著差距,即我国医疗保险存在保障水平幻觉。为有效解决这一问题,可考虑通过制定更加严谨的政策的方式,科学设定医疗保险政策范围内保障水平和真实保障水平差距的考评范畴,将二者差距控制在可接受水平,如将二者差距设定为五个水平:Ⅰ级水平:

---

① 陈启鸿等:《社区卫生服务纳入基本医疗保险问题分析与政策研究》,《中华医院管理杂志》,2002 年第 1 期;董有方、刘可:《新型农村合作医疗基金预警系统的建立与应用》,《中国农村卫生事业管理》,2004 年第 3 期;李林贵、张魁斌、杨竞妍、陈钊娇、林韬:《新型农村合作医疗预警监测指标体系建立的研究》,《中国卫生事业管理》,2007 年第 3 期。

② 谢钢:《医院医保基金内部控制评价研究》,《中国医疗保险》,2014 年第 4 期。

0%～5%,理想水平,表示医疗保险政策范围内报销比和患者真实保障水平差距很小,二者基本一致;Ⅱ级水平:6%～10%,适度水平;Ⅲ级水平:11%～15%,可接受水平;Ⅳ级水平:16%～20%,警惕水平;Ⅴ级水平:21%及以上,危险水平。[①] 同时,由于我国区域经济、社会发展不平衡,具体到某一个地区而言,应根据当地现实情况适度调整医疗保险真实保障水平和政策保障水平的考评范畴,使其在当地政府部门和参保居民均可接受的范畴内变化,一旦二者考评范畴超过了危险水平,就应该立刻运用有效措施对其再次调整,以最大程度保证二者之间差距在适度水平内波动。

五、构建城乡医疗保险基金平衡预警机制

根据当地经济发展实际,有效控制医保基金结余水平。为维持城乡医保制度平衡发展,应尽量使城乡医保基金累计结余率维持在20%左右,为达到这一目标,各地区应根据当地经济、人口特征和社会医疗资源,确定适合本地医保制度发展的基金结余水平,并根据该指标变化对政府补偿、个人筹资等进行相应调整。[②]

---

① 杨燕绥:《医保基金的压力和挑战》,《中国社会保障》,2014 年第 3 期;王东进:《多在体制改革上用功夫 少在医保基金里打主意》,《中国医疗保险》,2014 年第 2 期;闫向东:《医保基金不能直接用于弥补医疗机构经常性亏损》,《中国卫生经济》,2010 年第 11 期;程宏:《国际医疗保险管理模式的发展历程及趋势》,《中国医疗保险》,2014 年第 10 期;孙翙:《中国社会医疗保险制度整合的研究综述》,《华东经济管理》,2013 年第 2 期;徐爱好、张再生:《城乡统筹医疗保险真实保障水平研究——基于天津市的实证分析》,《中国卫生政策研究》,2014 年第 9 期。

② 郑功成:《中国医疗保障改革与发展战略——病有所医及其发展路径》,《东岳论丛》,2010 年第 10 期;李珍:《重构医疗保险体系,提高医疗保险覆盖率及保障水平》,《卫生经济研究》,2013 年第 6 期;梁鸿、贺小林:《基本医疗保险绩效管理:理念、目标与策略的思考》,《中国医疗保险》,2012 年第 2 期;[英]阿瑟·塞西尔·庇古:《福利经济学》,华夏出版社,2013 年;孟卫军、秦莉等:《社会保障国际比较》,清华大学出版社,2013 年;Diamond, P. and J, Mirrlees, Optimal Taxation and Public Production Efficiency, *American Economic Review*, 1971(61); Diamond, P. and J, Mirrlees, Optimal Taxation and Public Production: Tax Rules, *American Economic Review*, 1971,(61).

建立医疗保险基金预警机制,保障基金随时间动态平衡。[①] 具体而言,根据累计基金结余率划分基金预警范畴,如根据基金变化设置过少、偏少、正常、偏多、过多等阶梯型预警区间,根据累计基金结余程度对医疗保险费率、费用报销水平、政府补助等因素进行调整,使医保基金维持在动态平衡状态。

提升医保基金统筹层次,减少基金外部风险。通过人社局等组织相关部门整体规划协调,构建跨区域全国医保管理和结算平台及网络管理平台,促进全国医保经办机构全面无缝接轨,以医保基金统筹层次提升,抵抗基金外部风险。[②]

六、加强居民医疗保险政策工具的合理利用

以天津市城乡居民基本医疗保险政策内容为研究对象,根据研究结果提出相应的政策建议,以期为其他省市城乡居民医保制度构建提供理论指导。

第一,减少环境型政策工具利用力度,提高供给型政策工具利用效率。财政资金支持方面,加大对城镇和农村居民医疗保险财政补贴和金融支持,建立医疗保险财政投资机制,加大对城乡居民基本医疗保险资金投入;医护人才和医疗机构方面,制定相应的政策和措施,增加卫生医疗领域财政支持力度,增强医疗机构建设,重视医护人才培养,保障医疗保险制度运行过程中医护人才供应和医疗机构供应;医疗保险信息系统方面,充分依托和利用

---

① 平新乔:《微观经济学十八讲》,北京大学出版社,2001 年;郭有德、王焕华:《中国医疗保险制度改革的再思考》,《人口与经济》,2002 年第 10 期。

② 梁鸿、贺小林:《基本医疗保险绩效管理:理念、目标与策略的思考》,《中国医疗保险》,2012 年第 2 期。

现代信息网络技术,提升医疗卫生网络系统建设,以无缝连接为原则,构建满足各部门动态管理需要的信息化管理平台,以满足医保基金管理部门、医疗机构、患者等多方需要;医疗保险"三目"方面,在当地财政资金充足的条件下,适当扩展医疗保险用药药品、诊疗项目和服务设施所包含的内容,让城乡居民切实享受制度统筹带来的实惠。创新医疗保险税收优惠政策方面,通过税收政策充分调动企事业单位、非政府组织等部门对医疗保险事业的参与,增强医疗保险活力。①

第二,重视需求型政策工具的拉动力和带动作用。大力强化政府采购发展模式的动能。目前,我国政府采购并没有形成真正的技术创新政策工具,各地政府应该严格执行采购法,提高政府采购在城乡居民基本医疗保险中的应用,从根本上建立创新带动型医疗保险政府采购发展模式。积极促进城乡居民基本医疗保险服务外包创新,充分利用现代服务业发展,通过与企事业单位、民间组织、志愿者组织合作,创新医疗保险服务外包模式,降低国家和地方财政负担。

第三,重视政策工具在城乡居民基本医疗保险中的综合运用。根据当地城乡居民医疗保险制度现状以及当地经济发展水平、居民医疗消费水平划分合适的参保人群,确定恰当的筹资标准和报销比例,选择恰当的医保政策工具,从政策顶层设计出发,构建涵盖政府、经办机构、医疗机构、参保人群等多维度、系统性的政策体系,以保证城乡居民基本医疗保险制度运行的多层次、流动性及可持续性。增强政策工具内容的细节性和可操作性。地方上现有一些策略性措施过于笼统,不便于操作和落实。各地应根据实际情况,细化政策工具的相关内容,提高政策的系统性、操作便利性。

---

① 仇雨临、黄国武:《从三个公平的视角认识医疗保险城乡统筹》,《中国卫生政策研究》,2013年第6期;肖宏伟:《我国社会发展对基本医疗保险的影响研究》,《保险研究》,2012年第12期;袁长海:《基本医疗界定的模式和层次》,《中国卫生经济》,1999年第1期。

七、加强城乡居民基本医疗保险民意表达机制构建

民众通过民意表达渠道向相关政府部门表达意愿,政府则通过民意表达渠道了解民情民意,进而决定公共政策制定的方向和内容,以最大化满足民众的意见、要求。问卷调查和深度访谈深刻揭露了当前城乡居民基本医疗保险存在的现实问题,也代表了参保居民的呼声。政府应该重视民众意见表达,健全政策民意征求环境和政策信息公开机制、拓宽民意征求形式和渠道、建立民意征求的回应机制和舆情监测机制,更好地了解政策的实效,并不断调整和修正,让政策效果充分发挥出来。

八、促进医疗保险经办机构运行效果提升

党的十九大提出"全面建成覆盖全民、城乡统筹、权责清晰、保障适度、可持续的多层次社会保障体系"和"建立全国统一的社会保险公共服务平台"的任务,首先需要建设全省统一的公共服务平台,完成这一艰巨任务必须重构医保经办新体制,为全国统一的公共服务平台提供稳定持续的组织支撑和责任支撑。从当前来看,国家医保局组建后应更重视信息系统建设,研究医保工程的经验教训,放弃体制难题从技术上寻求解法的路径,促进医保信息系统全面升级。选择集中化体制,提高医疗保险经办机构战略购买、价格谈判、带量采购、智能监管、总量控制下的组合式支付等治理能力,为参保者提供高效的医疗服务。

第三节 研究不足与展望

一、进一步优化城乡居民基本医保评价指标体系

制度综合评价的准确性在很大程度上取决于评价指标体系的合理性，由于城乡居民基本医疗保险制度的复杂性，制度评价原则和评价标准具有多样性，学者们对医疗保险制度评价的认识不统一。今后，应随着城乡居民基本医疗保险制度的发展，在实证分析基础上，构建更加完备的指标结构，进一步完善、优化评价指标体系。

二、加强城乡居民基本医疗保险评价方法研究

在我国因医疗保险省级统筹，不同省份参保居民个人健康信息，医保缴费、医保基金报销、医保基金结余等信息不能共享，无法得到全国其他省份的城乡居民基本医疗保险运行数据。天津市内也只能得到全市每年制度运行数据，市内分区数据也不能获得，针对单一评价单元的年度数据，在评价方法上只能选择纵横向拉开档次法、微观个体数据频数分析、系统动力分析等方法进行多维度分析。因此，在今后城乡居民基本医疗保险制度研究过程中，一是加强医疗保险信息系统建设，加强数据信息的完备性；二是加强对制度评价方法的多维度研究，丰富医疗保险制度评价方法理论。

三、进一步增强研究结论的普适性

以天津市为例,对我国城乡居民基本医疗保险制度进行研究,但由于城乡居民基本医疗保险制度受区域经济发展水平和居民收入水平等因素的影响,各地筹资机制和补偿机制有一定差距,研究结论具有一定的局限性。今后,随着城乡居民基本医疗保险制度建设区域的增加,可增加具有较强典型性和可比性的区域,对它们的城乡居民基本医疗保险制度进行研究,增加研究结果的普适性和实用性。

四、进一步细化研究尺度

引入成都市和重庆市用来与天津市进行制度比较,但由于省市间的差异,天津市城乡居民基本医疗保险制度发展经验并不一定完全适合其他省市的要求,因此今后应进一步加强对其他省市的专门研究,进一步提高研究成果的针对性。

附 录

附录1:2010—2019年天津市城乡居民基本医疗保险政策内容

表1 天津市城乡居民基本医疗保险政策缴费变化历程

年份	人群	层次	每人每年缴费（元）	个人缴纳（元）	政府补助（元）
2010	成年人	第一档	560	330	230
		第二档	350	160	190
		第三档	220	60	160
	学生、儿童		100	50	50
2011	成年人	第一档	580	330	250
		第二档	370	160	210
		第三档	240	60	180
	学生、儿童		100	50	50

年份	人群	层次	每人每年缴费（元）	个人缴纳（元）	政府补助（元）
2012	成年人	第一档	1000	600	400
		第二档	700	300	400
		第三档	470	70	400
	学生、儿童		120	50	70
2014	成年人	第一档	1130	610	520
		第二档	830	310	520
		第三档	600	80	520
	学生、儿童		580	60	520
2018	成年人	第一档	1600	770	830
		第二档	1270	440	830
		第三档	1010	180	830
	学生、儿童		990	160	830
2019	成年人	第一档	1690	850	840
		第二档	1340	500	840
		第三档	1260	220	840
	学生、儿童		1040	200	840

表2　天津市城乡居民基本医疗保险报销比例变化历程

年份	报销项目	人群	筹资层次	起付标准	报销上限	一级医院	二级医院	三级医院
2010	住院医疗保障	成年居民	560元	一级：0元 二级：300元 三级：500元	11万元	65%	60%	55%
			350元		9万元	60%	55%	50%
			220元		7万元	55%	50%	45%
		学生、儿童	100元		18万元	65%	60%	55%
	门诊医疗保障	成年居民	560元			40%		
			350元	800元以上	3000元	35%		
			220元			30%		
		学生、儿童	100元			30%		
2011	住院医疗保障	成年居民	580元	一级：100元 二级：300元 三级：500元	11万元	65%	60%	55%
			370元		9万元	60%	55%	50%
			240元		7万元	55%	50%	45%
		学生、儿童	100元		18万元	65%	60%	55%
	门诊医疗保障	成年居民	580元			40%		
			370元	800元以上	3000元	35%		
			240元			30%		
		学生、儿童	100元			30%		
2012-2013	住院医疗保障	成年居民	1000元	一级：300元 二级：400元 三级：500元	11万元	65%	60%	55%
			700元		9万元	60%	55%	50%
			470元		7万元	55%	50%	45%
		学生、儿童	120元		18万元	65%	60%	55%
	门诊医疗保障	成年居民	1000元			50%		
			700元	600元以上	3000元			
			470元					
		学生、儿童	120元					
2014	住院医疗保障	成年居民	1130元			80%	70%	60%
			830元			75%	65%	55%
			600元			70%	60%	50%
		学生、儿童	580元		18万元	80%	70%	60%
	门诊特殊病医疗保障	成年居民	1130元	500元		65%	60%	55%
			830元			60%	55%	50%
			600元			55%	50%	45%
		学生、儿童	580元			65%	60%	55%
	门（急）诊大额医疗救助	成年居民	1130元			50%		
			830元		3000元			
			600元					
		学生、儿童	580元					

2018	住院医疗保障	成年居民	1600 元	18 万元	80%	75%	65%
			1270 元		75%	70%	60%
			1010 元		70%	65%	55%
		学生、儿童	990 元		80%	75%	65%
	门诊特殊疾病医疗保障	成年居民	1600 元	18 万元	65%	60%	55%
			1270 元		60%	55%	50%
			1010 元		55%	50%	45%
		学生、儿童	990 元		65%	60%	55%
	门诊医疗报销	成年居民	1600 元	3000 元	50%		
			1270 元				
			1010 元				
		学生、儿童	990 元				
2019	住院医疗保障	成年居民	1690 元	18 万元	80%	75%	70%
			1340 元		75%	70%	65%
			1260 元		70%	65%	60%
		学生、儿童	1040 元		80%	75%	60%
	门诊特殊疾病医疗保障	成年居民	1690 元	18 万元	65%	60%	55%
			1340 元		60%	55%	50%
			1260 元		55%	50%	45%
		学生、儿童	1040 元		65%	60%	55%
	门诊医疗报销	成年居民	1690 元	3500 元	50%		
			1340 元				
			1260 元				
		学生、儿童	1040 元				

附录2:天津市城乡居民医疗保险数据资料

表3 天津市宏观经济发展指标

年份	GDP (亿元)	总人口 (万人)	人均 GDP (万元)	农村居民 人均纯收入 (元)	人口 出生率 (‰)	人口 死亡率 (‰)	财政预算 支出 (亿元)	财政卫生 费用支出 (亿元)
2007	5252.76	1115	47109.96	7010.1	7.91	5.86	674.33	33.1
2008	6719.01	1176	57134.44	7910.8	8.13	5.94	867.72	41.92
2009	7521.85	1228	61252.85	8687.6	8.3	5.7	1124.28	54.22
2010	9224.46	1299	71012.01	10074.9	8.18	5.58	1376.84	70.07
2011	11307.28	1355	83448.56	12321.2	8.58	6.08	1796.33	90.53
2012	12893.88	1413	91251.80	14025.5	8.75	6.12	2143.21	105.91
2013	14370.16	1472	97623.37	15841	8.28	6.00	2549.21	128.94
2014	15722.47	1517	103638.76	17014	8.19	6.05	2884.70	
2015	16538.19	1547	106904.91	18482	5.84	5.61	3231.35	
2016	17885.39	1562	114503.14				3700.68	
2017	18595.38	1557	119430.83		7.65	5.05	3282.16	
2018	18809.64	1560	120574.62	23065	6.67	5.42	3104.53	
2019	14104.28	1562	90296.29	24804	6.73	5.30	3508.71	

资料来源:《2007—2019 年天津市国民经济和社会发展统计公报》

表 4 天津市城乡居民基本医疗保险制度运行指标

年份	当年医疗保险基金筹集（万元）	居民个人缴纳总额（万元）	政府财政补贴（万元）	当年医疗保险基金支出（万元）	医疗保险基金累计余额（万元）	当年医疗保险基金余额（万元）	医疗费用总额（万元）	人均医疗费用（元）
2010	97652	35652	31138	91141	17497	6511	269889.99	5619.92
2011	137681	34000	59202	139943	15235	-2262	322690.23	6027.37
2012	194866	36938	89478	168281	41820	26585	382673.41	5671.72
2013	265771	42183	121650	201231	106360	64540	427901.73	5399.00

年份	参保总人数（万人）	成年居民（万人）	学生儿童（万人）	就医人口（万人）	就医便利程度（分钟）	身体健康程度	人口老龄化程度（%）	
2010	476.44	302.42	174.02	48.02	414	10.08%	12.00	
2011	491.52	303.13	188.38	53.54	288	10.89%	12.30	
2012	510.97	310.17	200.80	67.47	234	13.20%	13.40	
2013	543.95	312.30	231.65	79.26	216	14.57%	14.80	

附录3：天津市城乡居民参保患者调查问卷

第一部分　参保人员对城乡居民基本医疗保险政策知晓度、满意度

A1.您是否清楚城乡居民基本医疗保险基本内容？

题项	非常清楚	清楚	一般	不清楚	完全不清楚
A.医保政策缴费档次					
B.医保政策缴费标准					
C.医保政策报销程序					
D.不同医疗机构费用报销水平					

A2.参加城乡居民基本医疗保险以来，您对以下几方面满意度

	非常满意	满意	一般	不满意	非常不满意
A.医疗保险政策额个人缴费					
B.医疗保险政策报销水平					
C.医院就医交通便利程度					
D.医院就医等待时间					
E.医院就医药品齐全程度					
F.医院医护人员服务态度					
G.您对医院整体满意度					
H.您对城乡居民基本医疗保险制度整体满意度					

第二部分　参保人员对城乡居民基本医疗保险的感受和支持

B1.明年您是否还会继续参加城乡居民基本医疗保险？

①愿意　　　②不愿意　　　③说不好

B2. 您是否会调高缴费档次?

①会　　　②不会　　　③说不好

B3. 您对天津市城乡居民基本医疗保险制度发展还有什么建议?

_____

参考文献

一、中文文献

(一)专著

1.[英]阿瑟·塞西尔·庇古:《福利经济学》,金镝译,华夏出版社,2013年。

2.陈振明:《政策科学》,北京大学出版社,1997年。

3.陈智明:《医疗保险学概论》,海天出版社,1995年。

4.程晓明:《医疗保险学》,复旦大学出版社,2003年。

5.[美]道格拉斯·C.诺斯:《制度、制度变迁与经济绩效》,杭行译,上海人民出版社,1991年。

6.郭亚军:《综合评价理论与方法》,科学出版社,2002年。

7.[美]S.亨廷顿:《变革社会中的政治秩序》,李盛平译,华夏出版社,1989年。

8.贾洪波:《中国基本医疗保险适度缴费率研究》,吉林大学出版社,

2009 年。

9. ［美］康芒斯：《制度经济学》（上册），于树生译，商务印书馆，1962 年。

10. 孟卫军、秦莉等：《社会保障国际比较》，清华大学出版社，2013 年。

11. 穆怀中：《中国社会保障适度水平研究》，辽宁大学出版社，1998 年。

12. 伍启元：《公共政策》，香港商务印书馆，1989 年。

13. 平新乔：《微观经济学十八讲》，北京大学出版社，2001 年。

14. 张金马：《政策科学导论》，人民大学出版社，1992 年。

15. 张再生：《天津市医保 10 年》，天津大学出版社，2012 年。

(二)期刊文章

1. 黄丞、刘欣：《基本医疗保险适度水平相关研究综述和启示》，《系统工程理论方法应用》，2004 年第 4 期。

2. 陈德君、罗元文：《日本医疗保险制度及其对我国的启示》，《日本研究》，2002 年第 3 期。

3. 张立富：《日本医疗保险制度及其改革措施》，《日本研究》，2003 年第 1 期。

4. 隋学礼：《德国医疗保险双轨制的产生演变及发展趋势》，《德国研究》，2012 年第 4 期。

5. 胡颖：《美国雇员医疗保险评价及借鉴》，《经济管理》，2000 年第 9 期。

6. 张奇林：《美国医疗保障制度评估》，《美国研究》，2005 年第 1 期。

7. 艾自胜：《新加坡医疗保险模式的发展与剖析》，《上海铁道大学学报》，1998 年第 9 期。

8. 张再生、陈军：《医疗保险制度改革的国际比较》，《天津大学学报(社会科学版)》，2007 年第 1 期。

9. 张再生、赵丽华：《发达国家医疗保障制度城乡统筹经验及启示》，《现代经济探讨》,2009 年第 8 期。

10. 夏宗明、李筱蕾:《世界各国经济发展水平与医疗保障制度的关系》,《中国卫生资源》,2000 年第 3 期。

11. 沈华亮:《德国、法国医疗保险制度及其对我国医改的启示》,《中国卫生事业管理》,2000 年第 7 期。

12. 岳颂东:《法国医疗保险制度及其启示》,《管理世界》,2000 年第 4 期。

13. 袁长海:《基本医疗界定的模式和层次》,《中国卫生经济》,1999 年第 1 期。

14. 王宗凡:《医疗保障体系建设目标和政策思路》,《中国劳动》,2009 年第 8 期。

15. 刘新建、刘彦超:《实现城乡医疗保障一体化目标的对策初探》,《山西农业大学学报(社会科学版)》,2007 年第 3 期。

16. 刘君、赵同松:《医保三项制度如何实现衔接》,《中国社会保障》,2008 年第 5 期。

17. 陈健生、陈家泽、余梦秋:《城乡基本医疗保障一体化:目标模式、发展路径与政策选择——以成都市城乡基本医疗保障统筹试点为例》,《理论与改革》,2009 年第 6 期。

18. 刘玉娟:《广西城乡居民基本医疗保险一体化运行研究》,《社会保障研究》,2011 年第 3 期。

19. 尹爱田、井珊珊:《山东省统筹城乡医疗保险制度建设的目标研究》,《山东社会科学》,2012 年第 7 期。

20. 梁鸿、贺小林:《基本医疗保险绩效管理:理念、目标与策略的思考》,《中国医疗保险》,2012 年第 2 期。

21. 顾昕:《通向全民医保的渐进主义之路——论三层次公立医疗保险

体系的构建》,《东岳论丛》,2008 年第 1 期。

22. 刁孝华、谭湘渝:《我国医疗保障体系的构建时序与制度整合》,《财经科学》,2010 年第 3 期。

23. 申曙光、彭浩然:《全民医保的实现路径——基于公平视角的思考》,《中国人民大学学报》,2009 年第 2 期。

24. 孙祁祥、朱俊生等:《中国医疗保障制度改革:全民医保的三支柱框架》,《经济科学》,2007 年第 5 期。

25. 胡大洋:《全民医保目标下的制度选择》,《中国卫生资源》,2008 年第 4 期。

26. 杨红燕:《基本医疗保险保障范围分析》,《中国卫生事业管理》,2003 年第 12 期。

27. 雷海潮:《实现人人享有基本医疗卫生服务的关键问题探讨》,《卫生经济研究》,2008 年第 5 期。

28. 胡琳琳、胡鞍钢:《从不公平到更加公平的卫生发展:中国城乡疾病模式差距分析与建议》,《管理世界》,2003 年第 1 期。

29. 梅丽萍、仇雨临:《统筹城乡医疗保险研究综述》,《中国卫生经济》,2009 年第 8 期。

30. 郑秉文:《中国社保"碎片化制度"危害与"碎片化冲动"探源》,《甘肃社会科学》,2009 年第 3 期。

31. 郑功成:《中国医疗保障改革与发展战略——病有所医及其发展路径》,《东岳论丛》,2010 年第 10 期。

32. 宋震等:《关于我国医保城乡统筹以及制度衔接的探讨》,《天津医保新观察》,2012 年第 3 期。

33. 崔仕臣、何中强:《城乡居民基本医疗保险一体化的实践探索——基于永嘉县的实证分析》,《理论观察》,2013 年第 3 期。

34. 顾海、李佳佳:《城乡医疗保障制度的统筹模式分析——基于福利效应视角》,《南京农业大学学报(社会科学版)》,2012年第1期。

35. 李佳佳、顾海、徐凌忠:《统筹城乡医疗保障制度的福利分配效应——来自的实地调查数据》,《公共经济与管理》,2013年第3期。

36. 赵丽艳、顾基发:《东西方评价方法论对比研究》,《管理科学学报》,2000年第1期。

37. 陈国宏、李美娟:《综合评价方法分类及研究进展》,《管理科学学报》,2004年第2期。

38. 王军霞、官建成:《复合DEA方法在测度企业知识管理绩效中的应用》,《科学学研究》,2002年第1期。

39. 王宗军:《综合评价的方法、问题及其研究趋势》,《管理科学学报》,1998年第1期。

40. 朱宝璋:《关于灰色系统基本方法的研究和评价》,《系统工程理论与实践》,1994年第4期。

41. 郭亚军:《一种新的动态综合评价方法》,《管理科学学报》,2002年第2期。

42. 周荣义、张诺曦、周瑛:《基于AHP与重要性指标筛选的神经网络评价模型与应用》,《中国安全科学学报》,2007年第4期。

43. 叶健伟、沈亚诚、黄小玲:《基于BP神经网络的肺炎医保住院费用分析》,《卫生经济研究》,2013年第6期。

44. 迟国泰、程砚秋、李刚:《基于支持向量机的人的全面发展评价模型及省份实证》,《管理工程学报》,2012年第1期。

45. 卢敏、张展羽:《基于支持向量机的水资源可持续利用评价》,《水电能源科学》,2005年第5期。

46. 范柏乃:《我国城市居民生活质量评价体系的构建与实际测度》,《浙江大学学报(人文社会科学版)》,2006 年第 4 期。

47. 陈兴鹏、赵延德、张慧、徐树建:《西北城市居民生活质量分级评价的 BP 神经网络模型研究》,《兰州大学学报(自然科学版)》,2005 年第 6 期。

48. 陈国宏、陈衍泰:《综合评价中指标标准化方法研究》,《中国管理科学》,2004 年第 11 期。

49. 甘犁、刘国恩、马双:《基本医疗保险对促进家庭消费的影响》,《经济研究》,2010 年第 S1 期。

50. 胡宏伟、刘国恩:《城镇居民医疗保险对国民健康的影响效应与机制》,《南方经济》,2012 年第 10 期。

51. 孟德锋、张兵、王翌秋、侯志远:《新型农村合作医疗福利效应研究—基于山东和宁夏六县实证分析》,《经济评论》,2009 年第 3 期。

52. 黄枫、甘犁:《医疗保险中的道德风险研究——基于微观数据的分析》,《金融研究》,2012 年第 5 期。

53. 庄巧娜、郑振佺、潘宝骏:《福建省新型农村合作医疗住院费用与实际补偿比影响因素研究》,《中国卫生统计》,2013 年第 2 期。

54. 张晓、李少冬、梅姝娥等:《社会医疗保险制度改革指标体系构建与评估探索》,《中国卫生经济》,2005 年第 1 期。

55. 陈玉兰、贾睿:《成都市医疗保险制度改革社会评价研究》,《现代预防医学》,2007 年第 2 期。

56. 王翠琴、黎民:《农民工医疗保险评估指标体系的构建》,《统计与决策》,2009 年第 2 期。

57. 王盼:《卫生服务的公平与效率》,《中国卫生经济杂》,1998 年第 11 期。

58. 张太海、董炳光、申曙光、吴云英、程茂金:《城镇职工基本医疗保险制度运行质量评价初论》,《中国卫生事业管理》,2004 年第 7 期。

59. 王翠琴、黎民:《农民工医疗保险评估指标体系的构建》,《统计与决策》,2009 年第 2 期。

60. 顾昕:《全民医保怎么保》,《医院领导决策》,2006 年第 9 期。

61. 朱坤、张小娟:《不同管理体制下城乡居民基本医疗保险运行效果比较——来自苏州市的实证分析》,《中国卫生政策研究》,2013 年第 6 期。

62. 吴成丕:《中国医疗保险制度改革中的公平性研究——以威海为例》,《经济研究》,2003 年第 6 期。

63. 吴传俭等:《社会医疗保险公平性与政府保险政策建议研究》,《中国卫生经济》,2005 年第 4 期。

64. 刘俊霞:《我国基本医疗保险制度可持续发展面临的风险及对策》,《财政研究》,2013 年第 10 期。

65. 肖宏伟:《我国经济发展对基本医疗保险的影响研究》,《保险研究》,2012 年第 9 期。

66. 董志勇、黄迈:《农户参与医疗保险行为决策影响因素分析》,《保险研究》,2009 年第 12 期。

67. 李佳、吕学静:《弱势群体医疗保险参与公平性及影响因素分析》,《华东经济管理》,2013 年第 2 期。

68. 王震:《乡城流动工人医疗保险覆盖率及其影响因素的经验分析——基于大连、上海、武汉、深圳、重庆五城市调查数据》,《中国人口科学》,2007 年第 5 期。

69. 徐强:《基本医疗保险制度的公众满意度及影响因素——基于全国 4 个省份 1600 份问卷的实证研究》,《保险研究》,2012 年第 12 期。

70. 辛鸣:《制度评价的标准选择及其哲学分析》,《中国人民大学学报》,2005 年第 5 期。

71. 靳刘蕊:《我国社会保障制度综合评价研究》,《经济问题》,2007 年第 12 期。

72. 孙晓军、田丁、王永超等:《宁夏城乡医保一体化对农村居民就医的影响》,《中国医疗保险》,2013 年第 11 期。

73. 杨小丽:《重庆市统筹城乡医疗保障制度的实践探索》,《中国卫生经济》,2011 年第 4 期。

74. 李妍婷、赵明、丁蕾等:《医疗保障体系改革效果评估指标体系的研究》,《上海交通大学学报(医学版)》,2011 年第 2 期。

75. 刘春生、代涛、朱坤、张小娟:《常熟市居民基本医疗保险运行效果分析》,《中国社会医学杂志》,2012 年第 2 期。

76. 代涛、朱坤、张小娟:《我国新型农村合作医疗制度运行效果分析》,《中国卫生政策研究》,2013 年第 6 期。

77. 欧阳森、石怡理、刘洋:《基于纵横向拉开档次法的电能质量动态评估》,《华南理工大学学报(自然科学版)》,2013 年第 4 期。

78. 魏明华、黄强、邱林、郑志宏:《基于"纵横向拉开档次法"的水资源环境综合评价》,《沈阳农业大学学报》,2010 年第 1 期。

79. 邵平:《医疗保障水平的测定与分析》,《中国卫生经济》,2012 年第 2 期。

80. 张英洁、李士雪、李永秋:《参加新型农村合作医疗农民住院费用分析》,《卫生经济研究》,2007 年第 1 期。

81. 张柠、马骋宇:《新型农村合作医疗住院实际补偿比适宜性研究》,《中国初级卫生保健》,2014 年第 3 期。

82. 王娟、王家骥、王心旺:《新型农村合作医疗住院受益情况分析》,《中国初级卫生保健》,2014 年第 7 期。

83. 郑振佺、潘宝骏:《福建省新型农村合作医疗住院费用与实际补偿比影响因素研究》,《中国卫生统计》,2013 年第 2 期。

84. 毛正中:《政策范围内补偿比与实际补偿比辨析》,《中国卫生人才》,2011 年第 5 期。

85. 李亚青:《城镇居民医疗保险的真实保障水平研究——基于广东典型地区的实证分析》,《人口与发展》,2013 年第 3 期。

86. 焦克源、侯春燕、李魁:《公平与效率视角下新农合二次补偿制度的困境与出路——基于甘肃省的调查研究》,《人口与发展》,2011 年第 5 期。

87. 周绿林、蒋欣、詹常春:《我国新型农村合作医疗保障水平测量和适度性研究》,《华东经济管理》,2014 年第 2 期。

88. 李玲:《新医改的进展评述》,《中国卫生经济》,2012 年第 3 期。

89. 夏迎秋、景鑫亮、段沁江:《我国城乡居民基本医疗保险制度衔接的现状、问题与建议》,《中国卫生政策研究》,2010 年第 1 期。

90. 朱坤、张小娟:《不同管理体制下城乡居民基本医疗保险运行效果比较——来自苏州市的实证分析》,《中国卫生政策研究》,2013 年第 6 期。

91. 王保真、徐宁、孙菊:《统筹城乡医疗保障的实质及发展趋势》,《中国卫生政策研究》,2009 年第 2 期。

92. 张晓娣:《阶梯式医疗保险支付率改革的增长和福利效应——动态 CGE 框架下的政策模拟》,《经济学家》,2014 年第 1 期。

93. 王伟、邢明浩:《影响我国城镇居民医疗保障水平的因素探讨——以江苏省为例的实证分析》,《价格理论与实践》,2013 年第 3 期。

94. 董曙辉:《应该缩小医疗费用报销比例与医疗保险保障水平的差距》,《中国医疗保险》,2014 年第 5 期。

95. 黄丞、刘欣:《基本医疗保险适度水平相关研究综述和启示》,《系统工程理论方法应用》,2004 年第 2 期。

96. 刘小兵:《中国医疗保险费率水平研究》,《管理世界》,2002 年第 7 期。

97. 唐艳林、谈未来、龚艳兰、詹长春、李君荣:《构建城镇职工基本医疗保险基金运行管理的指标体系》,《山西财经大学学报》,2011 年第 11 期。

98. 徐伟、罗雪燕:《江苏省城镇居民基本医疗保险筹资标准影响因素分析》,《中国卫生经济》,2013 年第 3 期。

99. 申曙光、瞿婷婷:《社会医疗保险基金收支风险评估研究——基于广东省 A 市的微观证据》,《华中师范大学学报(人文社会科学版)》,2012 年第 6 期。

100. 路云、许珍子:《社会医疗保险基金运行平衡的预警机制研究》,《东南大学学报(哲学社会科学版)》,2012 年第 6 期。

101. 黄凯阳:《新型农村合作医疗保险的适度性水平研究——以广州市白云区为例》,《人口与经济》,2008 年第 4 期。

102. 徐伟、李静:《江苏省城镇居民基本医疗保险基金结余分析》,《卫生经济研究》,2013 年第 3 期。

103. 尹爱田、井珊珊:《山东省统筹城乡医疗保险制度建设的目标研究》,《山东社会科学》,2012 年第 7 期。

104. 李丛、张健明、李慧娟:《北京、上海、广州城镇居民基本医疗保险政策比较分析》,《劳动保障世界》,2011 年第 8 期。

105. 李佳佳、顾海、徐凌忠:《统筹城乡医疗保障制度的福利分配效应——来自江苏省的实地调查数据》,《公共经济与管理》,2013 年第 3 期。

106. 仇雨临、郝佳:《城乡医疗保障制度统筹发展的路径研究——基于东莞 太仓 成都和西安的实地调研》,《人口与经济》,2011 年第 4 期。

107. 赵绍阳:《医疗保险补偿与患者就诊选择》,《经济评论》,2014 年第 1 期。

108. 江金启:《新农合政策与农村居民的就医地点选择变化》,《南方经济》,2013 年第 2 期。

109. 王亚东、关静等:《全国社区卫生服务现状调查——影响社区居民选择就诊机构的因素分析》,《中国全科医学》,2006 年第 13 期。

110. 王翌秋、张兵:《农村居民就诊单位选择影响因素的实证分析》,《中国农村经济》,2009 年第 2 期。

111. 刘国恩、蔡春光、李林:《中国老人医疗保障与医疗服务需求的实证分析》,《经济研究》,2011 年第 3 期。

112. 孟德锋、张兵、王翌秋:《新型农村合作医疗对农民卫生服务利用影响的实证研究——以江苏省为例》,《经济评论》,2009 年第 3 期。

113. 陈晓林:《城乡医保一体化的效益效率——基于重庆市的实践》,《中国医疗保险》,2013 年第 3 期。

114. 顾平、刘雅芹、李京涛:《村卫生室在新型农村合作医疗中的作用》,《社会医学杂志》,2008 年第 2 期。

115. 胡宏伟、张小燕、赵英丽:《社会医疗保险对老年人卫生服务利用的影响——基于倾向得分匹配的反事实估计》,《中国人口科学》,2012 年第 2 期。

116. 李刚、吴明:《区域内医院医疗资源配置公平性研究》,《中华医院管理杂志》,2000 年第 5 期。

117. 毛瑛、陈钢等:《医疗保险经办机构管理服务能力影响因素通径分析》,《中国卫生政策研究》,2009 年第 8 期。

118. 谢敏、黄群平、张建、王学庆、陈建华、潘萍、胡华:《基本医疗保险住院费用分科定额管理效果分析》,《中国卫生经济》,2005 年第 11 期。

119. 王红漫:《新农合定点医疗机构服务利用与农民"看病难看病贵"问题实证研究——北京地区 2009 年调查数据分析》,《中国软科学》,2011 年第 7 期。

120. 常文虎、俞金枝:《北京市乡镇卫生院资源配置基本情况》,《中华医院管理杂志》,2007 年第 4 期。

121. 张韵君:《政策工具视角的中小企业技术创新政策分析》,《中国行政管理》,2012 年第 4 期。

122. 黄萃、苏竣、施丽萍、程啸天:《政策工具视角的中国风能政策文本量化研究》,《科学学研究》,2011 年第 6 期。

123. 杜青林:《提升多党合作制度效能推动中国特色社会主义制度完善发展》,《人民日报》,2011 年第 9 期。

124. 沈其新、田旭明:《论社会主义新农村建设中的制度效能》,《求实》,2009 年第 9 期。

125. 仇雨临、翟绍果、郝佳:《城乡医疗保障的统筹发展研究:理论、实证与对策》,《中国软科学》,2011 年第 4 期。

126. 徐玮:《从城乡统筹走向城乡公平——杭州市城乡居民基本医疗保险制度解读》,《中国医疗保险》,2011 年第 1 期。

127. 刘玉璞:《强化社保"顶层设计"》,《中国医疗保险》,2010 年第 5 期。

128. 王晓龙:《实施基本药物制度应加强顶层设计》,《中国医疗保险》,2011 年第 3 期。

129. 仇雨临:《规避基金风险,三医联动是关键》,《中国医疗保险》,2014 年第 11 期。

130. 钱晨:《发达地区与欠发达地区新农合筹资机制研究综述》,《长江师范学院学报》,2012 年第 3 期。

131. 朱铭来:《法国筹资经验的启示》,《中国医疗保险》,2014 年第 10 期。

132. 刘军强:《中国如何实现全民医保?——社会医疗保险制度发展的影响因素研究》,《经济社会体制比较》(双月刊),2010 年第 2 期。

133. 祝芳芳、杨金侠、江启成：《新型农村合作医疗补偿方案实证分析》，《卫生经济研究》，2010 年第 8 期。

134. 刘吉成：《中国社区卫生服务面临的挑战与对策》，《中国医院管理》，2008 年第 5 期。

135. 陈启鸿等：《社区卫生服务纳入基本医疗保险问题分析与政策研究》，《中华医院管理杂志》，2002 年第 1 期。

136. 董有方、刘可：《新型农村合作医疗基金预警系统的建立与应用》，《中国农村卫生事业管理》，2004 年第 3 期。

137. 李林贵、张魁斌、杨竞妍、陈钊娇、林韬：《新型农村合作医疗预警监测指标体系建立的研究》，《中国卫生事业管理》，2007 年第 3 期。

138. 谢钢：《医院医保基金内部控制评价研究》，《中国医疗保险》，2014 年第 4 期。

139. 杨燕绥：《医保基金的压力和挑战》，《中国社会保障》，2014 年第 3 期。

140. 王东进：《多在体制改革上用功夫 少在医保基金里打主意》，《中国医疗保险》，2014 年第 2 期。

141. 闫向东：《医保基金不能直接用于弥补医疗机构经常性亏损》，《中国卫生经济》，2010 年第 11 期。

142. 程宏：《国际医疗保险管理模式的发展历程及趋势》，《中国医疗保险》，2014 年第 10 期。

143. 孙翎：《中国社会医疗保险制度整合的研究综述》，《华东经济管理》，2013 年第 2 期。

144. 徐爱好、张再生：《城乡统筹医疗保险真实保障水平研究——基于天津市的实证分析》，《中国卫生政策研究》，2014 年第 9 期。

145. 郑功成：《中国医疗保障改革与发展战略——病有所医及其发展路

径》,《东岳论丛》,2010 年第 10 期。

146. 李珍:《重构医疗保险体系,提高医疗保险覆盖率及保障水平》,《卫生经济研究》,2013 年第 6 期。

147. 梁鸿、贺小林:《基本医疗保险绩效管理:理念、目标与策略的思考》,《中国医疗保险》,2012 年第 2 期。

148. 郭有德、王焕华:《中国医疗保险制度改革的再思考》,《人口与经济》,2002 年第 10 期。

149. 梁鸿、贺小林:《基本医疗保险绩效管理:理念、目标与策略的思考》,《中国医疗保险》,2012 年第 2 期。

150. 仇雨临、黄国武:《从三个公平的视角认识医疗保险城乡统筹》,《中国卫生政策研究》,2013 年第 6 期。

151. 肖宏伟:《我国社会发展对基本医疗保险的影响研究》,《保险研究》,2012 年第 12 期。

152. 袁长海:《基本医疗界定的模式和层次》,《中国卫生经济》,1999 年第 1 期。

(三)学位论文

1. 韩金峰:《社会保障系统运行模式及效率评价研究》,天津大学管理学院博士学位论文,2010 年。

2. 伊洪丽:《沈阳市医疗保险改革公平性评价及对策研究》,东北大学博士学位论文,2005 年。

3. 曹俊山:《上海城镇居民基本医疗保险制度评价与完善研究》,复旦大学博士学位论文,2011 年。

4. 林毓铭:《中国社会保障制度可持续发展的分析与评估》,武汉大学博士学位论文,2004 年。

5. 余昕:《江西省城镇居民基本医疗保险制度运行效果评价及制度完

善》,南昌大学硕士学位论文,2008 年。

6. 田国栋:《城镇职工基本医疗保险基金平衡的影响因素及对策研究》,复旦大学博士学位论文,2006 年。

7. 钟邃:《职工基本医疗保险统筹基金风险预警系统的探索性研究》,四川大学硕士学位论文,2006 年。

8. 黄东航:《社会医疗保险定点医疗机构评价方法研究》,暨南大学硕士学位论文,2005 年。

9. 朱彪:《青岛市社区家庭医生联系人制度和普通门诊统筹制度试点效果研究》,山东大学博士学位论文,2010 年。

10. 刘利:《重庆新型农村合作医疗制度影响因素及作用机制研究》,西南大学博士学位论文,2011 年。

二、外文文献

1. Keeler E B, Rolph J E., The Demand for Episodes of Treatment in the Health Insurance Experiment, *Jounal of Health Economics*, 1988, (7).

2. Manning W G, et al., Health Insurance and the Demand for Medical Care: Evidence from a Randomized Experiment, *The American Economic Review*, 1987, (77).

3. Buchanan J L., Simulating Health Expenditures Under Alter native Insurance plans, *Management Science*, 1991, (37).

4. Ardeshir Sepehria, Sisira Sarmab and Wayne Simpson, Does Non-profit Health Insurance Reduce Financial Burden?, Evidence from the Vietnam Living Standards Survey Pane, *Health Ecomomics*, 2006, (15).

5. Antonto J. Trujillo, Jorge E. Portillo, John A. Vernon, The Impact of

Subsidized Health Insurance for the Poor: Evaluating the Colombain Experience Using Propensity Score Matching, *International Journal of Health Care Finance and Economics*, 2005, (5).

6. Hounton, S., P. Byass & B. Kouyate, Assessing Effectiveness of a Community Based Health Insurance in Rural Burkina Faso, *Bmc Health Services Research*, 2012, (12).

7. Blewett, L. A., M. Davern & H. Rodin, Employment and Health Insurance Coverage for Rural Latino Populations, *Journal of Community Health*, 2005, (30).

8. Jack, W. and Sheiner, L., Welfare-improving Health Expenditure Subsides, *The American Economic Review*, 1997, (87).

9. Barnighausen, T. & R. Sauerborn, One Hundred and Eighteen Years of the German Health Insurance System: Are There any Lessons for Middle-and Low-Income Countries? *Social Science & Medicine*, 2002, (54).

10. Lu, C., B. Chin, J. L. Lewandowski, P. Basinga, L. R. Hirschhorn, K. Hill, M. Murray & A. Binagwaho, Towards Universal Health Coverage: An Evaluation of Rwanda Mutuelles in Its First Eight Years, *Plos One*, 2012, (7).

11. Ikegami, N., B. - K. Yoo, H. Hashimoto, M. Matsumoto, H. Ogata, A. Babazono, R. Watanabe, K. Shibuya, B. - M. Yang, M. R. Reich & Y. Kobayashi, Japan: Universal Health Care at 50 Years: Japanese Universal Health Coverage: Evolution, Achievements, and Challenges, *Lancet*, 2011, (378).

12. Jirawattanapisal, T., P. Kingkaew, T. - J. Lee & M. - C. Yang, Evidence Based Decision - Making in Asia - Pacific with Rapidly Changing Health - Care Systems: Thailand, South Korea, and Taiwan, *Value in Health*, 2009, (12).

13. King, G., E. Gakidou, K. Imai, J. Lakin, R. T. Moore, C. Nall, N. Ravishankar, M. Vargas, M. Maria Tellez – Rojo, J. E. Hernandez Avila, M. Hernandez Avila & H. Hernandez Llamas, Public Policy for the Poor? A Randomised Assessment of the Mexican Universal Health Insurance Programme, *Lancet*, 2009, (373).

14. Scheil – Adlung X. and F. Bonnet, Beyond Legal Coverage Assessing the Performance of Social Health Protection, *International Social Security Review*, 2011, (3).

15. Lei, X., and W. Lin, The New Cooperative Medical Scheme in Rural China: Does More Coverage Mean More Service and Better Health?, *Health Economics*, 2009, (2).

16. Qian, D., R. Pong, A. Yin, V. Nagarajan, and Q. Meng, *Determinants of Health Care Demand in Poor*, *Rural China: The Case of Gansu Province*, Health Policy and Planning, 2009, (5).

17. Wagstaff, A, M. Lindelow, J. Gao, L. Xu, and J. Qian, Extending Health Insurance to the Rural Population: An Impact Evaluation of China's New Cooperative Medical Scheme, *Journal of Health Economics*, 2009, (1).

18. Fernandez Olanoa C., Hidalgo J D, Cerda Daz R, et al., Factors Associated with Health Care Utilization by the Elderly in a Public Health Care System, *Health policy*, 2006, (2).

19. Blanco Moreno A, Urbanos Garrido Rosa M, Thuissard Vasallo I J, Public Health Care Expenditure in Spain: Measuring the Impact of Driving Factors, *Health Policy*, 2013, (11).

20. Gravelle, Wildman and Sutton, Income Inequality and Health: What Can We Learn from Aggregate Data?, *Social Science&Medicine*, 2002, (4).

21. Li and Zhu, Income, Inequality, and Health: Evidence from China, *Journal of Comparative Economics*, 2006, (4).

22. Feldstein M S., Quality Change and the Demand for Hospital Care, *Econometrica*, 1977, (45).

23. Feldstein M S, Friedman B., Tax Subsidies, the Rational Demand for Health Insurance, and the Health Care Crisis, *Journal of Public Economics*, 1977, (7).

24. Diamond, P. and J, Mirrlees, Optimal Taxation and Public Production Efficiency, *American Economic Review*, 1971, (61).

后　记

本书是在本人博士学位论文和四年工作期间对医疗保险政策效果研究积累的基础上修改完成的。公共政策事关公众福祉。科学合理的公共政策评估,不仅能对公共政策的制定起到诊断和导向作用,而且能对公共政策的执行效果进行监测和反馈,促使公共政策不断得到完善和改进,确保公共政策得到有效落实。在某种意义上讲,公共政策评估已经成为一个政策或项目是否继续、是否调整、是否消除的先决条件。做好公共政策评估工作,有利于政府合理配置资源,提升行政效率,监测公共服务质量。当前,我国已经将公共政策效果评估纳入了行政决策流程,作为公共政策出台和实施的前置条件。

城乡居民基本医疗保险制度统筹不仅关系到居民身体健康和社会稳定,还关系到国家治理体系和治理能力现代化。医疗保险制度改革是一项系统工程,其包含的人群范围广,保险内容多,运行机制复杂,涉及方方面面利益关系的调整,因此受到社会高度关注。自2007年以来,各省市纷纷出台一系列政策文件,积极探索城镇居民医疗保险和新型农村合作医疗两大保险制度的整合,提高统筹层次,提高城乡居民基本医疗保障水平,极大地推动了医疗卫生事业发展。但居民医疗保险基金支出增长过快,参保患者实际医疗保障水平偏低等问题仍然存在,城乡居民基本医疗保险政策效果究竟如何亟待评估和检验。

本书关于城乡居民基本医疗保险政策效果的评估,不仅是通过公共政策评估促进政策学习、提高政策质量、提升政府管理水平及公共治理能力,每一章中的政策评估方法的运用也将为学者们对现行政策效果进行评估提供借鉴。在本书修订的过程中,恰逢国家机构新一轮改革,国家和各省市分别成立了医疗保障局。医疗保障局的整合不仅意味着机构重组,而且代表了国家医疗保障水平和治理能力的提升。通过对医疗体制改革的研究也可以思考和理解国家治理的演变规律,以及背后一个个公共政策出台的必然逻辑。

本书的出版,首先感谢中共天津市委党校的领导和同事给予的大力支持和帮助。特别是公共管理教研部王晓霞教授,在她的帮助和指导下,本书的第二章节(公共政策评价的理论基础及其启示)内容得以完成,也获得了本单位重点学科建设基金支持。

其次,感谢恩师张再生教授。张再生老师和蔼谦逊、知识渊博、思维敏捷。在三年读博过程中,恩师丰富的科研经验使我受益匪浅,对我学业进行了有力指导;恩师严谨的教风、高尚的为人品格、对专业领域知识孜孜不倦的追求给了我莫大的鼓舞,激励我在以后的科研路上继续前进。感谢我的师母王老师在业余时间对我在思想上和生活上的指导,教会了我很多生活中的道理,为我读博提供了精神动力。感谢天津人力资源社会保障局领导和天津医疗保险研究会各位领导在本书收集数据过程中给予的极大帮助。

在本书出版过程中,文稿几经修改,这也使天津人民出版社郑玥编辑的工作量倍增。但郑编辑始终以其专业、耐心、细致、热情的指导推动本书的面世,本书的出版同样凝聚了郑编辑的智慧和心血,在此也表示深深感谢。

尽管做出了很大的学术努力,但基于本人学识和理论功底有限,书中错漏难免。书中不详、不周、不妥之处,敬请读者不吝批评指正。

徐爱好

2020 年 5 月